Karin Schmid

Die deutsche Frage im Staats- und Völkerrecht

Nomos Verlagsgesellschaft
Baden-Baden

CIP-Kurztitelaufnahme der Deutschen Bibliothek

Schmid, Karin:
Die deutsche Frage im Staats- und Völkerrecht / Karin Schmid. – 1. Aufl. – Baden-Baden, Nomos Verlagsgesellschaft, 1980.
ISBN 3–7890–0535–5

1. Auflage 1980

Inhaltsverzeichnis

Einleitung

Die so häufig zu hörende Redewendung von der »deutschen Frage« meint nicht nur eine einzelne Frage, sondern einen ganzen Fragenkomplex. Global betrachtet, verbirgt sich hinter dem farblosen – und sprachlich nicht sehr geglückten – Begriff die gesamte deutsche Nachkriegsgeschichte in ihrem rechtlichen Aspekt, die Frage, was aus dem Deutschen Reich und seinen Staatsangehörigen mit Ende des Zweiten Weltkriegs geworden ist.
Zu dieser Frage und ihren Einzelaspekten – Rechtsnatur der innerdeutschen Grenze, deutsche Staatsangehörigkeit, Einheit der deutschen Nation, nicht zuletzt auch das Berlin-Problem (um nur die wichtigsten zu nennen) – findet sich eine Vielzahl verschiedener Auffassungen. Mit der Darstellung der deutschen Frage fällt einem deshalb die Aufgabe zu, eine Fülle von Rechtsproblemen und eine noch größere Fülle von Lösungswegen und Lösungsversuchen aufzuzeigen. Die vorliegende Arbeit will versuchen, die wesentlichen Problemaspekte herauszustellen und die einzelnen Ansichten dazu grundsätzlich nur wiederzugeben. Sie will nicht neuerlich zu einem alten Problem Stellung beziehen oder gar eine weitere neue Konzeption entwickeln. Ausgespart bleiben soll dabei auch das Berlin-Problem; es ist für sich allein schon so komplex wie die deutsche Frage im übrigen, und man kann ihm deshalb nur in einer gesonderten Arbeit gerecht werden. Gleiches gilt auch für den Fragenkreis um die deutschen Ostgebiete.
Mit der gestellten Aufgabe läuft man allerdings Gefahr, den Eindruck zu vermitteln, die vielen zur Sprache kommendenTheorien seien bloß gedankliche Spielereien ohne jeden Bezug zur politischen Wirklichkeit, Haarspaltereien scholastizierender Juristen, – ein Vorwurf, der des öfteren laut wird. Eine solche Sicht wird den Dingen jedoch nicht gerecht. Man sollte die Rechtstheorien vielmehr grundsätzlich als ernsthafte Bemühungen jedenfalls der meisten Juristen anerkennen, ein völlig unorthodoxes Vorgehen einer alliierten Besatzungsmacht gegenüber einem besiegten Kriegsgegner unter herkömmliche Rechtsgrundsätze und rechtliche Bestimmungen zu fassen, um so die Konsequenzen dieses Vorgehens rechtlich erfassen und regeln zu können. Sowohl für die beiden Staaten in Deutschland als auch die übrige Staatenwelt ist es wichtig zu wissen, was vom Deutschen Reich übrig geblieben ist, wer aus seinen Verträgen haftet, wer für seine Schulden aufkommt, wer Vertragspartner im Rahmen neuer Beziehungen sein kann und dergleichen mehr. Die Bestimmung des rechtlichen Status eines Gemeinwesens dient einfach der Gewährleistung von Sicherheit und Ordnung in der Völkergemeinschaft.

Auch sollte der konkrete Bezug der abstrakt dargestellten rechtlichen Theorien stets bewußt bleiben; die Theorien können durchaus praktische Konsequenzen zeitigen. So beruht die Behandlung von DDR-Flüchtlingen in der Bundesrepublik Deutschland auf dem Gedanken der staatlichen und nationalen Einheit: Sie werden als Deutsche aufgenommen, d. h. sie unterliegen nicht dem Asylverfahren. Akut werden können die Theorien z. B. aber auch bei der Frage, ob die DDR anspruchsberechtigt ist, die Herausgabe der Gegenstände des sog. preußischen Kulturbesitzes zu verlangen, oder in Fällen, in denen es etwa um die Herausgabe von Kunstwerken des Deutschen Reiches von Angehörigen einer der vier Besatzungsmächte geht. Unabhängig von ihrer Weiterentwicklung in der allgemeinen Politik aber dürfte die deutsche Frage für die Völkerrechtswissenschaft noch lange Zeit relevant bleiben. Denn das Völkerrecht stellt auch heute noch in vielen Bereichen eine Art case law dar, und die deutsche Frage liefert eine Reihe von Schulbeispielen für die Beurteilung staatlicher Teilungen durch kriegführende Mächte außerhalb eines Friedensvertrages.

Die vorliegende Arbeit beruht auf einer Reihe von Vorträgen, die im Rahmen alljährlich stattfindender Fortbildungskurse für Geschichtslehrer an Realschulen im Regierungsbezirk Arnsberg gehalten wurden. Das Interesse, das der Problematik und ihrer Darstellung aus diesem Teilnehmerkreis entgegengebracht wurde, ließ den Entschluß reifen, die Vorträge in vertiefter und erweiterter Form schriftlich niederzulegen.

Die Arbeit richtet sich daher wohl wesentlich nach den Interessen und Belangen der Geschichtslehrer, wie sie durch den genannten Teilnehmerkreis bekannt geworden sind. Doch ist sie auch als Anleitung oder Hilfe für all diejenigen gedacht, die in Studium oder Praxis mit der deutschen Frage befaßt werden oder sich befassen möchten. Ihnen allen sollte mit dieser Arbeit eine nützliche Zusammenstellung der einzelnen Aspekte der Gesamtproblematik und der verschiedenen Theorien zu ihrer Lösung vorgelegt werden.

1. Die Problemstellung

Erste Ursache aller Deutschland-Problematik war – wie angedeutet – das etwas fragwürdige Vorgehen der alliierten Siegermächte gegen das besiegte Deutschland nach dessen bedingungsloser Kapitulation. Die Alliierten übernahmen in dem von ihnen besetzten Deutschland die, wie sie es nannten, »supreme authority«.[1] Mit dieser waren sämtliche Befugnisse der deutschen Regierung, des Oberkommandos der Wehrmacht und aller staatlichen und kommunalen Regierungen und Behörden gemeint. Deutschland wurde in vier Besatzungszonen und das seinerseits wieder in vier Besatzungsgebiete (Sektoren) aufgegliederte Berlin eingeteilt, sein nationalsozialistisches Verfassungssystem aufgehoben. Die »supreme authority« wurde für »Deutschland als Ganzes« durch den sog. Kontrollrat, für die einzelnen Besatzungsgebiete durch die Militärregierung der jeweiligen Besatzungsmacht und für Berlin (ungeachtet seiner Sektoreneinteilung) durch die sog. alliierte Kommandantur ausgeübt. Die gesamte Verwaltungstätigkeit, selbst auf Ortsebene, nahmen Organe der Besatzungsmächte wahr und führten sie auch auf der Grundlage von Rechtsvorschriften der Besatzungsmächte (Kontrollratsgesetze u. ä.) durch. Es war also nicht nur die deutsche Regierung in all ihren Befugnissen außer Funktion gesetzt, sondern mit ihrem gesamten Verwaltungsapparat und dem gesamten Verfassungssystem zerschlagen worden.
Das geltende Okkupationsrecht, wie es vor allem in der Haager Landkriegsordnung (HLKO) niedergelegt ist, gestattet einer Besatzungsmacht Eingriffe in den Staatsapparat jedoch grundsätzlich nur soweit, als sie sich durch den Zweck der Besatzung rechtfertigen lassen. Dies folgt aus verschiedenen Vorschriften, etwa aus Art. 43 HLKO, wonach in dem besetzten Gebiet die öffentliche Ordnung und das öffentliche Leben wiederherzustellen und aufrechtzuerhalten sind, und zwar, soweit kein zwingendes Hindernis besteht, unter Beachtung der Landesgesetze, oder Art. 55 HLKO, wonach öffentliche Gebäude, Liegenschaften etc. des besetzten Staates nur nach den Regeln des Nießbrauchs zu verwalten sind, oder Art. 48 HLKO, wonach Zölle, Gebühren und andere Abgaben möglichst nach den geltenden Vorschriften zu erheben sind, verbunden mit der Verpflichtung, die Kosten der Verwaltung des besetzten Gebietes in dem Umfang zu tragen, wie

1 Art. 1 des Londoner Abkommens über Kontrolleinrichtungen in Deutschland, hier abgedr. als Dokument Nr. 5.1.1.3.; Berliner Erklärung (letzter Absatz der Einl.), hier abgedr. als Dokument Nr. 5.1.2.3.; Potsdamer Abkommen, Punkt III, hier abgedr. als Dokument . 5.1.2.4., u.a.

die gesetzmäßige Regierung hierzu verpflichtet war, oder Art. 46 Abs. 2 HLKO, wonach Privateigentum nicht entzogen werden darf, u. ä.
Allerdings erklärten die Alliierten andererseits, das Deutsche Reich nicht annektieren, also nicht ihrem eigenen Staatsverband einverleiben zu wollen.[2] Das Deutsche Reich sollte also trotz der Vernichtung seines Staats- und Verwaltungsapparats in seiner staatlichen Existenz weiter erhalten bleiben.
Dieses Verhalten der Alliierten warf von Anfang an die Frage nach Untergang bzw. Fortbestand des Deutschen Reiches auf, und zwar zunächst in der Hinsicht, ob das tatsächliche Vorgehen der Besatzungsmächte nicht über ihre erklärten Absichten und Ziele hinausging. Als Teilaspekt dieses Problems stand die völkerrechtliche Beurteilung der Außerachtlassung oder Überschreitung des geltenden Okkupationsrechts zur Diskussion.
Die weitere Entwicklung der deutschen Verhältnisse, der allmähliche Ausbau und Zusammenschluß von anfänglich vier Zonen zu schließlich zwei großen Teilordnungen (Berlin ausgeschlossen), die alsbald Staatscharakter für sich in Anspruch nahmen und zuletzt, jedenfalls teilweise, sich als vollsouveräne Staaten anerkannt sehen wollten, bereicherte die deutsche Frage sodann um die Aspekte der Rechtsnatur der beiden neuen deutschen Teilordnungen auf dem Gebiet des Deutschen Reiches und damit auch der Rechtsnatur der Grenze zwischen ihnen sowie der Staatsangehörigkeit der Deutschen diesseits und jenseits dieser Grenze. Aufgrund des Zerfalls der Vier-Mächte-Allianz zu Beginn dieser Entwicklung, der Aufhebung des Besatzungsstatus und sogenannten Übertragung der Souveränität durch die drei Westmächte auf die Bundesrepublik Deutschland einerseits und durch die Sowjetunion auf die DDR andererseits im weiteren Verlauf der beiden deutschen Staatswerdungen stellte sich zugleich noch die Frage nach Fortbestand und Inhalt der Vier-Mächte-Rechte und -Verantwortlichkeiten über Deutschland als Ganzes.
Die sogenannten Ostverträge schließlich machten die Fragen nach Untergang oder Fortbestand des Deutschen Reiches, nach Staatlichkeit und Souveränität der beiden deutschen Teilordnungen und nach ihrem jeweiligen Verhältnis zu den drei Westmächten einerseits und zur Sowjetunion andererseits sowie

2 Dies ist in der Berliner Erklärung (siehe Anm. 1) in Absatz 5 der Einl. ausdrücklich gesagt, läßt sich aber auch schon aus der Atlantik-Charta, hier abgedr. als Dokument Nr. 5.1.1.1., herleiten, nach der keine Gebietsvergrößerung der Länder erstrebt werden sollte, sowie auch aus der Erklärung über die Teheran-Konferenz, hier abgedr. als Dokument Nr. 5.1.1.2., wonach nur die Vernichtung der deutschen Truppen geplant war, und nicht zuletzt aus den verschiedenen Dokumenten über die Okkupation Deutschlands (Londoner Protokoll, hier abgedr. als Dok. Nr. 5.1.1.3., die beiden Londoner Übereinkommen, hier abgedr. als Dok. Nr. 5.1.1.4. u. 5.1.1.5., Bericht über die Jalta-Konferenz, Punkt II, hier abgedr. als Dok. Nr. 5.1.1.6., und das Potsdamer Abkommen, Punkt III, hier abgedr. als Dok. Nr. 5.1.2.4.), nach denen eben nur eine Besetzung und Kontrolle beabsichtigt war.

umgekehrt dem Verhältnis der vier Mächte zu Deutschland als Ganzem erneut aktuell, hatten zugleich aber auch noch eine Reihe neuer Probleme im Gefolge. So fragt sich seitdem, ob diese mit der Bundesrepublik Deutschland geschlossenen Verträge überhaupt gültig sind, und zwar in verschiedener Hinsicht. Einmal fragt sich, ob die Bundesrepublik Deutschland mit Rücksicht auf die Vier-Mächte-Rechte und -Verantwortlichkeiten über Deutschland als Ganzes zum Abschluß von Verträgen solchen Inhalts überhaupt in der Lage oder berechtigt war, zum anderen, ob nicht das Wiedervereinigungsgebot des Grundgesetzes derartige Vertragsabsprachen verbietet, und schließlich, ob der Inhalt dieser Verträge nicht in sich widersprüchlich ist.
Die Probleme sind miteinander verzahnt und bedingen sich gegenseitig. Immer ist ihre Beurteilung aber abhängig von der Ausgangsfrage nach dem Fortbestand oder Untergang des Deutschen Reiches. Damit rührt die deutsche Frage zugleich an die Kernthematik des Staatsrechts und an wesentliche Probleme des Völkerrechts.

2. Die Einordnung der einzelnen Probleme der deutschen Frage in das Staats- und Völkerrecht

2.1 *Die Kernthematik des Staatsrechts*

Im Staatsrecht geht es um die Frage nach dem Wesen der Staatlichkeit. Herkömmlicherweise wird der Staat durch die drei Elemente Staatsgebiet, Staatsvolk und Staatsgewalt – besser gesagt: Herrschaftsorganisation – charakterisiert. Als Staatsgebiet wird dabei das Territorium bezeichnet, auf dem sich die Staatsgewalt betätigt, als Staatsvolk die Gesamtheit der Staatsbürger, die einer bestimmten Staatsgewalt unterworfen sind, und als Staatsgewalt die oberste Herrschaftsgewalt, die die Bevölkerung eines bestimmten Gebietes organisiert.

Dieser aus der Mitte des vorigen Jahrhunderts stammende Staatsbegriff läßt allerdings letztlich offen, was ein Gebiet zum Staatsgebiet, ein Volk zum Staatsvolk und eine Gewalt zur Staatsgewalt macht. Die Definition enthält in dieser allgemeinen Formulierung vielmehr sogar einen Zirkelschluß, da einerseits ein Staat erst gegeben sein soll, wenn diese drei Merkmale vorliegen, andererseits die drei Merkmale, um einen Inhalt zu erhalten, einen bereits bestehenden Staat voraussetzen; erst der Staat macht ein Gebiet zum Staatsgebiet, ein Volk zum Staatsvolk und eine zentrale oberste Gewalt zur Staatsgewalt. Schließlich versagt diese Beschreibung des Staates dort, wo es sich um Scheinstaaten handelt, da der Schein gerade durch das Vorhandensein dieser Merkmale erweckt wird.

Man muß daher auf die Ursprünglichkeit der Herrschaftsorganisation abstellen, was mit dem Begriff »oberste« Herrschaftsorganisation auch gemeint ist. Ursprünglich, d. h. nicht von einer anderen Staatsgewalt abgeleitet, kann die oberste Herrschaftsorganisation aber nur sein, wenn sie von innen heraus, d. h. vom Staatsvolk getragen, nicht von irgendeiner dritten Seite her aufoktroyiert ist.

Es kommt also auf das Zusammenwirken der drei Elemente an, Zusammenwirken als eine Art Konsens im weitesten Sinn zwischen Staatsvolk und Herrschaftsorganisation. »Der Staat lebt von einem sich täglich erneuernden Plebiszit«, wie es schon bei Renan heißt. Von diesem Gedanken gehen auch die modernen Theorien vom Staat – der Staat als Integration,[3] der Staat als

3 *Smend,* Staatsrechtliche Abhandlungen, S. 119–276.

organisierte Entscheidungs- und Wirkungseinheit,[4] der Staat als ein System in der differenzierten Sozialordnung zur Produktion verbindlicher Entscheidungen[5] u. ä. – aus.

Die Entscheidung des Staatsvolks für eine bestimmte Staatsgewalt kann dabei direkt auf diese bezogen sein, aber auch indirekt, nämlich dann, wenn sie sich direkt auf ein bestimmtes Gebiet bezieht und die darauf organisierte Herrschaftsgewalt nur in Kauf nimmt. Umgekehrt können die Entscheidungen der Herrschaftsorganisation unmittelbar das Staatsgebiet betreffen und damit mittelbar das Staatsvolk, sie können aber auch direkt das Staatsvolk betreffen und damit indirekt das Staatsgebiet. In jedem Fall kann die Entscheidung der Herrschaftsorganisation die Entscheidung des Staatsvolks beeinflussen. (Vgl. Schaubild)

Staat im Sinne des Staatsrechts

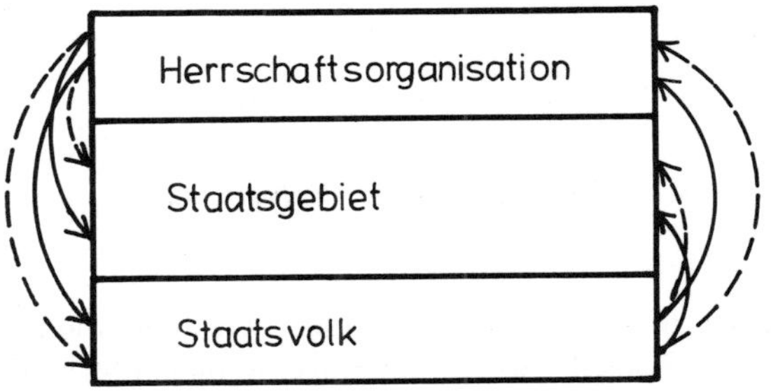

—— direkte Entscheidung
--- indirekte Entscheidung

Wenn verschiedentlich die Legitimität der Herrschaftsorganisation als Merkmal der Staatlichkeit gefordert wird,[6] so ist damit nichts anderes als dieser Konsens gemeint, der jedoch bereits aus dem Erfordernis der Ursprünglichkeit folgt. Die Legitimität kann also kein zusätzliches moralisch-sittlich belastetes Merkmal sein.

4 *Heller,* Staatslehre.

5 *Luhmann,* Grundrechte als Institution, S. 14 ff.

6 *von Bieberstein,* Zum Problem der völkerrechtlichen Anerkennung der beiden deutschen Regierungen, S. 105, u.a.

Festzuhalten ist in diesem Zusammenhang allerdings, daß der Konsens in der Regel nur ein Mehrheitsentscheid sein wird; die Unterwerfung der Minderheit unter die Mehrheit gehört mit zu diesem Konsens, ist Teil desselben. Für sozialistische Staaten muß dabei zusätzlich bedacht werden, daß hier die Mehrheitsverhältnisse von vornherein feststehen. In der marxistisch-leninistischen Staats- und Rechtstheorie erhält das Staatsvolk Klassencharakter. Es wird mit den verschiedenen Klassen und Schichten der werktätigen Menschen gleichgesetzt, wobei der Arbeiterklasse von vornherein eine Führungsrolle zukommt. Die Arbeiterklasse aber hat nach Lenin (nicht etwa Marx) ihrerseits wieder unter der Leitung der Kommunistischen Partei, als ihrer Avantgarde, zu stehen. Daraus folgt, daß der oben beschriebene Konsens nur zwischen der Kommunistischen Partei und der Herrschaftsorganisation bestehen muß, die Herrschaftsorganisation vom Willen der Partei getragen wird. Wer also etwa der DDR die Staatlichkeit abspricht mit der Begründung, daß es an der Legitimation der Herrschaftsorganisation fehle, da das Volk nicht gefragt worden sei,[7] macht sich die Argumentation zu einfach.

2.2 *Die wesentlichen Probleme des Völkerrechts*

Im Völkerrecht geht es um die Regelung der internationalen Beziehungen, in Hinblick auf Staaten also um die Frage, wann ein Staat Völkerrechtssubjekt, d.h. Träger von Rechten und Pflichten im Rahmen der internationalen Beziehungen sein kann. Nicht jeder Staat im staatsrechtlichen Sinne (siehe oben) ist auch Staat im Sinne des Völkerrechts. Als Staat im Sinne des Völkerrechts kann vielmehr nur ein Gebilde angesehen werden, das in der Lage ist, am internationalen Verkehr teilzunehmen, ohne dessen Sicherheit zu gefährden. Damit geht es im Völkerrecht weiter um Fragen von Entstehung, Untergang und Abhängigkeitsverhältnissen von Staaten.

Ein Staat – im Sinne des Völkerrechts – ist entstanden, wenn und sobald er in der Lage ist, selbständig am Völkerrechtsverkehr teilzunehmen. Wesentliches Kriterium des Staates im Völkerrechtssinne ist damit seine Unabhängigkeit.[8] Die Unabhängigkeit zeigt sich darin, „daß im ganzen Staatsgebiet und in allen inneren und äußerenAngelegenheiten des Staates seine obersten Organe allein

7 Ibid.
8 Für viele: *Berber*, Lehrbuch des Völkerrechts, Bd. I, S. 126.

berechtigt sind, Weisungen an untere Staatsorgane und an Staatsangehörige und Einwohner des Staatsgebietes zu geben, aber weder Weisungen von Organen fremder Staaten oder internationalen Organisationen entgegennehmen müssen, noch die Erteilung von Weisungen der Organe fremder Staaten oder internationaler Organisationen an ihre eigenen Unterorgane oder Untertanen zu dulden brauchen«.[9]

Die Unabhängigkeit hat somit einen inneren und einen äußeren Aspekt. Nach innen ist sie identisch mit der Ursprünglichkeit der Herrschaftsorganisation. Nach außen wird sie gekennzeichnet durch die sogenannte Völkerrechtsunmittelbarkeit: Der Staat ist nur dem Völkerrecht, keinem Recht eines anderen Staates unterworfen.

Verschiedentlich wird von Souveränität nach innen und Souveränität nach außen gesprochen. Souveränität ist allerdings ein rechtlich kaum faßbarer Begriff. Soweit Souveränität rechtlich faßbar ist, ist sie identisch mit Unabhängigkeit.[10] (Siehe Schaubild)

Staat im Sinne des Völkerrechts

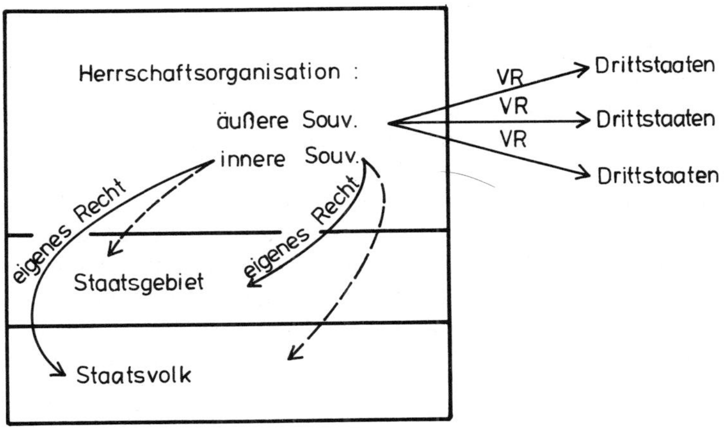

In Abhängigkeit geraten kann der Staat durch Unterwerfung unter die Entscheidungsbefugnis eines anderen Staates dergestalt, daß dieser für ihn nach

9 Ibid.
10 So schon *Strupp*, Grundzüge des Völkerrechts, S. 25, u.v.a.

außen als allein handlungsbevollmächtigt gilt, also im Wege einer (völkerrechtlichen*) Protektoratserrichtung. (Siehe Schaubild)

Völkerrechtliches Protektorat

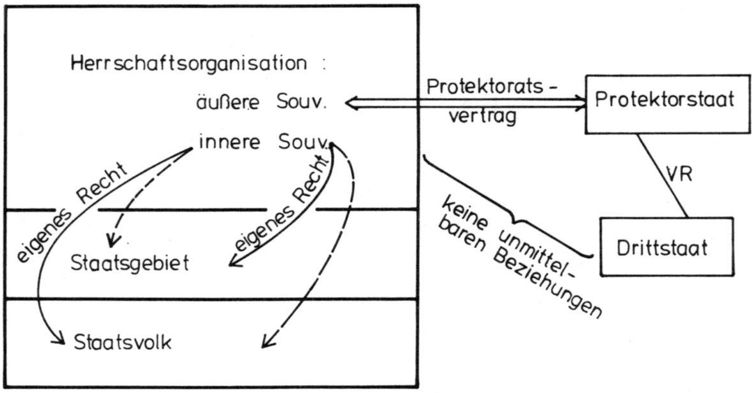

Ein Staat ist untergegangen, wenn er die Fähigkeit zur Teilnahme am Völkerrechtsverkehr nicht mehr besitzt. Das kann vor allem durch Zerstörung seiner Herrschaftsorganisation geschehen. (Die Fälle, daß Staatsgebiet oder Staatsvolk untergehen, dürften selten sein; sie gehören mehr der Theorie an).
Fälle, in denen die Herrschaftsorganisation vernichtet wird, sind vor allem Dismembration, Sezession und Annexion. Dismembration heißt Zerfall eines Staates; der Staat zerfällt in mehrere Teile, die ein besonderes Schicksal erfahren, etwa sich für selbständig erklären oder von anderen Staaten annektiert werden oder beides. Sezession heißt Lösung und Verselbständigung eines Staatsteils; sie führt nur dann zum Untergang des Staates, wenn der sich verselbständigende Staatsteil so groß oder so bedeutend ist, daß der Reststaat nicht mehr lebensfähig ist. Annexion heißt Eingliederung des Staates in einen anderen.
Zu beachten ist dabei jedoch der Grundsatz, daß eine kriegerische Okkupation sowie eine »occupatio mixta« (eine Okkupation, die im Verlauf eines Krieges aufgrund eines Waffenstillstandsvertrages erfolgt) auf Existenz und Unabhängigkeit des okkupierten Staates grundsätzlich ohne Einfluß sind. Dieser

* im Gegensatz zum staatsrechtlichen oder unechten Protektorat, bei dem auch die innerstaatliche Rechtslage von Normen des Protektorstaats bestimmt wird, wie etwa beim Protektorat über Böhmen und Mähren.

Völkerrechtsgrundsatz ergibt sich aus der Haager Landkriegsordnung und nimmt seinen Ursprung in der Überlegung, daß derartige Okkupationen nur vorübergehender Natur sind.

2.3 *Die wichtigsten Einzelprobleme der »deutschen Frage« und ihre rechtliche Einordnung*

Anhand der allgemeinen Ausführungen zum Staats- und zum Völkerrecht dürften sich bereits verschiedene Problemaspekte der deutschen Frage angedeutet haben. Die deutsche Frage umfaßt im wesentlichen folgende staats- oder völkerrechtliche Probleme:

1) Die Frage nach einem Untergang des Deutschen Reiches: In Frage käme ein Untergang durch Dismembration. Dieser Problemaspekt ist völkerrechtlicher Natur.
2) Die Frage nach der Entstehung zweier deutscher Staaten, wobei die Entstehung der Bundesrepublik Deutschland und die Entstehung der DDR verschiedene Fragen aufwerfen. Insgesamt sind die Entstehungsvorgänge und ihre Ergebnisse, die Staatsqualität der beiden deutschen Staaten, sowohl staats- als auch völkerrechtlich problematisch – oder zumindest problematisch gewesen.
3) Das Rechtsverhältnis von Bundesrepublik Deutschland einerseits und DDR andererseits zu den Alliierten – ein Problemaspekt völkerrechtlicher Natur.
4) Die Stellung der Alliierten zu »Deutschland als Ganzem« – man kann die Frage auch als Unterfall des dritten Problemaspekts sehen – ist ebenfalls ein Problem völkerrechtlicher Natur.
5) Die Rechtsbeziehungen zwischen der Bundesrepublik Deutschland und der DDR – wiederum ein völkerrechtliches Problem (was nicht heißt, daß die Beziehungen selbst völkerrechtlicher Natur sein müßten). Diese Problematik hat vor allem durch die Ostverträge, insbesondere natürlich den Vertrag über die Grundlagen der Beziehungen zwischen den beiden deutschen Staaten, nicht nur neue Aktualität, sondern auch neue Inhalte erhalten.
6) Die verfassungsrechtliche Grundlage der neuen deutschen Ostpolitik, d. h. der Ostpolitik der Bundesrepublik Deutschland, die mit dem Moskauer Vertrag von 1970 eingeleitet wurde, nach dem Grundgesetz (Wiedervereinigungsgebot) – eine staatsrechtliche, genauer gesagt, verfassungsrechtliche Problematik.

Die einzelnen Fragen sind zum Teil selbst wiederum Problemkomplexe. So umfaßt die Frage nach der rechtlichen Qualifizierung der Beziehungen zwischen der Bundesrepublik Deutschland und der DDR etwa auch die Problematik um die völkerrechtliche Anerkennung der DDR durch die Bundesrepublik, die Fragen nach der Rechtsnatur der innerdeutschen Grenze, nach einer gemeinsamen deutschen Staatsangehörigkeit und nach der deutschen Nation und nationalen Einheit. Die letzte Frage ist vor allem in jüngster Zeit durch die Behauptung von der »Entwicklung einer sozialistischen Nation in der DDR« aktuell geworden.

3. Die Darstellung der Problematik entsprechend ihrer historischen Entwicklung

Der Problemkomplex der »deutschen Frage« dürfte sich am ehesten entwirren und in seinen Einzelaspekten und deren Zusammenhängen darstellen lassen, wenn man seiner geschichtlichen Entwicklung nachgeht.

3.1 *Das Jahr 1945: Frage nach einem Untergang des Deutschen Reiches*

Das erste geschichtlich wichtige Ereignis für die Entstehung, aber auch Beurteilung der »deutschen Frage« ist die bedingungslose Kapitulation des Deutschen Reiches und die Übernahme der sogenannten supreme authority durch die vier alliierten Siegermächte in Deutschland im Jahre 1945. Es wurde verschiedentlich ein Untergang des Deutschen Reiches angenommen mit der Begründung, daß die deutsche Staatsgewalt vernichtet worden sei.[11] Zur Diskussion stand ein Untergang des Deutschen Reiches infolge der bedingungslosen Kapitulation und/oder der Übernahme der »supreme authority«.

3.1.1 *Die bedingungslose Kapitulation*

Die Streitfrage, ob Deutschland nach der bedingungslosen Kapitulation untergegangen ist oder nicht, scheint inzwischen im wesentlichen ausgetragen zu sein, und zwar im Sinne einer Verneinung.
Die Kapitulation hatte auf die Rechtslage Deutschlands keinen Einfluß. Eine Kapitulation ist ein völkerrechtlicher Vertrag, der ausschließlich militärischen Inhalt hat, hingegen nicht die allgemeine Rechtslage des Staates verändern soll und kann.[12] Auch die deutsche Kapitulation war ein solcher Vertrag; er war zwischen dem Oberkommando der Wehrmacht und denOberbefehlshabern der Streitkräfte der vier Mächte geschlossen worden, also zwischen Parteien, die für

11 *Kelsen*, The Legal Status of Germany, in: AJIL 38 (1945), S. 518 ff. [549].
12 von *Münch*, Dokumente des geteilten Deutschland, S. XXI.

die Gestaltung der allgemeinen Rechtslage des Staates keine Kompetenz besaßen.

3.1.2. *Die Übernahme der »supreme authority«*

Ebensowenig ist aber auch durch die Übernahme der »supreme authority« ein Untergang des Deutschen Reiches bewirkt worden.
Es war seinerzeit streitig gewesen, was der Terminus »supreme authority« besagen sollte. Vereinzelt wurde die Auffassung vertreten, daß damit die Staatsgewalt, also eines der drei Elemente des Staates,[13] gemeint war, so daß das Deutsche Reich durch die Übernahme der »supreme authority« untergegangen sei.[14] Die überwiegende und inzwischen ziemlich unstreitig gewordene Auffassung ging demgegenüber dahin, daß es sich um die (aus der Staatsgewalt fließende) Regierungsgewalt handelte, die in treuhänderischer Form für das Deutsche Reich durch die Alliierten ausgeübt werden sollte. Diese Interpretation ließ sich aus verschiedenen Erklärungen der Alliierten, nach denen sie Deutschland nicht annektieren wollten, herleiten, wie etwa der Atlantik-Charta,[15] nach der keine Gebietsvergrößerung der Länder erstrebt werden sollte, und ganzklar der sogenannten Berliner Erklärung,[16] in der es hieß:

»Die Übernahme .... bewirkt nicht die Annektierung Deutschlands.«

Diese Interpretation wurde in der Folgezeit auch durch die Praxis getragen, nachdem schon bald nach Beendigung der Kampfhandlungen örtliche deutsche Behörden wieder tätig werden durften.
Der Völkerrechtler Münch hat nachzuweisen gesucht, daß der Ausdruck »supreme authority« dem Manual of Military Government and Civil Affairs FM 27-5 (1943) entstamme und dort nichts anderes als die normale Besatzungsgewalt bedeute.[17] Für diese Auslegung würde auch die im Protokoll über die Besatzungszonen in Deutschland und die Verwaltung von Groß-Berlin vom 12. September 1944 verwendete Begriffsbildung, wonach »occupation« für »Besatzungshoheit« steht,[18] sprechen.
Oppermann spricht von einer »doppelfunktionalen« Gewaltausübung, nämlich der »gleichzeitigen Inanspruchnahme militärischer Besatzungshoheit aufgrund

13 Vgl. oben, S.
14 Siehe Anm. 11.
15 Siehe A.ım. 2.
16 Siehe Anm. 2.
17 *Münch*, »Die völkerrechtliche Grundlage des Status Deutschlands«, in: IRD 1972, S. 143–151 [146].
18 Entsprechende Übersetzung des Londoner Protokolls bei *Berber*, Völkerrecht, Dokumentensammlung, Bd. II, S. 2266.

des Völkerrechts und der treuhänderischen Wahrnehmung der über die Debellation im Wege des Zwanges erworbenen Staatsgewalt« und entnimmt dies neben den erwähnten Übereinkünften auch dem Potsdamer Abkommen und der Proklamation Nr. 1 des Alliierten Kontrollrats vom 30. August 1945.[19] Wenn man allerdings davon ausgeht, daß die Alliierten Deutschland nicht annektieren wollten, und vom Standpunkt ex post annehmen darf, daß eine Annexion tatsächlich nicht stattgefunden hat, weil sämtliche Maßnahmen, auch die über das geltende Okkupationsrecht hinausgehenden nur vorläufigen Charakter hatten oder haben sollten, so kann es sich bei der »supreme authority« tatsächlich nicht um die Staatsgewalt selbst gehandelt haben. Wenn andererseits aber die vier Mächte in allen Angelegenheiten als »supreme authority« gleichsam die letzte Instanz bildeten, läßt sich die Übernahme der »supreme authority« nur als Übernahme sämtlicher aus der Staatsgewalt fließender Ausübungsrechte verstehen.
Das Deutsche Reich war eine Art (völkerrechtliches) Protektorat geworden (vgl. auch Schaubild, S. 20), und zwar eine Art des weitreichendsten Protektorats, da die Alliierten die aus der Staatsgewalt fließenden Rechte auch nach innen ausübten. Allerdings ist der Ausdruck »Protektorat« im Zusammenhang mit der deutschen Frage nie gefallen.

3.2 *Das Jahr 1949: Frage nach der Entstehung von Bundesrepublik Deutschland und DDR als Staaten im Sinne des Völkerrechts mit der möglichen Folge eines Untergangs des Deutschen Reiches*

Das nächste wichtige Datum für die deutsche Frage dürfte in dem Jahr 1949 zu sehen sein, dem Jahr der Entstehung des Grundgesetzes und der Ersten Verfassung der DDR. Die Verfassunggebungen sind Gründungsakte der Bundesrepublik Deutschland bzw. der DDR. Es hatte sich auf einem bestimmten Gebiet, dem von den Westmächten besetzten Territorium einerseits und dem von der Sowjetunion besetzten Territorium andererseits, für die dortige Bevölkerung eine eigene Herrschaftsorganisation gebildet, denn es konnten nunmehr eigene Organe auf der Grundlage einer eigenen Rechtsordnung tätig werden. Es waren also Staaten auf jeden Fall im Sinne des Staatsrechts entstanden.

19 *Oppermann*, »Deutschland als Ganzes«, in: Festschr. f. Friedr. Berber z. 75. Geburtstag, S. 377–388 [380].

Für die DDR wurde zwar zum Teil geltend gemacht, daß ihrer Herrschaftsorganisation die Legitimation, d.h. die Ursprünglichkeit,[20] fehle, weil sie nicht auf einer freien Selbstbestimmung beruhe, sondern vom Willen der KP, die ihrerseits wiederum den Willen der sowjetischen KP verkörpere, getragen sei.[21] Dieses Argument ist jedoch, wie gezeigt,[22] zu vereinfachend und daher nicht annehmbar.

In Hinblick auf die beiden Staatsgründungen nahmen manche einen Untergang des Deutschen Reiches, nämlich durch Dismembration, an; das Deutsche Reich sei durch die Entstehung zweier neuer selbständiger Staaten auf seinem Gebiet untergegangen.[23]

Manche folgerten aus den beiden Staatsgründungen auch eine Sezession der DDR vom Deutschen Reich.[24] Danach war das Deutsche Reich zwar nicht untergegangen, da die Bundesrepublik Deutschland als mit diesem identisch anzusehen sei. Die DDR aber habe sich von diesem gelöst. Es bestünden nunmehr also zwei deutsche Staaten, die mit dem Deutschen Reich identische Bundesrepublik und, als neuer deutscher Staat, die DDR.

Diese sogenannte Zwei-Staaten-Theorie, gleich in welcher Spielart, war damals allerdings nicht nur nicht die Meinung der Bundesrepublik Deutschland, sondern auch nicht die offizielle Ansicht weder der DDR noch der Alliierten einschließlich der Sowjetunion. Man konnte ihr im damaligen Zeitpunkt entgegenhalten, daß weder die Bundesrepublik Deutschland noch die DDR volle Souveränität besaßen; es bestanden weitgehende Kontroll- und auch noch echte Ausübungsrechte der Alliierten, der Westalliierten in der Bundesrepublik, der Sowjetunion in der DDR.

Das Verfassungssystem der Bundesrepublik Deutschland ergab sich zwar aus dem Grundgesetz. Dieses wurde jedoch vom weiterhin fortgeltenden Besatzungsrecht überlagert. Die Befugnisse der Besatzungsmächte folgten vor allem aus dem Besatzungsstatut, im einzelnen auch noch aus verschiedenen anderen Drei-Mächte-Abkommen etwa über die Drei-Mächte-Kontrolle, über verbote-

20 Vgl. oben, S. 18.

21 Vgl. dazu auch *von Bieberstein,* a.a.O., S. 105.

22 Siehe oben, S. 18.

23 In der östlichen Völkerrechtswissenschaft vertretene Ansicht, Nachweise bei *Mahnke,* »Fragen der Staatensukzession in Deutschland«, Berichte des Bundesinstituts zur Erforschung des Marxismus-Leninismus, Reihe III, 2, Nr. 12.

24 In der östlichen Staatsrechtswissenschaft vertretene Auffassung, die darauf gestützt wird, daß die Bundesrepublik Deutschland ein Machwerk der USA sei und daher im Gegensatz zur DDR nicht über eine originäre Staatsgewalt (siehe dazu S. 16) verfüge; vgl. dazu auch *Oeser/Oeser,* »Völkerrechtliche Aspekte der Rechtmäßigkeit der DDR«, in: Deutschlandsfrage und Völkerrecht, S. 167ff., die allerdings offensichtlich (noch) von einer Identität der DDR mit dem Deutschen Reich ausgehen.

ne und beschränkte Industrien, über die Errichtung der internationalen Ruhrbehörde u. ä.
In der DDR übertrug die sowjetische Militärverwaltung zwar (durch Beschluß) die bis dahin von ihr ausgeübten Verwaltungsfunktionen dem Präsidium der Provisorischen Volkskammer und dem Ministerpräsidenten der DDR. Zugleich wurde aber eine sowjetische Kontrollkommission gebildet mit der Aufgabe, die Durchführung der Potsdamer Beschlüsse und der anderen von den vier Mächten gemeinsam getroffenen Entscheidungen zu überwachen. Insbesondere wollte diese Kontrollkommission dafür Sorge tragen, daß keinerlei Maßnahmen getroffen wurden, die den Beschlüssen der vier Mächte hinsichtlich einer Demilitarisierung und Demokratisierung sowie den Wiedergutmachungsverpflichtungen widersprächen. Weiterhin wurde die Zuständigkeit der Behörden der DDR zur Regelung der auswärtigen Beziehungen unter den »Vorbehalt der notwendigen Überwachung« durch die sowjetische Kontrollkommission gestellt.[25]

3.3 *Die Jahre 1954/55: Erneute Frage nach einem Untergang des Deutschen Reiches durch Entstehung zweier selbständiger deutscher Staaten auf seinem Gebiet oder auch nach einer Gebietsstandsverkleinerung durch eine gelungene Sezession eines der beiden Staaten*

Die Jahre 1954/55 mögen vielfach als Wendepunkt für die Beurteilung der »deutschen Frage« anzusehen sein. 1954 gab die Regierung der UdSSR ihre Erklärung über die Gewährung der Souveränität an die DDR ab, 1955 trat der sogenannte General- oder Deutschlandvertrag zwischen der Bundesrepublik Deutschland und den drei Westalliierten in Kraft. Nach dem General- oder Deutschlandvertrag sollte die Bundesrepublik »die volle Macht eines souveränen Staates über ihre inneren und äußeren Angelegenheiten« haben, während die Drei Mächte »die bisher von ihnen ausgeübten und innegehabten Rechte und Verantwortlichkeiten in bezug auf Berlin und Deutschland als Ganzes einschließlich der Wiedervereinigung Deutschlands und einer friedensvertraglichen Regelung« behalten sollten. Nach der sowjetischen Erklärung über die Gewährung der Souveränität an die DDR sollte die Sowjetunion in der DDR lediglich »die Funktionen, die mit der Gewährleistung der Sicherheit in Zusammenhang stehen und sich aus den Verpflichtungen ergeben, die der Sowjetunion aus den Viermächteabkommen erwachsen«, behalten.

25 Vgl. Erklärung über den Beschluß der UdSSR, hier abgedr. als Dokument Nr. 5.3.1.

3.3.1. *Erneute Frage nach der Entstehung zweier selbständiger deutscher Staaten auf dem Gebiet des Deutschen Reiches mit der Folge seines Untergangs*

Die beiden Fakten, Abschluß des General- oder Deutschlandvertrages einerseits und Erklärung über die Gewährung der Souveränität an die DDR, lieferten der Zwei-Staaten-Theorie stärkere Argumente. Da danach beide deutsche Staaten für souverän erklärt wurden, konnte ein Untergang des Deutschen Reiches angenommen werden. Von einem solchen Untergang (durch Dismembration) gehen denn auch die DDR und die UdSSR sowie die übrigen Ostblockstaaten seit 1954/55 aus, allerdings rückbezogen auf das Jahr 1949.[26]
In der Bundesrepublik Deutschland wie auch in den Staaten der drei Westalliierten wurde demgegenüber weiterhin an der These festgehalten, daß das Deutsche Reich fortbestehe. Diese These wurde auf verschiedene Theorien gestützt.
Nach den sogenannten *Identitätstheorien* war das Deutsche Reich nicht untergegangen, weil die Bundesrepublik Deutschland oder die DDR oder beide teilweise oder gemeinsam mit dem Deutschen Reich identisch seien. Unter die Identitätstheorien fallen
die Staatskern-Theorie,
die Schrumpfstaat-Theorie,
die Kongruenz-Theorie,
die Sezessions-Theorie.
Nach der *Staatskern-Theorie*[27] verkörpert die Bundesrepublik Deutschland den deutschen Staat dergestalt, daß ihr Staatsgebiet rechtlich das Territorium umfaßt, das am 31. Dezember 1937 der Gebietshoheit des Deutschen Reiches unterstand, und zu ihrem Staatsvolk alle auf diesem Gebiet wohnenden früheren Staatsangehörigen des Deutschen Reiches zählen. Staatsgebiet und Verfassungsgebiet decken sich jedoch nicht. Das Grundgesetz ist zwar nach seinem Artikel 23 mit potentieller Wirkung für den Gesamtstaat konzipiert. Es hat aktuelle Bedeutung aber nur im Bereich der Bundesländer. (vgl. auch Schaubild)
Nach der *Schrumpfstaat-Theorie*[28] ist das mit der Bundesrepublik Deutschland identische Deutsche Reich auf den Geltungsbereich des Grundgesetzes zusammengeschrumpft. Staatsgebiet und Verfassungsgebiet decken sich hier also. Hinsichtlich der Rechtsnatur des übrigen (einstigen) Staatsgebietes des Deut-

26 Vgl. Nachweise bei *Mahnke* (Anm. 23).
27 Siehe Darstellung bei *Krülle,* »Die völkerrechtlichen Aspekte des Oder-Neisse-Problems«, S. 100, m.w.N., sowie *Schuster,* »Deutschlands staatliche Existenz im Widerstreit politischer und rechtlicher Gesichtspunkte 1945–1963«, S. 84 ff.
28 Darstellung ebenfalls bei *Krülle,* a.a.O., und *Schuster,* a.a.O., jeweils m.w.N.

schen Reiches gibt diese Theorie keine eindeutige Auskunft und läßt damit verschiedenen weiteren Ansichten – fremdes Staatsgebiet (polnisch bzw. russisch), terra nullius – Raum. (Vgl. auch Schaubild)

Staatskern - Theorie

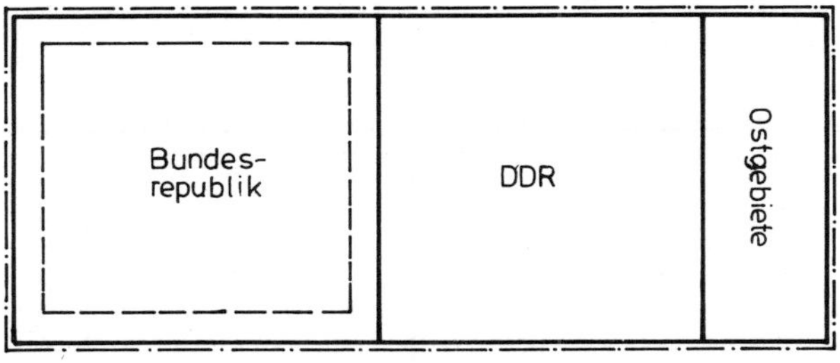

—·—·— Fortbestand des Deutschen Reichs in den Grenzen vom 31.12.1937

——— Staatsgebiet: identisch mit Deutschem Reich in den Grenzen vom 31.12.1937

- - - - - Geltungsbereich des Grundgesetzes: Bundesrepublik Deutschland

Schrumpfstaat - Theorie

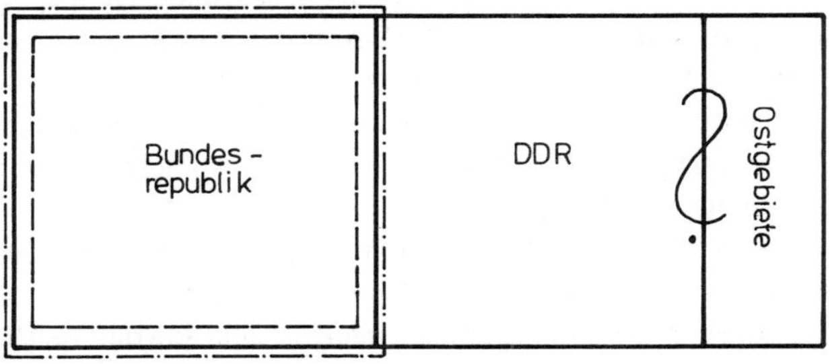

—·—·— Fortbestand des Deutschen Reiches, aber nur in den Grenzen der Bundesrepublik

——— Staatsgebiet:

- - - - Geltungsbereich des Grundgesetzes:

} identisch mit der Bundesrepublik Deutschland

(Rechtsnatur des übrigen Staatsgebietes des Deutschen Reiches streitig: fremdes Staatsgebiet (polnisch bzw. russisch) - terra nullius)

Nach der *Kongruenz-Theorie*[29] deckt sich das mit dem Deutschen Staat in den Grenzen vom 31. Dezember 1937 identische Gebilde sowohl in seinem Staatsgebiet als auch im Geltungsbereich seiner Verfassung mit dem Staatsgebiet des Deutschen Reiches. Die Existenz eines zweiten deutschen Staates wird also geleugnet. (Siehe Schaubild)

Kongruenz - Theorie

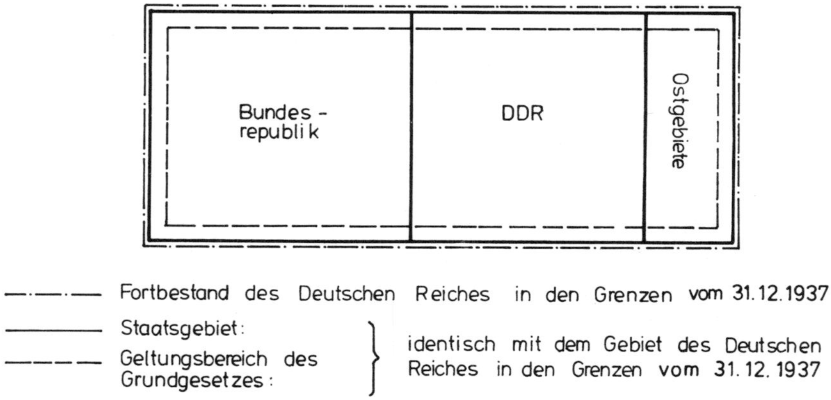

Nach der *Sezessions-Theorie*[30] ist die Bundesrepublik Deutschland wiederum identisch mit dem Deutschen Reich. Dieses ist jedoch in seinem Staatsgebiet um das Gebiet der DDR verkleinert. In der DDR ist nämlich durch Sezession ein zweites rechtlich gleichwertiges Völkerrechtssubjekt entstanden. Die Bestrebungen der DDR zur Losreißung sind 1949, spätestens 1955, erfolgreich gewesen. (Siehe auch Schaubild)
In der DDR sind Identitätstheorien nur kurzfristig vertreten worden, und dann auch nur im Sinne der Kongruenz-Theorie[31] und der Kernstaat-Theorie.[32]
Nach der sogenannten *Teilidentitäts-Theorie*[33] sind sowohl die Bundesrepublik Deutschland als auch die DDR mit dem Deutschen Reich jeweils partiell (möglicherweise auch gemeinsam) identisch. Diese Theorie ist, soweit ersichtlich, nur von einem Vertreter der Staatsrechtswissenschaft, also nicht einem

29 Darstellung ebenfalls bei *Krülle*, a.a.O., S. 101, und *Schuster*, a.a.O.
30 Ibid.
31 DDR-Verfassung von 1949.
32 *Pieck*, Rede nach seiner Wahl zum Staatspräsidenten der DDR am 11. 10. 1949, in: Dokumente zur Staatsordnung der DDR, Bd. 1, 1958, S. 16.
33 *Krüger*, in: SJZ 1950, S. 113 ff.

Völkerrechtler, vertreten worden; sie ist formal-logisch kaum haltbar. (Siehe auch Schaubild)

Sezessions - Theorie

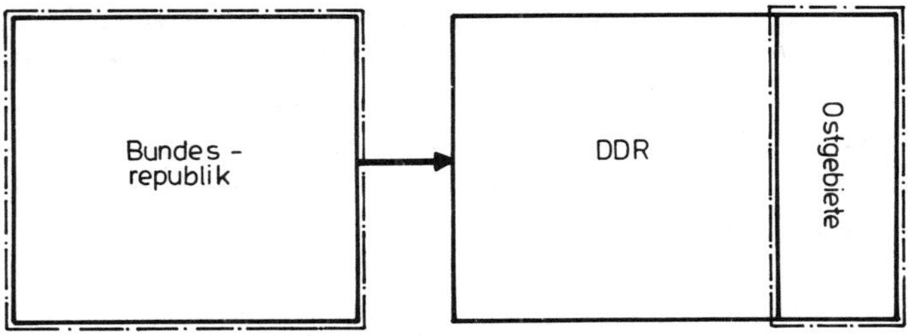

—·—·— Fortbestand des Deutschen Reiches nur noch in den Grenzen der Bundesrepublik und der Ostgebiete

Bundesrepublik Deutschland ist identisch mit dem Deutschen Reich, aber in den Grenzen der Bundesrepublik; der DDR ist die Sezession gelungen.

Teilidentitäts - Theorie

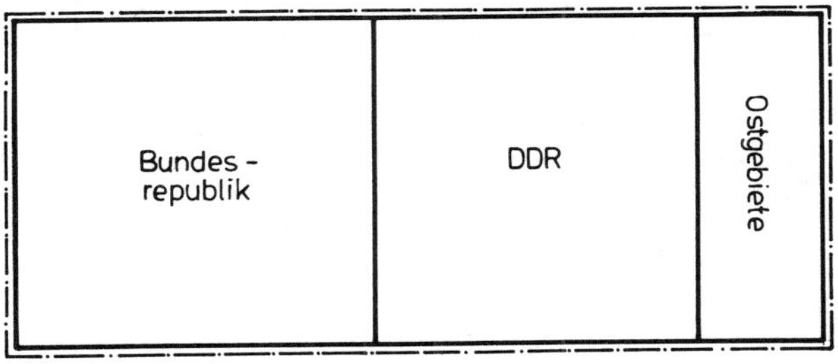

—·—·— Fortbestand des Deutschen Reiches in den Grenzen vom 31.12.1937

——— Identität von Bundesrepublik und DDR } mit Deutschem Reich jeweils begrenzt auf das Gebiet der Bundesrepublik bzw. DDR

Nach der *Prätendentenstreit- oder Bürgerkriegstheorie,* die ebenfalls nur von einem einzigen Verteter der Wissenschaft aufgestellt wurde,[34] standen sich in

34 *von Bieberstein,* aaO.

dem ungeteilten deutschen Gesamtstaat zwei um die Vormacht kämpfende Regierungen im »kalten« Bürgerkrieg feindlich gegenüber, von denen der Bundesregierung kraft ihrer demokratischen Legitimation die Stellung der De-iure-Regierung des Gesamtstaates, der Regierung der DDR die einer lokalen De-facto-Regierung zukommt, die bestrebt ist, einen Teil des Staatsgebietes loszureißen. Die Bundesrepublik Deutschland wird dabei räumlich als der Geltungsbereich des Grundgesetzes verstanden. Da sie kein Staat sein könne, bestehe eine Identität nicht zwischen der Bundesrepublik Deutschland und dem Deutschen Reich, sondern nur zwischen »der organschaftlichen Stellung der Bundesregierung mit der organschaftlichen Stellung der ehemaligen Reichsregierung«.[35] (Siehe auch Schaubild)

Prätendentenstreit - bzw. Bürgerkriegstheorie

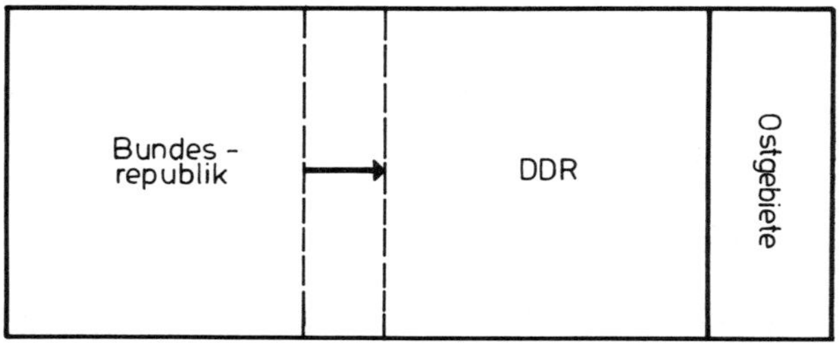

——— Fortbestand des Deutschen Reiches in den Grenzen vom 31.12.1937; innerhalb des Deutschen Reiches streiten zwei rivalisierende Regierungen um die Vormacht im "kalten" Bürgerkrieg, wobei Bundesregierung als de-jure-Regierung des Gesamtstaates, DDR-Regierung als lokale de-facto-Regierung mit Sezessionsabsichten anzusehen ist.

Nach der *Teilordnungslehre* oder »*Dachtheorie*«[36] besteht über den beiden mit partieller Völkerrechtssubjektivität ausgestatteten faktischen Teilordnungen Bundesrepublik Deutschland einerseits und DDR andererseits der deutsche Staat gleichsam als »Reichsdach« fort. Dabei sprechen einige Vertreter dieser Lehre den Teilordnungen Staatsqualität zu,[37] andere nicht.[38] Manche Anhänger

35 *von Bieberstein,* aaO, S. 129.
36 Vgl. Darstellung bei *Krülle,* aaO, S. 104, m.N.
37 Siehe Nachweise bei *Krülle,* aaO, Anm. 190.
38 Ibid.

dieser Theorie sehen auch Berlin und die Ostgebiete als weitere Teilordnungen unter dem Reichsdach an.[39]

Gestützt wird diese Auffassung damit, daß behauptet wird, die Bundesrepublik Deutschland und die DDR hätten auch 1954/55 durch den Generalvertrag einerseits bzw. die sowjetische Erklärung andererseits nicht die volle Souveränität erhalten können. Der deutsche Gesamtstaat sei infolge fehlender gesamtdeutscher Organe lediglich (nach wie vor) handlungsunfähig. Nur die von den Alliierten übernommene Vertretungsbefugnis sei zu einem Teil durch den Generalvertrag auf die Bundesrepublik Deutschland und durch die sowjetische Erklärung auf die DDR übertragen worden. Einen Teil der Vertretungsbefugnis hätten die Alliierten weiter behalten, nämlich die Westalliierten in den Angelegenheiten, die Berlin und Deutschland als Ganzes einschließlich der Wiedervereinigung Deutschlands und einer friedensvertraglichen Regelung betreffen, die Sowjetunion in den Angelegenheiten, die mit der Gewährleistung der Sicherheit zusammenhängen und sich aus ihren Verpflichtungen aus den Viermächteabkommen ergeben.[40] Diese Vorbehalte seien – wie man es nennt – dinglicher Natur. Durch die Vorbehaltsrechte werde die Vertretungsbefugnis der beiden Teilordnungen in den jeweiligen Angelegenheiten ausgeschlossen. (Siehe auch Schaubild auf S. 34)

Die überwiegende Meinung in der Bundesrepublik Deutschland, vor allem auch die offenbar offizielle, ging im Anschluß an den Generalvertrag allerdings von der Identität der Bundesrepublik Deutschland mit dem Deutschen Reich aus, und zwar, was die Staatsgewalt nach innen angeht, im Sinne der Staatskerntheorie, was die Staatsgewalt nach außen angeht, also die Fähigkeit, im Völkerrecht handelnd auftreten zu können, im Sinne der Kongruenztheorie (Hallstein-Doktrin). Diese Differenzierung ist allerdings niemals laut geworden. Die Bundesverfassungsgerichtsentscheidungen sprechen immer nur global von der Identitätstheorie. Der DDR wurde eine Staatlichkeit, zumindest die nach außen, abgesprochen.

Bereits aus der Anzahl der Theorien, aber auch aus ihrer Argumentation, die für die Bundesrepublik Deutschland einerseits und die DDR andererseits zum Teil auch noch verschieden ausfallen oder unterschiedlich überzeugend wirken kann, wird offenbar, daß es mit dem Jahr 1954/55 jedenfalls schwierig wurde, Theorie und Wirklichkeit miteinander zu vereinen.

Was die Stimmigkeit der Identitätstheorien für die Bundesrepublik Deutschland angeht, so könnte man hier einen gewissen Bruch in der Rechtslogik annehmen:

39 Ibid.
40 Siehe Dokument Nr. 5.2.3. und Nr. 5.3.2.

Teilordnungslehre oder "Dachtheorie"

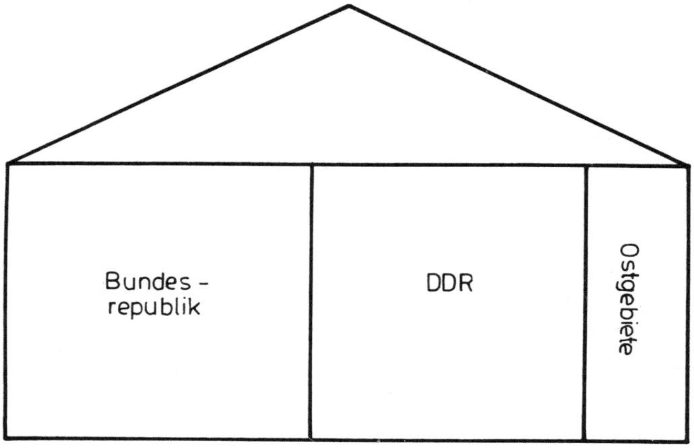

Bundesrepublik Deutschland
und
DDR

} sind nur Teilordnungen (im Verhältnis zur – fortbestehenden, aber passiven – Gesamtordnung des Deutschen Reiches) unter dem "Dach" des Deutschen Reiches

Einmal wird (in der westlichen Literatur) davon ausgegangen, daß das Deutsche Reich 1945 nicht untergegangen ist. Das heißt aber, daß die Alliierten nicht die Souveränität erlangt haben.[41] Dann aber konnten sie auch keine Souveränität übertragen, weder auf eine Bundesrepublik, noch auf eine DDR, noch auf ein Gesamtdeutschland, denn »nemo plus iuris transferre potest quam ipse habet« (niemand kann mehr Rechte übertragen, als er selbst innehat), wie ein juristischer Grundsatz lautet. Übertragbar waren nur die aus der Souveränität fließenden Ausübungsrechte.[42] Mit dem General- oder Deutschlandvertrag konnte also, auch wenn man die Vorbehalte im Sinne der Identitätstheorien als bloßes Obligatorium wertet, so daß der Bundesrepublik Deutschland auch diese vorbehaltenen Rechte übertragen worden wären, jedoch mit der Verpflichtung,

41 Vgl. dazu oben, S. 24/25.
42 Vgl. oben, S. 25.

bei der Ausübung dieser Rechte einvernehmlich mit den Westmächten vorzugehen bzw. ein Einschreiten der Westmächte zur Erzielung des Einvernehmens zu dulden und nicht als verbotene Intervention zu betrachten, nicht die Souveränität des Deutschen Reiches übertragen werden.
Diese Souveränität konnte die Bundesrepublik nur durch Usurpation erhalten, sei es, daß die Westmächte sich diese Souveränität anmaßten und sodann auf die Bundesrepublik übertrugen, sei es, daß erst die Bundesrepublik sich diese anmaßte. Eine Usurpation durch die Westmächte hätte zwar entweder gemeinsam mit der Sowjetunion stattfinden oder von dieser genehmigt werden müssen. In der völkerrechtlichen Anerkennung der Bundesrepublik Deutschland durch die Sowjetunion konnte man aber unschwer die erforderliche Genehmigung sehen. Eine Usurpation durch die Bundesrepublik hätte der Billigung sämtlicher Alliierter bedurft, die aber in der vertraglichen Absprache mit den Westmächten in Verbindung mit der völkerrechtlichen Anerkennung durch die Sowjetunion erblickt werden konnte.
Wenn sich daher die Bundesrepublik Deutschland nach den Identitätstheorien als vollsouverän ansah, so bedeutete dies rechtslogisch eigentlich eine Sezession vom Deutschen Reich, und die völkerrechtliche Anerkennung der Bundesrepublik durch die Staatenwelt war dann nichts anderes als die allgemeine Anerkennung dieser Sezession als gelungene Konstituierung einer neuen staatlichen Ordnung. Die Erklärung der Bundesrepublik, mit dem Deutschen Reich identisch zu sein, müßte rechtslogisch im Sinne einer Rechtsnachfolge (Sukzession) uminterpretiert werden – eine Interpretation, die in der Tat von den Ostblockstaaten vorgenommen wird.[43] Der Fortbestand des Deutschen Reiches würde in Wahrheit nicht von der Bundesrepublik, sondern von der Stellung der DDR zum Deutschen Reich abhängen.
Allenfalls konnte man in Hinblick auf die Wiedervereinigungsbestrebungen der Bundesrepublik auf der Grundlage des Wiedervereinigungsgebots des Grundgesetzes davon ausgehen, daß die »Sezession« keine endgültige sein sollte. Sollen aber Rechtszustände nur vorübergehender Natur sein, so werden sie von der Völkerrechtsordnung auch nicht als endgültig anerkannt, so daß sich über diesen Umweg die These vom Fortbestand des Deutschen Reiches aufrechterhalten ließe. Sollte mit der Identitätsbehauptung aber nur ausgesprochen sein, daß die aus der Souveränität fließenden Ausübungsrechte für das Deutsche Reich nunmehr von der Bundesrepublik und nicht, wie bisher, von den Alliierten wahrgenommen werden sollen, so wäre damit erst recht eine Identität ausgeschlossen. Denn die Wahrnehmung von Rechten (und Pflichten) für einen

43 *Kirsten*, »Zum völkerrechtlichen Institut der Staatennachfolge«, in: Deutschlandfrage und Völkerrecht, S. 110 ff.

anderen setzt grundsätzlich gerade die Nicht-Identität zwischen Rechtsinhaber und Rechtsausübendem voraus. Diese Interpretation aber käme zugleich einer (modifizierten) Teilordnungslehre oder »Dachtheorie« nahe.
Was die Annehmbarkeit der Prätendentenstreit- oder Bürgerkriegstheorie angeht, so scheint diese sich am weitesten von der politischen Wirklichkeit zu entfernen: Immerhin hatten sich auf dem Boden des Deutschen Reiches nicht nur zwei Regierungen gebildet, die miteinander um die Vorherrschaft stritten, sondern waren auch zwei neue staatliche Ordnungen entstanden, von denen die eine (Bundesrepublik Deutschland) zudem noch als souveräner Staat völkerrechtlich allgemein anerkannt wurde.
Was schließlich die Teilordnungslehre oder »Dachtheorie« anbelangt, so ist sie eine etwas schwierige und gekünstelt erscheinende, vor allem aber für das Völker- und Staatsrecht ganz neue und ungewöhnliche juristische Konstruktion. Die Beziehungen zwischen einem Staat, der nicht handlungsfähig ist, wie man dies hier für das Deutsche Reich unterstellt, und einem Staat, der dessen Rechte und Pflichten wahrnimmt, wie man dies für die Bundesrepublik Deutschland und auch die DDR (jeweils beschränkt durch die alliierten Vorbehalte) einerseits und die Alliierten andererseits annimmt, werden normalerweise als Protektoratsverhältnis[44] verstanden. Jedenfalls wird – normalerweise – in dem handlungsbevollmächtigten Staat der Oberstaat und in dem handlungsunfähigen Staat der Unterstaat gesehen. Nach der »Dachtheorie« ist dieses Verhältnis aber gerade umgekehrt. Allerdings läßt sich eine solche Umkehrung mit einem entsprechenden Willen der Beteiligten begründen. Ein solcher Wille wäre auch für die Bundesrepublik Deutschland und die Westalliierten anzunehmen.
Die »Dachtheorie« geht ferner aber auch von der Dinglichkeit der Vorbehalte aus. Das wäre von der Konstruktion her an und für sich gar nicht nötig gewesen. Dafür hätte ausgereicht, daß die aus der Souveränität des Deutschen Reiches fließenden Ausübungsrechte treuhänderisch wahrgenommen werden und nicht eine Usurpation stattfindet. Einer Verteilung der Ausübungsrechte so, daß ein Teil weiterhin den Alliierten überlassen bleibt, hätte es nicht bedurft. Die Theorie wurde aber nur in Zusammenhang mit der Dinglichkeit der Vorbehalte bekannt. Diese Dinglichkeit der Vorbehalte aber ist gerade bestritten.
Was die Bundesrepublik Deutschland anbelangt, so hat man in der Literatur zum Teil zu zeigen versucht, daß die Normen des General- oder Deutschlandvertrages der Annahme eines Obligatoriums[45] zumindest nicht entgegenstehen.[46]

44 Vgl. dazu oben, S. 20.
45 Siehe oben, S. 34.
46 *Doehring,* »Hat die BRD die internationale Kompetenz (Souveränität) zum Abschluß von Verträgen mit der DDR?«, in: *Doehring/Kewenig/Ress:* Staats- und völkerrechtliche Aspekte der Deutschland- und Ostpolitik, S. 18–23.

Dabei wird vor allem auf die Formulierung des Artikels 1 Absatz 2 verwiesen, wonach die Bundesrepublik demnächst die volle Macht eines souveränen Staates über die inneren und äußeren Angelegenheiten haben sollte, aber auch auf Artikel 7, in dem die Behandlung der Deutschlandfrage ohne jeden Zweifel zu einer *gegenseitigen* Verpflichtung gemacht sei, auf Artikel 9, wonach Entscheidungen über Fragen der Vorbehaltsmaterie von der in dieser Vorschrift (des Artikels 9) vorgesehenen Schiedsgerichtsbarkeit ausgenommen sind, und schließlich auf Artikel 10, wonach auch für Belange dieses Komplexes ein Anspruch auf Revision des Vertrages bestehe, da es ungewöhnlich wäre, einen »echten« (d. h. also dinglichen) Vorbehalt in eine solche Revisionsklausel einzubeziehen.

Gegen diese Einwände lassen sich allerdings auch Gegenargumente anführen: Was die Interpretation der Vorbehalte angeht, so sollte sie nicht allein aus der Formulierung der Bestimmungen des Deutschlandvertrages hergeleitet werden – offensichtlich kann man das auch gar nicht. Wenn man nämlich bedenkt, daß im Völkerrecht jede Aufgabe von Rechten zugleich eine Aufgabe von Sicherheitspositionen durchaus auch im militärisch-strategischen Sinne bedeutet, so sollte davon ausgegangen werden, daß Rechte grundsätzlich wohl nur abgegeben werden, wenn gleichwertige Sicherheitspositionen an ihre Stelle treten, abgesehen von den Fällen der Rechtsübertragung aus politischer Schwäche heraus, was hier nicht in Frage kommt. Begründeten die Vorbehalte des Deutschlandvertrages aber nur ein Obligatorium, so wäre die Bundesrepublik Deutschland auch rechtlich (und nicht nur faktisch) in die Lage versetzt worden, z. B. sich mit der DDR in einem sozialistischen Staat wieder zu vereinigen. Zwar bietet ihre Integration in NATO und EG eine gewisse Gewähr dafür, daß derartiges nicht geschieht. Andererseits aber gewähren NATO und EG Austrittsrechte, bieten sogar Auflösungsmöglichkeiten für bestimmte Fälle. Unter diesem politischen Aspekt betrachtet, spricht in der Tat einiges für die Auffassung, die die Vorbehalte als dingliche interpretiert. Auch die Konsultationspflicht des Artikels 7 Absatz 3 erscheint eher begründet, wenn die Vorbehalte nicht bloß ein Obligatorium für die Bundesrepublik enthalten.

Die Qualifizierung der Bundesrepublik Deutschland als Teilordnung ist also haltbar. Die Frage ist, ob auch die DDR nach 1954 bloß als Teilordnung angesehen werden konnte.

Was die DDR anbelangt, so umschreibt die Sowjetunion die von ihr vorbehaltene Materie global mit einer Verweisung auf die Viermächteabkommen. Damit wird aber u. a. auf die Londoner Regelungen vom 14. November 1944[47] verwiesen. Das heißt jedoch, daß es sich bei den vorbehaltenen Befugnissen

47 Siehe oben, S. 14, und Dokument Nr. 5.1.1.5.

wiederum um diejenigen »in Angelegenheiten, die Deutschland als Ganzes sowie Berlin« betreffen, handelt.
Allerdings faßt die Sowjetunion unter die Angelegenheiten, die Deutschland als Ganzes betreffen, nicht auch die Beziehungen der beiden deutschen Staaten untereinander, wie Artikel 1 Absatz 1 ihrer Erklärung über die Souveränitätsübertragung zeigt. Diese unterschiedliche Interpretation der aus den Viermächteabkommen folgenden gemeinsamen Rechte und Verantwortlichkeiten kann rechtlich allerdings, da es sich ja um gemeinsame Rechte und Pflichten handelt, nur im Verhältnis zwischen der UdSSR und der DDR gelten, es sei denn, daß die Westmächte sich dieser Auffassung ebenfalls anschließen, was jedoch, jedenfalls zum damaligen Zeitpunkt, nicht geschehen ist.
Geht man davon aus, daß die sowjetischen Vorbehalte ebenfalls dinglicher Natur sind, so wäre die Rechtslage der DDR zum damaligen Zeitpunkt dieselbe gewesen wie die der Bundesrepublik Deutschland; gegenüber dem Deutschen Reich hätte die DDR durch die sowjetische Souveränitätserklärung nicht die volle Souveränität erlangt.
Es ist allerdings zu bemerken, daß zur damaligen Zeit das Argument von der dinglichen Natur der Vorbehalte im Zusammenhang mit der sowjetischen Souveränitätserklärung nicht vorgebracht wurde. Eine solche Auffassung findet hinsichtlich der sowjetischen Vorbehalte gegenüber der DDR in der Tat auch weniger Unterstützung als hinsichtlich der im Deutschlandvertrag formulierten Vorbehalte der Westalliierten gegenüber der Bundesrepublik Deutschland.
Wenn in der Sowjetunion die These vertreten wird, daß das Deutsche Reich damals untergegangen sei, so läßt dies die Deduktion zu, daß die Sowjetunion sämtliche der vom Deutschen Reich übernommenen Rechte auf die DDR hatte übertragen wollen, den Vorbehalt in ihrer Erklärung also als Obligatorium verstanden wissen wollte. Die sowjetische Erklärung ist insofern weit weniger mißverständlich als die Bestimmungen des Deutschlandvertrages. Auch der politische Aspekt, der gegen die Annahme eines bloßen Obligatoriums im Deutschlandvertrag spricht,[48] muß hier nicht unbedingt berücksichtigt werden. Die Integration der DDR im Bündnissystem der Warschauer-Pakt-Staaten unter Berücksichtigung des Prinzips des proletarisch-sozialistischen Internationalismus, das u. a. einen Austritt aus der sozialistischen Staatengemeinschaft so gut wie untersagt[49] (siehe Tschechoslowakei 1968), bietet eine ungleich stärkere Sicherheitsposition als Ersatz für abgegebene Rechte als die Integration in NATO und EG.

48 Siehe oben, S. 37.
49 Zur Breżnev-Doktrin vor allem *Meissner*, »Die ›Breshnew-Doktrin‹ «, Köln 1969.

Bei der sowjetischen Souveränitätserklärung ist jedoch zu berücksichtigen, daß die Rechte in bezug auf Deutschland als Ganzes von den Alliierten nach den erwähnten Viermächteabkommen nur gemeinsam ausgeübt werden sollten.
Diese Regelung kann dahin verstanden werden, daß die Rechte den vier Mächten überhaupt nur gemeinschaftlich zustanden. Eine Einzelverfügung durch die Sowjetunion wäre dann unwirksam gewesen, wenn sie nicht von den Westmächten genehmigt worden wäre. Die Westmächte haben aber im Gegenteil auf die sowjetische Erklärung hin ihrerseits erklärt, daß sie die DDR nach wie vor als besetztes Gebiet und nicht als souveränen Staat ansehen.[50] Diese Erklärung der Westmächte hätte bei dieser Interpretation der gemeinsamen Rechte bewirkt, daß die DDR keinerlei Rechte von der Sowjetunion übertragen erhalten hätte.
Die Regelung kann allerdings auch dahin verstanden werden, daß die gemeinsamen Rechte als solche jeder einzelnen der vier Mächte zustanden und lediglich ihre Ausübung einvernehmlich sein sollte. Eine Einzelverfügung ohne dieses Einvernehmen wäre dann eine Verletzung der Viermächteregelung gewesen. Dementsprechend wäre in diesem Fall auch die Ausstattung der DDR als souveräner Staat durch die Sowjetunion zwar faktisch gelungen, aber ebenfalls in Verletzung dieser Rechte erfolgt und daher rechtswidrig. Das Völkerrecht erkennt eine rechtswidrige Staatsgründung aber erst an, wenn nach Ablauf einer längeren Zeit diese rechtswidrig entstandene Herrschaftsorganisation sich soweit hatte behaupten und durchsetzen können, daß man sie als neue staatliche Ordnung anerkennen muß, etwas global ausgedrückt, der sogenannte Grundsatz des »ex iniuria ius non oritur« (aus Unrecht kann nicht Recht entstehen) dem Effektivitätsgrundsatz weichen muß.[51] Das aber konnte auf keinen Fall schon 1954 eingetreten sein. Eine Konsolidierung der Staatsgewalt der DDR dergestalt, daß der Effektivitätsgrundsatz eingreift, würde nach alledem auch voraussetzen, daß die Westmächte nicht mehr auf ihren Rechten in bezug auf Deutschland als Ganzes usw. bestehen. Dafür aber gab es bis zu den sogenannten Ostverträgen keinerlei Anzeichen oder Anhaltspunkte.
Als Fazit läßt sich mithin festhalten, daß sich die These vom Fortbestand des Deutschen Reiches trotz der beiden »Souveränitätsübertragungen« 1954/55 rechtlich jedenfalls stützen ließ. Zum einen war (objektiv) die DDR, solange sie nicht auch von den drei Westmächten als neue staatliche Ordnung völkerrechtlich anerkannt wurde, ob sie wollte oder nicht, kein selbständiger Staat und damit weiterhin Teil des Deutschen Reiches.[52] Zum anderen ließ sich die

51 Im einzelnen dazu insbes. *Münch,* »Brauch und Mißbrauch der normativen Kraft des Faktischen«, in: Jahrb. d. Albertus-Magnus-Univ. zu Königsberg/Pr., Bd. XV (1965), S. 29 ff.

52 Siehe oben, S. 38.

Bundesrepublik Deutschland, solange sie sich (subjektiv) als mit dem Deutschen Reich identisch oder als Teilordnung unter dessen Dach erklärte, ebenfalls als Teil des Deutschen Reiches ansehen, sei es über den Umweg nach den Identitätstheorien,[53] sei es unmittelbar nach der subtilen Konstruktion der Teilordnungslehre oder »Dachtheorie«.

3.3.2. *Frage nach einer Gebietsverkleinerung des Deutschen Reiches*

Eine andere Frage ist, ob das Deutsche Reich nach 1954/55 noch in seinen Grenzen vom 31. Dezember 1937 bestand. Die Frage stellte sich insbesondere wegen der Behauptung der DDR von ihrer gelungenen Sezession. Sie konnte sich aber auch in Anbetracht der Souveränitätserlangung durch die Bundesrepublik Deutschland stellen.[54]

3.3.2.1. *Frage nach einer Sezession der DDR*

Was die Frage nach einer gelungenen Sezession der DDR anbelangt, so hätte eine solche vorausgesetzt, daß die DDR ein vollsouveräner Staat geworden wäre. Das aber war durch die Souveränitätserklärung allein durch die UdSSR – wie gezeigt – 1954 nicht möglich. Aber auch für die Folgezeit hätte eine Souveränitätserlangung der DDR – durch Usurpation – die Konsolidierung einer neuen staatlichen Ordnung bedingt. Eine solche Konsolidierung konnte hier aber nur durch Verzicht der Alliierten auf ihre Rechte und Verantwortlichkeiten in bezug auf Deutschland als Ganzes bewirkt werden. Selbst wenn man aber einen solchen Verzicht für die UdSSR annehmen wollte, konnte man ihn nicht auch für die drei Westmächte annehmen, solange diese nicht die DDR völkerrechtlich anerkannten.

3.3.2.2. *Frage nach einer Sezession der Bundesrepublik Deutschland*

Was die Bundesrepublik Deutschland anbelangt, so hätte man hier theoretisch viel eher eine Sezession annehmen können, wenn man – entsprechend den Identitätstheorien – davon ausging, daß der General- oder Deutschlandvertrag bezüglich der Vier-Mächte-Rechte und -Verantwortlichkeiten über Deutschland als Ganzes nur ein Obligatorium enthielt, und bedachte, daß die UdSSR die Bundesrepublik als souveränen Staat völkerrechtlich anerkannte. Die Bundes-

53 Siehe oben, S. 35.
54 Siehe oben, ibid.

republik Deutschland wollte nur die Sezession nicht, was sich nach diesen Theorien darin zeigte, daß sie sich mit dem Deutschen Reich für identisch erklärte. Zwar ist eine Identität mit dem Deutschen Reich – wie ebenfalls gezeigt – rechtslogisch nicht haltbar. Doch konnte man bei Zugrundelegung auch dieser Theorien eine weitere Zugehörigkeit der Bundesrepublik zum Deutschen Reich noch annehmen, wenn man ihre Wiedervereinigungsbestrebungen bedachte, durch die eine volle Souveränität auch gegenüber dem Deutschen Reich bzw. eine Sezession von demselben noch als vorläufig angesehen werden durfte und von der Völkerrechtsordnung deshalb nicht anerkannt zu werden brauchte.

3.3.2.3. *Frage nach einer Gebietsverkleinerung um die deutschen Ostgebiete*

Die Frage, ob die sogenannten deutschen Ostgebiete oder – wie man sie auch nennt – Oder-Neisse-Gebiete noch zum Gebietsbestand des Deutschen Reiches gehören oder nicht, stellte sich bereits im Jahre 1945. Diese Gebiete waren auf der Grundlage des Potsdamer Abkommens 1945 unter die Herrschaft von Polen bzw., soweit es sich um das nördliche Ostpreußen handelt, der UdSSR gelangt, und sowohl Polen als auch die Sowjetunion behaupten unter Hinweis auf das Potsdamer Abkommen, daß von diesem Zeitpunkt an diese Gebiete nicht nur ihrer Verwaltung, sondern ihrer Gebietshoheit unterstehen, d. h. Teil ihres eigenen Staatsgebiets geworden seien. Dieser Ansicht schlossen sich auch die übrigen Ostblockstaaten einschließlich der DDR an. Die Bundesrepublik Deutschland hingegen sowie – auf jeden Fall bis zu den Ostverträgen – die Westmächte vertreten die Auffassung, daß die Gebiete weiterhin Bestandteil des Deutschen Reiches seien.

Die Problematik um die deutschen Ostgebiete soll hier, wie schon gesagt,[55] nur angedeutet werden. Sie ist so komplex, daß sie einer gesonderten Darstellung bedarf.[56]

In der Tat läßt sich darüber streiten, ob die deutschen Ostgebiete nur unter die Verwaltung oder unter die Gebietshoheit von Polen bzw. der UdSSR gelangt sind. Für die Erlangung der Gebietshoheit kommen als Erwerbstitel in Frage:[57]

Zession,
Adjudikation,
Annexion,
Ersitzung.

55 Siehe oben, Einleitung.

56 Eine ausführliche Darstellung der juristischen Problematik findet man bei *Krülle*, aaO; die Arbeit ist allerdings 1968 abgeschlossen und berücksichtigt daher nicht die Rechtslage, wie sie sich heute durch die Ostverträge darstellt.

57 Siehe im einzelnen die Darstellung bei *Krülle*, aaO, S. 149 ff.

Zession ist eine einverständliche Gebietsübertragung, und zwar muß das Einverständnis zwischen dem bisherigen Gebietsherrn und dem Erwerberstaat vorliegen, wobei das Einverständnis auch erzwungen sein kann nach der herrschenden Völkerrechtslehre.
Adjudikation bedeutet eine Gebietszuweisung durch rechtsgestaltende Entscheidung eines Gerichts oder einer anderen internationalen Instanz, etwa einer Gruppe von Staaten.
Als Annexion wird nach der wohl überwiegenden Ansicht im Völkerrecht eine (im Gegensatz zur Zession) einseitige, gewaltsame und (im Gegensatz zur Okkupation) auf Dauererwerb abzielende Einverleibung fremden Staatsgebiets in den eigenen Staatsverband verstanden. Eine Mindermeinung faßt unter die Annexion auch die erzwungene Zession. Wegen ihres Zwangscharakters ist die Rechtmäßigkeit der Annexion sehr fraglich. Nach der heute wohl herrschenden Auffassung im Völkerrecht, wie sie sich vor allem im Anschluß an den Briand-Kellogg-Pakt herausbildete, werden Annexionen als rechtswidrig betrachtet. Die Meinung, daß Annexionen rechtmäßig seien, dürfte heute überholt sein. Doch findet man zum Teil die Ansicht vertreten, daß eine Annexion trotz der Rechtswidrigkeit einen Erwerbstitel darstellen könne, nämlich nach dem Effektivitätsprinzip.[58] Verschiedentlich wird eine Annexion auch ausnahmsweise für rechtmäßig gehalten, wenn sie auf der Grundlage des Selbstbestimmungsrechts durchgeführt wird oder wenn es sich um eine Re-Annexion handelt, der Aggressor sich durch die Annexionshandlung also ein Gebiet zueignet, das ihm seinerseits vorher von dem betroffenen Staat durch eine Annexion weggenommen worden war.
Für eine Ersitzung als Erwerbstitel ist Voraussetzung, daß der ersitzende Staat das betreffende Gebiet tatsächlich in Besitz hat, und zwar seit geraumer Zeit, ohne Unterbrechung und unangefochten.
Polen und die UdSSR nehmen als Erwerbstitel für die Oder-Neisse-Gebiete hauptsächlich eine Zession für sich in Anspruch, die sie im Potsdamer Abkommen erblicken, vereinzelt auch eine Adjudikation sowie Polen auch noch eine Re-Annexion. Die Frage nach einer Ersitzung wurde vor allem in der westlichen Literatur geprüft.[59]
Gegen eine Zession werden (von westlicher Seite) zweierlei Argumente vorgebracht:
Einmal wird bezweifelt, ob es sich beim Potsdamer Abkommen überhaupt um einen völkerrechtlichen Vertrag, also ein Einverständnis zwischen Staaten handelt. Verschiedentlich wird im Potsdamer Abkommen nur ein sogenanntes

58 Siehe dazu auch oben, S. 39, und Anm. 51.
59 *Krülle*, aaO, S. 210 ff.

gentlemen's agreement, ein Regierungsabkommen, gesehen, das nur die Regierungschefs, nicht auch die Staaten binde. Dies wird im wesentlichen aus Inhalt und Zweck der im Potsdamer Abkommen geregelten Materie gefolgert; die Durchführung der Richtlinien für eine gemeinsame Besatzungspolitik fällt in den Bereich der Exekutive. Mit dieser Argumentation wird allerdings nicht zugleich zwingend begründet, warum die im Potsdamer Abkommen getroffenen Vereinbarungen nicht auch die Staaten binden sollen.

Sieht man im Potsdamer Abkommen einen völkerrechtlichen Vertrag, so läßt sich bestreiten, daß er die Voraussetzungen einer Zession erfüllt, zum einen was die Vertragsparteien betrifft, zum anderen was den Inhalt des Vertrages selbst angeht.

Was den Vertragsinhalt anbelangt, so sind die einschlägigen Stellen (Art. VI und Art. IX b) etwas widersprüchlich formuliert. Einmal wird von den früheren (!) deutschen Gebieten gesprochen – worauf sich die östliche Seite beruft –, zum anderen wird hinsichtlich der Endgültigkeit der Regelungen auf einen künftigen Friedensvertrag verwiesen – worauf die westliche Seite sich beruft. Allerdings liest sich die Interpretation der einschlägigen Stellen durch die Bundesregierung, die Westmächte und die meisten übrigen westlichen Staaten sowie auch durch die überwiegende westliche Völkerrechtsliteratur, wonach das Gewicht auf der Vorläufigkeit der Regelungen in Hinblick auf einen künftigen Friedensvertrag liege, überzeugender, vor allem auch, wenn man die Grundsatzerklärung der Alliierten, Deutschland nicht annektieren zu wollen,[60] bedenkt.

Was die Vertragsparteien angeht bzw. das Erfordernis, daß die Zession zwischen dem Gebietsherrn und dem Erwerber stattfinde, so ist Deutschland als Gebietsherr nicht Partei des Potsdamer Abkommens. Die Alliierten waren auch nicht befugt, für das Deutsche Reich zu handeln und endgültige Verfügungen über dessen Territorium zu treffen. Solche Verfügungen sind vom geltenden Okkupationsrecht nicht gedeckt. Eine Abtrennung der Oder-Neisse-Gebiete wäre also rechtsunwirksam und könnte allenfalls durch nachträgliche Zustimmung des Deutschen Reiches bzw. dessen, der für dieses handlungsbefugt ist, geheilt werden. Das wären nach den Identitätstheorien die Bundesrepublik Deutschland im Einvernehmen mit den Westmächten,[61] nach der Bürgerkriegs- oder Prätendentenstreit-Theorie wiederum die Bundesrepublik Deutschland,[62] nach der Teilordnungslehre die Alliierten, d. h. in praxi die drei West-Alliierten im Einvernehmen mit der Bundesrepublik.[63] Für eine solche Genehmigung sind

60 Siehe oben, S. 14.
61 Vgl. oben, S. 28–31.
62 Vgl. oben, S. 31–32.
63 Vgl. oben, S. 32–33.

aber – wiederum zumindest bis zu den Ostverträgen – keinerlei Anhaltspunkte gegeben.

Gegen eine Adjudikation werden ähnliche Argumente vorgebracht: Auch eine Adjudikation hätte der Zustimmung des betroffenen Staates bedurft. Dieses Erfordernis ergibt sich aus der herrschenden Auffassung vom Verbot von Annexionen.[64] Die Alliierten hätten also für eine endgültige Entscheidung über die deutschen Ostgebiete entweder vom Deutschen Reich ermächtigt sein müssen, was nicht der Fall war, oder von dem je nach Theorie für das Deutsche Reich Handlungsbefugten (siehe oben) die nachträgliche Genehmigung erhalten müssen, was bis zu den Ostverträgen ebenfalls nicht unterstellt werden konnte.

Gegen die für Polen vereinzelt angeführte Behauptung von der ausnahmsweisen Zulässigkeit einer Re-Annexion läßt sich vorbringen, daß eine solche nur nach einer Mindermeinung zulässig ist, diese Mindermeinung sich im wesentlichen auch nur in der östlichen Literatur findet und dort im wesentlichen nur zu den Oder-Neisse-Gebieten.

Gegen eine Ersitzung schließlich ließ sich unschwer argumentieren: Zweifelhaft ist bereits, ob das Erfordernis des »Besitzes über eine längere Zeit«[65] als erfüllt angenommen werden kann. Vor allem aber konnte – wiederum zumindest bis zu den Ostverträgen – darauf hingewiesen werden, daß es sich hier keinesfalls um einen unangefochtenen Besitz handle.

Zusammenfassend läßt sich also sagen, daß es – bis zu den Ostverträgen – gute Gründe für die Auffassung gab, die deutschen Ostgebiete seien weiterhin Bestandteil des Deutschen Reiches.

3.3.3. *Fazit*

Faßt man zusammen, so konnte man also auch nach den Ereignissen von 1954/55 die Ansicht vertreten, daß das Deutsche Reich noch fortbestehe, und zwar auch in seinen Grenzen vom 31. Dezember 1937.

Die Bundesrepublik Deutschland ließ sich entweder nach den Identitätstheorien, wenn auch über einen Umweg, oder nach der Teilordnungslehre als Bestandteil des Deutschen Reiches ansehen.

Die DDR mußte, solange sie nicht als neue staatliche Ordnung auch von den Westmächten oder der Bundesrepublik Deutschland – je nach Theorie – völkerrechtlich anerkannt wurde, als Teil des Deutschen Reiches angesehen werden.

64 Dazu auch Darstellung bei *Krülle*, aaO, S. 189 ff. [193/4].
65 Darstellung bei *Krülle*, aaO, S. 115 ff.

Die deutschen Ostgebiete konnten, solange nicht die Bundesrepublik Deutschland – im Einvernehmen mit den drei Westmächten – ihre Unterstellung unter polnische bzw. sowjetische Herrschaft als endgültig billigte, ebenfalls weiterhin als zum Deutschen Reich gehörig betrachtet werden.
Der Fortbestand des Deutschen Reiches läßt sich dabei – wie gezeigt – objektiv begründen. Der Gebietsbestand in den Grenzen vom 31. Dezember 1937 ist hingegen von rein subjektiven Faktoren abhängig.
Die Zugehörigkeit der Bundesrepublik Deutschland zum Deutschen Reich war nach den Identitätstheorien abhängig von den Wiedervereinigungsbestrebungen der Bundesrepublik Deutschland, nach der Teilordnungslehre sowohl von der Interpretation des General- oder Deutschlandvertrages durch die Bundesrepublik, also ihrer Selbsteinschätzung als bloße Teilordnung unter dem Dach des Deutschen Reiches, als auch von der positiven Einstellung der drei Westmächte zu dieser Interpretation.
Die Zugehörigkeit auch der deutschen Ostgebiete zum Deutschen Reich setzte die Weigerung der Bundesrepublik Deutschland oder, je nach Theorie, der drei West-Alliierten voraus, ihre Unterstellung unter fremde Herrschaft, jedenfalls bis zum Abschluß eines Friedensvertrages, als endgültig anzuerkennen.
Ein Gebietsbestand des Deutschen Reiches in den Grenzen vom 31. Dezember 1937 war also ausschließlich vom Willen der Bundesrepublik und der drei Westmächte abhängig, und dieser Wille fand seinen Ausdruck in der Nicht-Anerkennung der Begründung einer neuen staatlichen Ordnung in der DDR und einer Erlangung der Gebietshoheit über die deutschen Ostgebiete durch Polen und die Sowjetunion. Denn solange dieser Wille laut wurde, konnte von einer Konsolidierung der Rechtslage, wie sie vom Völkerrecht für staatliche Neuordnungen gefordert wird, nicht die Rede sein. Begründete Zweifel über diesen Willen, d. h. das weitere Vorliegen der subjektiven Voraussetzungen für einen Fortbestand des Deutschen Reiches in seinen Grenzen vom 31. Dezember 1937, ergaben sich aber erst mit den sogenannten Ostverträgen.

3.4. *Die Jahre 1970–1972/73: Frage nach den Konsequenzen der sogenannten neuen deutschen Ostpolitik für die These vom Fortbestand des Deutschen Reiches*

Der bedeutendste Einschnitt für die Beurteilung der deutschen Frage war, wie sich aus den bisherigen Darstellungen ergibt, der Abschluß der Ostverträge durch die Bundesrepublik Deutschland. Dabei ist der sogenannte Moskauer

Vertrag, der Vertrag zwischen der Bundesrepublik Deutschland und der Sowjetunion, von 1970 als grundlegender Vertrag anzusehen. Die weiteren Ostverträge einschließlich des sogenannten Grundvertrages, also des Vertrages über die Grundlagen der Beziehungen zwischen den beiden deutschen Staaten von 1972/73, sind als Folgeverträge zu klassifizieren, in denen lediglich die grundlegenden Aussagen des Moskauer Vertrages wiederholt und entsprechend den jeweiligen speziellen bilateralen Verhältnissen näher konkretisiert werden.
Nach dem Moskauer Vertrag – wie auch den anderen Ostverträgen – aber verpflichteten sich die Vertragsparteien, die territoriale Integrität aller Staaten in Europa in ihren heutigen Grenzen uneingeschränkt zu achten, keine Gebietsansprüche geltend zu machen und die Grenzen aller Staaten in Europa als unverletzlich anzusehen, wobei die Grenze zwischen der Bundesrepublik Deutschland und der Deutschen Demokratischen Republik ausdrücklich als unter diese Regelung fallend betrachtet wird (Art. 3). Zugleich sollten allerdings alle früher abgeschlossenen Verträge der Vertragspartner unberührt bleiben (Art. 4). Das bedeutet aber, daß auch die vierseitigen Abkommen der Aliierten untereinander und auch der General- oder Deutschlandvertrag zwischen der Bundesrepublik Deutschland und den drei West-Alliierten von der Nichtberührungsklausel erfaßt wurden.
Diese Regelungen warfen eine ganze Reihe von Fragen auf.[66]
Die Bestimmungen über die territoriale Integrität, vor allem auch die Unverletzlichkeit der Grenzen und die Abstandnahme von der Geltendmachung von Gebietsansprüchen können nämlich dahin interpretiert werden, daß die Bundesrepublik Deutschland hinsichtlich der DDR von einer gelungenen Sezession ausgeht und hinsichtlich der deutschen Ostgebiete den status quo als endgültig akzeptiert. In der Tat werden die Verträge verschiedentlich auch in diesem Sinne ausgelegt, und zwar nicht nur von östlicher Seite.[67]
Dies brachte nicht nur die Frage nach dem Fortbestand des Deutschen Reiches und der Entstehung zweier deutscher Staaten wieder in die Diskussion, und zwar jetzt unter besonderer Berücksichtigung der Frage nach Fortbestand und Inhalt der Vier-Mächte-Rechte und -Verantwortlichkeiten. Es stellte sich zugleich auch die Frage nach der Vereinbarkeit der Ostverträge mit den völkerrechtlichen Verpflichtungen der Bundesrepublik Deutschland, wie sie sich insbesondere auch aus dem General- oder Deutschlandvertrag ergeben, einerseits und dem innerstaatlichen Verfassungsrecht, d. h. vor allem dem Wiedervereinigungsgebot des Grundgesetzes, andererseits sowie überhaupt nach der Rechtsgültigkeit dieser Verträge.

66 Siehe auch oben, S. 14–15.
67 So etwa *Bücking*, »Der Rechtsstatus des Deutschen Reiches«, S. 233/4; wohl auch *Blumenwitz*, »Die Errichtung Ständiger Vertretungen im Lichte des Staats- und Völkerrechts«, u.a.

3.4.1. *Beurteilung der Rechtslage vom Standpunkt der Identitätstheorien aus*

Stellt man sich auf den Boden der Identitätstheorien, so ist die Bundesrepublik Deutschland mit dem Deutschen Reich identisch[68] und – worauf es hier ankommt – voll souverän. Danach kann sie auch rechtswirksam über deutsches Staatsgebiet verfügen, und die Anerkennung einer neuen staatlichen Ordnung in der DDR sowie die Akzeptierung des status quo hinsichtlich der deutschen Ostgebiete kann einer solchen Verfügung gleichkommen.[69] Sollten aber die Bestimmungen der Ostverträge tatsächlich als endgültige Verfügungen verstanden werden müssen, so konnte man einen Untergang des Deutschen Reiches durch Dismembration[70] annehmen, falls man nicht die Ostverträge aus irgendwelchen Gründen für unwirksam halten durfte.
In diesem Zusammenhang wurden gegen die Ostverträge – wie zum Teil schon angedeutet – im wesentlichen drei Argumente vorgebracht:

1) Die durch die Ostverträge getroffenen Verfügungen über deutsches Staatsgebiet stellen eine Verletzung der im General- oder Deutschlandvertrag übernommenen Pflichten dar, denn sie haben zugleich auch eine Verkleinerung des Bezugsobjekts der Vier-Mächte-Rechte und -Verantwortlichkeiten zur Folge, über die zu bestimmen aber den drei Westmächten vorbehalten war.[71]
2) die durch die Ostverträge getroffenen Verfügungen über deutsches Staatsgebiet verstoßen gegen das Selbstbestimmungsrecht der Nationen, denn bei Verfügungen solcher Art über deutsches Staatsgebiet hätte die deutsche Bevölkerung gefragt werden müssen, (wobei zweifelhaft war, ob das gesamte deutsche Volk oder nur diejenigen Deutschen, die aus den betroffenen Gebieten stammten, evtl. auch ihre in der Bundesrepublik geborenen Nachkommen, das Recht auf Selbstbestimmung hätten ausüben dürfen);
3) die Bestimmungen der Ostverträge stehen in Widerspruch zur Verfassung, dem Grundgesetz, denn mit ihnen werde die Abkehr von der Vorstellung einer staatlichen Einheit, wie sie im Grundgesetz verankert sei, erklärt.

Die ersten beiden Einwände sind völkerrechtlicher Natur, der letzte ist verfassungsrechtlicher Art und konnte deshalb dazu dienen, das Bundesverfassungsgericht zur Überprüfung der Verfassungsmäßigkeit der Ostverträge anzurufen.

68 Zur Frage der Rechtslogik dieser Argumentation siehe oben, S. 35.
69 Vgl. oben S. 44–45.
70 Siehe oben, S. 20.
71 Siehe oben, S. 27.

3.4.1.1. *Der Einwand der Verletzung des Generalvertrages*

Was den Einwand der Verletzung des General- oder Deutschlandvertrages angeht, so ist zunächst zu sagen, daß die durch den Abschluß eines Vertrages bewirkte Verletzung eines anderen Vertrages grundsätzlich nicht zur Unwirksamkeit des neuen Vertrages führt. Sie gibt nur dem Partner des verletzten Vertrages das Recht, gegen den Vertragsverletzer vorzugehen. Häufig sind die Folgen, die aus einer Vertragsverletzung resultieren sollen, im Vertrag selbst festgelegt. Die drei Westmächte haben aber nicht nur keinerlei Maßnahmen gegen die sogenannte neue deutsche Ostpolitik ergriffen, sondern im Gegenteil die DDR völkerrechtlich anerkannt, die deutsche Ostpolitik bzw. die Ostverträge also offenbar sogar gebilligt.

3.4.1.2. *Der Einwand der Verletzung des Selbstbestimmungsrechts der Nationen*

Der Einwand der Verletzung des Selbstbestimmungsrechts der Nationen stieß auf sachliche Schwierigkeiten, denn die Problematik um das Selbstbestimmungsrecht ist noch nicht ausgetragen. Diese Problematik aber ist umfassend. Sie soll hier nur kurz angedeutet werden:
Streitig ist die Rechtsnatur des sogenannten Selbstbestimmungsrechts, d. h. ob es überhaupt ein Recht ist oder nur ein Rechtsgrundsatz oder sogar nur ein politischer Grundsatz. Dabei ist wiederum schwierig, Völkerrechtsnorm und Völkerrechtsgrundsatz von einander abzugrenzen. Auch wenn man einen Völkerrechtsgrundsatz als Grundlage für noch zu ergehende Rechtsnormen definiert, also als eine Vorstufe zu Normen, dürfte in der Praxis die Unterscheidung doch noch schwierig sein.
Streitig ist weiter, ob das Selbstbestimmungsrecht nur innerstaatlichen Charakter hat, d.h. identisch mit dem Begriff der Souveränität[72] ist, oder auch internationalen Charakter besitzt, also auch als Recht auf einen eigenen Staat angesehen werden kann.
Streitig ist sein Inhalt im einzelnen, ob es nur das Recht auf Autonomie und welche Form der Autonomie, nur Sprachautonomie, Kulturautonomie oder Verwaltungsautonomie umfaßt oder vielleicht auch das Recht auf Selbstregierung, auf nationale Unabhängigkeit und weiter auf Verselbständigung und Abtrennung von einem Staatsverband bzw. umgekehrt auf nationale Einheit und Wiedervereinigung usw.

72 Gemeint ist die Souveränität nach innen, siehe auch dazu oben, S. 19.

Streitig ist aber vor allem der Nationsbegriff. Will man das Selbstbestimmungsrecht als Recht ansehen, so ist die Frage, wem dieses Recht zusteht, von zentraler Bedeutung. Nach einer Auffassung soll dies die Nation im ethnischen Sinn oder »Volksnation« sein, die sich vor allem durch gemeinsame Sprache, gemeinsame Kultur und gemeinsame Geschichte auszeichnet. Nach anderer Auffassung soll dies die Nation im etatistischen Sinn sein, die sich durch die gemeinsame staatliche Zugehörigkeit auszeichnet; Nation ist in diesem Fall synonym mit Staatsvolk (vgl. »Vereinte Nationen«). In jüngerer Zeit wird auch gern von der »Willensnation« gesprochen, die sich allein in dem gemeinsamen Willen, ein- und derselben Nation anzugehören, manifestieren soll. Nach der seit neuerer Zeit in der DDR propagierten Auffassung könnte heute vielleicht auch die sogenannte sozialistische Nation als Träger des Selbstbestimmungsrechts in Frage kommen.

In Zusammenhang mit der »deutschen Frage« ist auch noch streitig, ob das Selbstbestimmungsrecht, will man es als Recht ansehen, sämtlichen Angehörigen der deutschen Nation zusteht oder nur denjenigen, die aus den von den Ostverträgen erfaßten Gebieten stammen (deutsche Ostgebiete) bzw. heute noch dort wohnen (DDR); in Hinblick auf die deutschen Ostgebiete ist noch streitig, ob das Selbstbestimmungsrecht nur den Vertriebenen im engeren Sinn zusteht oder auch der nachfolgenden Generation.

Solange aber die Problematik um das Selbstbestimmungsrecht nicht ausgetragen ist, läßt sich ein Einwand der Verletzung des Selbstbestimmungsrechts kaum wirksam genug vorbringen.

3.4.1.3. *Der Einwand der Verletzung des Grundgesetzes*

Was den Einwand der Verletzung des Grundgesetzes angeht, ist zunächst anzuführen, daß es nicht ganz unbestritten ist, welche Rechtsfolgen die Verfassungswidrigkeit eines völkerrechtlichen Vertrages zeitigt.

Eine Mindermeinung im Völkerrecht hält solche Verträge, die in Widerspruch zur Verfassung stehen, für unwirksam, zumindest dann, wenn die Verfassungswidrigkeit dem Vertragspartner bekannt ist.[73]

Nach überwiegender Ansicht sind solche Verträge allerdings – aus Gründen der Rechtssicherheit im Völkerrechtsverkehr – wirksam; die Verfassungswidrigkeit ist ein rein innerstaatliches Problem.[74]

73 Diese Ansicht wurde insbesondere von tschechoslowakischen Autoren zum Münchner Abkommen vertreten; siehe etwa *Eduard Táborský*, »The Czechoslovak Cause in the Light of International Law«, New York 1944; *ders.*, »‚Munich', The Vienna Arbitration and International Law«, in: Cz.Y.I.L. 1942, S. 21 ff. [28]; Gegenüberstellung der Ansichten bei *Berber*, Lehrb. des Völkerrechts, I. Bd., S. 435.

74 Siehe *Berber*, ibid.

Bei Zugrundelegung der herrschenden Meinung fragt sich, wie der Verfassungsverletzung begegnet werden kann:
Der betreffende Staat mag versuchen, von dem Vertrag wieder loszukommen. Das dürfte jedoch nicht nur auf einige Schwierigkeiten stoßen. Auch wenn es gelingt, wird der betreffende Staat an Vertrauenswürdigkeit und politischem Profil verlieren. – Im Fall der Ostverträge hat ein solches Bemühen, jedenfalls von offizieller Seite aus, also von seiten der Bundesregierung, nicht stattgefunden.
Der betreffende Staat kann natürlich auch den Vertrag verletzen, indem er sich weiterhin verfassungskonform verhält, muß dann aber u. U. völkerrechtliche Sanktionen in Kauf nehmen, z. B. Repressalien (= »von den an sich sonst geltenden Völkerrechtsregeln untersagte Zwangsmaßnahmen, welche ein Staat in Erwiderung rechtswidriger Akte, die ein anderer Staat gegen ihn begangen hat, verhängt, um den Verletzer durch Schadenszufügung zur Achtung des Rechts zu zwingen«[75]). – Die Erklärungen der Bundesrepublik Deutschland, die DDR gleichwohl nicht völkerrechtlich anerkannt zu haben, mit ihr Sonderbeziehungen unterhalten zu wollen, auch auf die deutschen Ostgebiete nicht endgültig verzichtet zu haben und dergleichen Äußerungen könnten in diese Richtung interpretiert werden, wurden u. U. von der DDR auch so verstanden. Denn die DDR hat unmittelbar darauf mit Behinderungen des Berlin-Verkehrs reagiert und diese Behinderungen auch als Repressalien bezeichnet.
Der betreffende Staat kann schließlich auch die Verfassung ändern bzw. der vertraglichen Situation anpassen. – Im Falle der Bundesrepublik Deutschland hätte man dabei in Anbetracht dessen, daß das gesamte Verfassungssystem auf dem Gedanken der staatlichen Einheit beruht, überlegen müssen, ob eine bloße Verfassungsänderung (mit qualifizierter Mehrheit) genügen kann oder eine völlig neue Verfassung zu schaffen wäre. Eine Änderung oder Ersetzung des Grundgesetzes ist jedoch von der Bundesregierung nicht näher in Betracht gezogen worden.
Die Bundesregierung hat vielmehr bestritten, daß die Verträge verfassungswidrig seien, indem sie – wie schon gesagt – u. a. erklärte,
- daß sie keine endgültige Aufgabe der Gebiete bedeuteten, sondern nur eine Normalisierung der Beziehungen mit den Vertragspartnern bis zum Abschluß eines endgültigen Friedensvertrages;
- daß sie damit auch keine Aufgabe der Wiedervereinigungsbestrebungen offenbaren könnten; eine (Wieder-)Vereinigung könnte ja sogar unter souveränen Staaten vereinbart werden, z. B. in Form einer Konföderation,

75 *Partsch:* »Repressalie«, in: *Strupp-Schlochauer,* Wörterb. des Völkerrechts, 3. Band.

d. h. eines durch völkerrechtliche Vereinbarung begründeten Staatenbundes, der im Lauf der Zeit auch zu einem Bundesstaat werden könne, also einem Zusammenschluß der Staaten auf der Grundlage einer gemeinsamen Verfassung;

- daß sie keine völkerrechtliche Anerkennung der DDR bewirkt hätten;
- daß die deutsch-deutschen Verträge auch gar nicht völkerrechtlicher, sondern besonderer Rechtsnatur seien und auch nur die Regelung von Sonderbeziehungen zum Ziel und Inhalt hätten.

Damit offenbarten sich Interpretationsdifferenzen, die erst durch die Entscheidung des Bundesverfassungsgerichts, mit der gleichsam Interpretationsrichtlinien für die staatlichen Organe der Bundesrepublik Deutschland aufgestellt wurden, ausgeräumt werden konnten.

3.4.1.4. *Exkurs: Interpretationsdifferenzen in den Ostverträgen*

Interpretationsdifferenzen in Verträgen sind zunächst von den Grundsätzen abhängig, nach denen die Verträge überhaupt zu interpretieren sind. Diese Grundsätze hinwiederum richten sich nach der Rechtsnatur der Verträge.

3.4.1.4.1. *Zur Rechtsnatur der Ostverträge*

Die deutsch-deutschen Verträge sind nach sozialistischer Auffassung ihrer Rechtsnatur nach ohne Zweifel echte völkerrechtliche Verträge.

Vom Standpunkt der Identitätstheorien aus muß wohl zwischen den verschiedenen Verträgen differenziert werden.

1) Zum Grundlagenvertrag vom 6. Juni 1973 liegt das Urteil des Bundesverfassungsgerichts vom 31. Juli 1973 vor. Danach ist der Vertrag »seiner Art nach ein völkerrechtlicher, seinem spezifischen Inhalt nach ein Vertrag, der vor allem inter-se-Beziehungen regelt.«
2) Zum Transit-Abkommen vom 17. Dezember 1971 gibt es keine ähnliche Entscheidung. Entsprechend der Differenzierung, die das Bundesverfassungsgericht vornimmt, müßte dieser Vertrag seinem Inhalt nach als ein völkerrechtlicher angesehen werden; er enthält die Begründung eines völkerrechtlichen Servituts. Allerdings ist er Ausführungsvertrag zum Vier-Mächte-Abkommen über Berlin vom 3. September 1971, was vor allem in der Präambel ausdrücklich bemerkt wird, d. h. er wird von Staaten geschlossen, die insoweit beide fortbestehenden Rechten oder Funktionen der Alliierten unterworfen sind, so daß zumindest zweifelhaft sein kann, ob er auch seiner Art nach ein völkerrechtlicher ist.

3) Der Verkehrsvertrag vom 20. Dezember 1971 schließlich dürfte ohne Zweifel sowohl seiner Art als auch seinem Inhalt nach ein völkerrechtlicher sein.

Es kann allerdings dahingestellt bleiben, welcher Rechtsnatur die Verträge sind, ob völkerrechtlicher oder nicht, und ob alle völkerrechtlicher oder nur einige: Jedenfalls soll auch nach Auffassung der Bundesrepublik Deutschland Völkerrecht auf sie Anwendung finden.

Daraus folgt, daß Ausgangsbasis für die Interpretation der deutsch-deutschen Verträge die Wiener Vertragskonvention zu sein hat. Dabei spielt es keine Rolle, ob die beiden deutschen Staaten der Konvention beigetreten sind oder nicht. Die Begriffsbestimmungen der Konvention sind allgemein gültige und allgemein anerkannte. Daraus folgt weiter, daß, da die Verträge Folgeverträge des Moskauer Vertrags sind (siehe Bahr-Papier) und auch die Terminologie der Ostverträge übernehmen oder wiederholen, die dort anzuwendende Interpretation auch hier zum Zuge kommt. Schließlich folgt daraus, daß, da die Ostverträge sich der Terminologie der Ost-Staaten bedienen, die dort verwendeten Begriffsbestimmungen zugrundezulegen sind. Allerdings unterwerfen sich die Ost-Staaten bei Abschluß von Verträgen mit Staaten nicht-sozialistischer Rechtsordnung dem allgemeinen Völkerrecht, wie sich aus dem Prinzip der friedlichen Koexistenz ergibt und nach einem argumentum e contrario aus dem des proletarisch-sozialistischen Internationalismus, das nur für die Beziehungen von sozialistischen Staaten untereinander gilt.

3.4.1.4.2. *Interpretationsdifferenzen zum Grundvertrag*

Hinsichtlich des Vertrages über die Grundlagen der Beziehungen läßt sich nach den dargelegten Interpretationsgrundsätzen feststellen, daß früher etwaig vorhanden gewesene Interpretationsdifferenzen inzwischen, nämlich durch die Entscheidung des Bundesverfassungsgerichts,[76] größtenteils durch die politisch-rechtliche Entwicklung überholt sind.

Streit besteht nach Völkerrecht – denn das Urteil des Bundesverfassungsgerichts insoweit ist nationales Recht – ob der Grundvertrag völkerrechtliche Beziehungen zwischen den beiden deutschen Staaten begründete und regelt oder inter-se-Beziehungen regelt.

Unstreitig ist, daß er Besonderheiten enthält:

1) Die Ausklammerung der nationalen Frage

Normalerweise regelt ein völkerrechtlicher Vertrag die Materie, die geregelt werden soll, d.h. über die Einigung erzielt werden konnte.

Dementsprechend enthält er normalerweise keine Aussagen darüber, worüber eine Einigung nicht hatte erzielt werden können.
Im Grundvertrag wurde demgegenüber festgehalten, daß über bestimmte Punkte – nationale Frage – keine Einigung erzielt wurde.
Man kann sich fragen und prüfen, ob dies ein Völkerrechts-Vorbehalt ist, und zwar ein Vorbehalt in einem bilateralen Vertrag, und welche Konsequenzen ihm gegebenenfalls zukommen müßten. Auf jeden Fall sollte jedoch die Wirksamkeit des Grundvertrags hierdurch nicht berührt werden. Dies könnte als weitere Besonderheit, nämlich als Besonderheit der Beurteilung eines völkerrechtlichen Vorbehalts in einem bilateralen Vertrag, angesehen werden.

2) Die »besonderen Beziehungen«

Daß der Vertrag von »besonderen Beziehungen« ausgeht, wurde nach Auffassung der Bundesrepublik Deutschland mit folgenden Hinweisen begründet:
Einmal enthalte er keine völkerrechtliche Anerkennung der DDR, regle also Beziehungen zwischen Staaten, die einander nicht als Ausland ansehen, d. h. genauer, von denen einer der Staaten den anderen nicht als Ausland ansieht.
Zum anderen ergäben sich die besonderen Beziehungen aus der Bestimmung über den Austausch sogenannter »ständiger Vertretungen« (Art. 8).
Schließlich unterliege er dem Vier-Mächte-Vorbehalt (Art. 9).

a) *Zur völkerrechtlichen Anerkennung der DDR*
   Zur Anerkennung der DDR durch die Bundesrepublik Deutschland durch den oder im Grundvertrag ist folgendes zu sagen:
   - aa) Eine *ausdrückliche Anerkennung* scheidet von vornherein aus.
   - bb) Die sogenannte *faktische Anerkennung* durch entweder faktische Beziehungen zu einem Neustaat bei offizieller Nicht-Anerkennung oder Kontakte und Beziehungen auf Regierungsebene bei offizieller Nicht-Anerkennung ist in der sowjetischen Völkerrechts-Literatur entwickelt worden und hat auch dort nur vereinzelt Anhänger gefunden, ist also auf keinen Fall vom allgemeinen Völkerrecht anerkannt.
   - cc) Die *Anerkennung kraft Rechtsscheins* (von Kewenig entwickelt) geht nach Kewenigs eigener Darstellung vom sogenannten Estoppel-Prinzip, das auf dem Gedanken des Vertrauensschutzes basiert, aus. Dies würde bedeuten, daß folgende Erkenntnisse gegeben sein müßten:

1. eine klare und unmißverständliche »representation of fact« und
2. eine Verschlechterung der Rechtsposition der betreffenden Partei für den Fall, daß der Vertrauensschutz nicht gewährt wurde. Dieses letzte Erfordernis dürfte aber auf keinen Fall vorliegen.

dd) Eine *konkludente (stillschweigende) Anerkennung* ließe sich denken durch
1. den Vertragsabschluß als solchen,
2. die Bestimmung über die Aufnahme von Beziehungen nach den Regeln diplomatischer Beziehungen,
3. durch die Zusage, sich gegenseitig in die UNO zu verhelfen.

Alle diese Akte sind aber im Völkerrecht als völkerrechtliche Anerkennungsakte streitig. Die überwiegende Meinung scheint jedoch dahin zu gehen, daß alle diese aufgeführten Akte nicht als konkludente völkerrechtliche Anerkennung zu werten seien.
Es fragt sich allerdings (immer auf dem Boden der Identitätstheorien), ob der Vertrag nicht dadurch eine indirekte Anerkennung enthält, daß die DDR von da an in ihrem Verhältnis zu dritten Staaten von der Bundesrepublik Deutschland als Ausland betrachtet werden soll. Dies wäre eine für das Völkerrecht neue Form, dem Wortsinn nach jedoch echte, indirekte Anerkennung, und es fragt sich weiter, ob diese Form der Anerkennung vom Völkerrecht nicht aus Gründen der Rechtssicherheit als völkerrechtliche Anerkennung gewertet werden sollte. Denn über allen Definitionen von Inhalt und Aufgabe des Völkerrechts sollte die allgemeine Bedeutung jeder Rechtsmaterie, die Wahrung und Schaffung von Sicherheit und Klarheit im Rechtsleben, stehen.

b) *Zum Austausch »ständiger Vertretungen«*

Zum Austausch »ständiger Vertretungen« ist zu sagen, daß in Artikel 8 zwar insoweit besondere Beziehungen geregelt werden sollten, als die Akkreditierung der ständigen Vertreter – im Gegensatz zu der der Botschafter – ursprünglich beim Bundeskanzler bzw. Ministerrat beabsichtigt war. Die Entmachtung des Staatsrats der DDR zugunsten des Ministerrats nach dem Ministerratsgesetz von 1972 konnte insofern als Versuch einer Unterwanderung der Absicht der Bundesrepublik, besondere Beziehungen herzustellen, verstanden werden. Spätestens durch die Akkreditierung des ständigen Vertreters der DDR beim Bundespräsidenten ist den Beziehungen aber inzwischen die geplante

Besonderheit genommen. Die Vorschrift des Artikels 8 ist daher von der Entwicklung überholt worden.

c) *Zum Vier-Mächte-Vorbehalt*

Was den Einwand des Vier-Mächte-Vorbehalts anbelangt, so läßt er sich als Argument allerdings nur verwenden, wenn man sich auf den Boden der Teilordnungslehre oder »Dachtheorie« stellt, wonach die Vorbehalte als dingliche[77] gewertet werden.

3) *Der Dissens über die Wiedervereinigung*

Nicht einigen konnte man sich im Grundvertrag über eine Wiedervereinigung. Die Bundesrepublik hat die Wiedervereinigung als Ziel angegeben. Die DDR hat diese Absichtserklärung zur Kenntnis genommen, wie sich aus der Vorlage der Quittung über das Empfangsbekenntnis des Bahr-Briefs[78] ergibt, aber nicht zustimmend. Die in der Verfassungsänderung der DDR vom Oktober 1974 zum Ausdruck gekommene Abkehr von der Vorstellung einer Einheit der deutschen Nation und der Zielsetzung einer Wiedervereinigung in einem sozialistischen deutschen Staat zeigt deutlich, daß die DDR das Ziel einer Wiedervereinigung nicht einmal in einem sozialistischen Deutschland mehr anstrebt. Damit ist zugleich aber auch die Verwirklichung eines solchen Ziels durch die Bundesrepublik, zumindest auf absehbare Zeit, unmöglich gemacht worden. Auch hier dürfte der offene Dissenz über die Zielsetzung der Parteien sich durch die Ereignisse inzwischen zu der einhelligen Auffassung über die Unmöglichkeit, dieses Ziel in absehbarer Zeit zu erreichen, gewandelt haben.

4) *Interpretationsdifferenzen zu einzelnen Begriffen*

Was die einzelnen Bestimmungen des Grundvertrages anbelangt, über deren Verständnis Differenzen bestehen können, so ist seit Abschluß dieses Vertrages vor allem immer wieder auf den Terminus »Unverletzlichkeit der Grenzen« und auf das »Selbstbestimmungsrecht« hingewiesen worden.

a) *Zur Unverletzlichkeit der Grenzen*

Hinsichtlich der Unverletzlichkeit der Grenzen ist der Text an und für sich eindeutig. Für beide Parteien gilt der deutsche Text, also der Terminus »Unverletzlichkeit«.

Da jedoch für die Interpretation der im Vertrag verwendeten Begriffe – wie schon gesagt – die im Moskauer Vertrag verwendete Terminologie bzw. deren Interpretation maßgeblich sein muß und im Moskauer Vertrag im russischen Text von »Unantastbarkeit« bzw. »Unzerstörbarkeit« der Grenzen gesprochen wird, könnte eine etwaige Interpre-

77 Vgl. oben, S. 33.

78 Siehe Dokument Nr. 5.4.19.

tationsdifferenz des Moskauer Vertrages insofern auch auf den Grundvertrag übergreifen.
Hierzu ist zunächst zu sagen, daß erst von deutschen Philologen auf die Widersprüchlichkeit von russischem und deutschem Text aufmerksam gemacht worden ist. Abgesehen davon aber, daß die Sowjetunion selbst nicht auf diese feine Differenzierung gekommen ist, gilt für die Auslegung des Moskauer Vertrages als eines Vertrages zwischen Staaten verschiedener Gesellschaftsordnungen – wie ebenfalls schon ausgeführt – allgemeines Völkerrecht. Im allgemeinen Völkerrecht wird aber stets nur von »Unverletzlichkeit« gesprochen, und zwar in dem Sinne, daß eine Grenzverletzung nur bei einer gewaltsamen Grenzneuregelung vorliegt.

b) *Zum Selbstbestimmungsrecht*
Was das Selbstbestimmungsrecht angeht,[79] so ist über diese Bestimmung die nationale Frage wieder in den Vertrag hineingekommen. Geht man – wie die Bundesrepublik Deutschland – von der Einheit der Nation aus, so gibt es nur ein gemeinsames Selbstbestimmungsrecht. Geht man von zwei verschiedenen Nationen aus, so kann die DDR-Bevölkerung jedenfalls ihr Selbstbestimmungsrecht mit Rücksicht auf den durch die marxistisch-leninistische Ideologie anderen Inhalt nur als Bekenntnis zu einemsozialistischen Staat ausüben, d. h. solange die Bundesrepublik Deutschland kein sozialistischer Staat geworden ist, kann sie sich nicht für eine Wiedervereinigung entscheiden.

3.4.1.4.3. *Interpretationsdifferenzen zum Verkehrsvertrag und Transitabkommen*

Interpretationsdifferenzen im *Verkehrsvertrag* und *Transitabkommen* bestehen nur hinsichtlich des Verhältnisses der beiden Vertragspartner zu den vier Mächten, und es kann insoweit wieder auf das zum Vier-Mächte-Vorbehalt Gesagte verwiesen werden.

3.4.1.4.4. *Interpretationsdifferenzen zum Vier-Mächte-Abkommen über Berlin*

Das *Vier-Mächte-Abkommen* ist zwar kein deutsch-deutscher Vertrag, betrifft jedoch in gewissem Sinne ebenfalls die deutsch-deutschen Beziehungen und sollte daher in einer Betrachtung der deutsch-deutschen Verträge nicht fehlen.

79 Siehe auch oben, S. 48–49.

1) Beim Vier-Mächte-Abkommen ist die erste Frage die, ob es ganz Berlin oder nur die West-Sektoren von Berlin betrifft.
Aus seinem Namen könnte gefolgert werden, daß es ganz Berlin erfassen soll. In diesem Fall würde es lediglich eine Bestätigung der Rechte aller vier Mächte über ganz Berlin enthalten.
Betrifft das Abkommen hingegen nur die West-Sektoren, wie aus Abschnitt II gefolgert werden könnte, wo die eigentlichen Regelungen enthalten sind, so enthielte es eine Bestätigung der Rechte der drei West-Alliierten über diese Sektoren; die Rechte der Sowjetunion über diesen Teil der Stadt würden hingegen neu begründet werden oder wieder aufleben.

2) Eine weitere mit dem Vier-Mächte-Abkommen aufgekommene Frage ist die nach der Stellung von Berlin (West) zur Bundesrepublik. Läßt man den unjuristischen Begriff der »Bindungen« außer Betracht, so sind bereits durch das Abkommen als solches drei Interpretationsmöglichkeiten denkbar:

a) Das eine Extrem wären rein verkehrstechnische und versorgungstechnische Verbindungen.
b) Das andere Extrem ergibt sich aus folgender möglicher Deduktion: Die »Bindungen« sind aus der Interpretation der Formulierung »die West-Sektoren sind – wie bisher – kein Bestandteil der Bundesrepublik« zu folgern, und diese Interpretation ergibt sich wiederum aus dem zweiten Teil des Satzes »und werden – wie bisher – nicht von ihr regiert«. Daraus folgt, daß Berlin in territorialer Hinsicht sehr wohl ein Land der Bundesrepublik ist und nur insoweit nicht, als die Regierungsgewalt der Bundesrepublik sich nicht auf Berlin erstreckt. Die Interpretation verschiebt sich in den juristischen Bereich des Begriffs Regierungsgewalt. Hinsichtlich der Regierungsgewalt kann man folgende Auffassungen vertreten:
   – Sie umfaßt allein die Aufstellung politischer Grundentscheidungen und alles, was auf Grund dessen durchgeführt wird, d.h. die Verwaltung im Sinne hoheitlicher Verwaltung, wobei allerdings zu beachten ist, daß die Trennung von hoheitlicher und daseinsvorsorgerischer Verwaltung nicht nur von jeher schwierig war, sondern hoheitliche Verwaltung immer mehr daseinsvorsorgerische Akzente erhält, so daß der Begriff »hoheitliche Verwaltung« zumindest extensiv auszulegen ist. Geht man von dieser Interpretation aus, so könnte Berlin seine Rechte als Bundesland gegenüber der Bundesrepublik erweitern, etwa was seine Mitwirkung im Bundestag anbelangt.

- Man kann allerdings unter Regierungsgewalt auch die Judikative fassen, so daß dann etwa auch die Rechtsprechung der obersten Bundesgerichte in Berliner Sachen »Regierung« wäre.[80]
- Kein Zweifel sollte allerdings darüber bestehen, daß der Bund in Berlin (West) Bundesbehörden, die nur für den Bund tätig werden sollen, lokalisieren darf, im Sinne einer rein »physischen Lokalisierung«, wenn Berlin (West) einverstanden ist. Denn eine derartige Abmachung ist sogar zwischen souveränen Staaten denkbar, zwischen denen sonst keine weiteren »Bindungen« bestehen.

3.4.1.5 *Fazit*

Die Einwände der Bundesregierung und die Gegeneinwände, wie sie in der Darstellung der Interpretationsdifferenzen gezeigt wurden, machen deutlich, daß die Parteien vom Boden verschiedener Theorien aus argumentierten, die Bundesregierung offenbar vom Standpunkt der Teilordnungslehre aus, die Gegner der neuen deutschen Ostpolitik vom Standpunkt der Identitätstheorien aus.

In derTat dürfte es vom Standpunkt der Identitätstheorien aus – wie die obige Darstellung veranschaulicht haben sollte – schwer halten, noch auf der These vom Fortbestand des Deutschen Reiches in seinen Grenzen vom 31. Dezember 1937 zu beharren.

3.4.2. *Beurteilung der Rechtslage vom Standpunkt der Prätendentenstreit- oder Bürgerkriegstheorie aus*

Die Beurteilung der Rechtslage vom Standpunkt dieser Theorie aus müßte sich nach den Ostverträgen von selbst verbieten. Wie auch immer man die Ostverträge hinsichtlich der innerdeutschen Beziehungen werten mag, auf jeden Fall sollte die DDR gegenüber dritten Staaten als selbständiger Staat behandelt werden, auch nach dem Willen der Bundesrepublik Deutschland. Es kann also spätestens seit diesen Verträgen nicht mehr unterstellt werden, daß sich auf dem Gebiet des Deutschen Reiches lediglich zwei rivalisierende Regierungen, nicht auch zwei Staaten gebildet haben.

80 A.A. wohl *Zivier*, »Der Rechtsstatus des Landes Berlin«, S. 138.

3.4.3. *Beurteilung der Rechtslage vom Standpunkt der Teilordnungslehre oder »Dachtheorie« aus*

Das Bundesverfassungsgericht hat in seinem Urteil vom 31. Juli 1973[81] die dargestellten Interpretationsdifferenzen in den Ostverträgen[82] dadurch auszuräumen versucht, daß es sich auf den Boden der Teilordnungslehre stellte. Es hat damit, ohne daß dies ausdrücklich irgendwo gesagt würde (auch die Literatur bemerkt dies kaum), seine bisherige Rechtsprechung, bei der es von einer der Identitätstheorien ausging,[83] aufgegeben. In der Entscheidung selbst wird zwar ausdrücklich erklärt, daß man (weiterhin) von der Identitätstheorie ausgehe. Dies aber kann nur als eine Begriffsverwechslung gewertet werden, die sich aus der besonderen Eile, mit der die Entscheidung getroffen wurde, erklären läßt. Denn im Rahmen der näheren Erörterung wird deutlich, daß in Wahrheit die Teilordnungslehre der Entscheidung zugrundegelegt wurde, wenn etwa gesagt wird: »Mit der Errichtung der Bundesrepublik Deutschland wurde nicht ein neuer westdeutscher Staat gegründet, sondern ein Teil Deutschlands neu organisiert . . .«.

3.4.3.1. *Der Fragenkreis*

Stellt man sich auf den Boden der Teilordnungslehre, so wird die Rechtslage allerdings besonders kompliziert, vor allem völkerrechtlich, aber auch verfassungsrechtlich.

Es fragt sich zunächst, ob die Ostverträge in Hinblick darauf, daß die Bundesrepublik Deutschland nicht voll souverän ist, wenn es u. a. um Deutschland als Ganzes geht, völkerrechtswirksam sein können. Dabei fragt sich allerdings auch, ob die Westmächte nicht bereits auf ihre Rechte in bezug auf Deutschland als Ganzes sich der Ansicht der Sowjetunion angeschlossen haben, spätestens mit ihren Anerkennungserklärungen bezüglich der DDR. Es ist dies die Frage nach dem Fortbestand der Vier-Mächte-Rechte und -Verantwortlichkeiten in bezug auf Deutschland als Ganzes und nach der Fortexistenz der Vier-Mächte-Allianz überhaupt als Vorfrage hierzu. Man fragt ferner nach dem Sinn der sogenannten Nichtberührungsklauseln in den Ostverträgen. Man fragt vor allem auch – in Hinblick auf den Grundvertrag – nach der Rechtsnatur der Beziehungen zwischen der Bundesrepublik Deutschland und der DDR.

Die Fragen sind größtenteils von einander abhängig. Die Ostverträge wären

81 Hier abgedr. als Dokument Nr. 5.4.20.
82 Siehe oben, S. 52–58.
83 Siehe oben, S. 33.

wirksam, wenn mit ihnen nicht die den Alliierten vorbehaltenen Rechte wahrgenommen wurden, es sei denn, daß diese Vier-Mächte-Rechte und -Verantwortlichkeiten nicht mehr bestanden oder die Alliierten der Wahrnehmung ihrer Rechte durch die Bundesrepublik Deutschland zugestimmt hätten. Die Zustimmung setzt ebenfalls den Fortbestand der Vier-Mächte-Rechte und -Verantwortlichkeiten in bezug auf Deutschland als Ganzes voraus, und der Fortbestand der Vier-Mächte-Rechte und -Verantwortlichkeiten hinwiederum setzt den Fortbestand der Vier-Mächte-Allianz voraus.

3.4.3.2. *Zum Fortbestand der Vier-Mächte-Allianz*

Was die Vorfrage nach dem Fortbestand der Allianz der vier Siegermächte angeht, so konnte man allerdings bei Abschluß der Ostverträge von ihrem Fortbestand ausgehen.

3.4.3.2.1. *Entstehung der Allianz*

Die Allianz der Siegermächte reicht schon in die ersten Kriegsjahre zurück. Sie wurzelt in rechtlicher Hinsicht in verschiedenen, zunächst nur zweiseitigen Verträgen und Absprachen zwischen einzelnen der späteren »Mächte«.
So schlossen Großbritannien und die Sowjetunion am 12. Juli 1941 ein Übereinkommen über gemeinsames Vorgehen in dem Krieg gegen Deutschland, das später in den »Vertrag über ein für den Krieg gegen Hitler-Deutschland und seine europäischen Verbündeten eingegangenes Bündnis und über die Zusammenarbeit und gegenseitige Hilfe nach dem Krieg« vom 26. Mai 1943[84] übernommen wurde. Die Sowjetunion und die USA schlossen am 11. Juni 1942 ein »Abkommen über die Prinzipien der gegenseitigen Hilfeleistungen in der Kriegsführung«.[85] Dazwischen liegt die Atlantik-Charta vom 14. August 1941, auf die der letztgenannte Vertrag u. a. Bezug nimmt, zunächst auch nur eine Erklärung zweier Regierungschefs, die sogenannte Gemeinsame Erklärung des Präsidenten der Vereinigten Staaten von Amerika und des britischen Premierministers über Friedensziele«,[86] die später allerdings, am 24. September 1941, von den Regierungen noch weiterer zehn Staaten, darunter auch der Regierung der Sowjetunion und »vom Vertreter General de Gaulles, des Führers der ›Freien Franzosen‹«, angenommen worden ist.[87]

84 Nachweis bei *Deuerlein,* »Potsdam 1945«, S. 64.
85 Ibid.
86 *Berber,* »Völkerrecht, Dokumentensammlung, Bd. II«, S. 2262.
87 Im einzelnen, vor allem auch zu den Vorbehalten, *Frenzke/Hacker/Uschakow,* »Die Feindstaatenartikel und das Problem des Gewaltverzichts der Sowjetunion im Vertrag vom 12. 8. 1970«, S. 11–14 [13].

Die bilateralen Beziehungen weiteten sich mit der Konferenz von Teheran vom 28. November bis 1. Dezember 1943, auf der der Präsident der USA, der Premierminister Großbritanniens und der Premier der Sowjetunion ihre gemeinsame Politik festlegten und bestätigten[88] zu Dreierbeziehungen aus. Die folgenden Konferenzen von Jalta, abgeschlossen mit dem Bericht vom 11. Februar 1945,[89] auf der es um die Beratung und Entscheidung der militärischen Pläne der drei Alliierten Mächte für die endgültige Niederlage des gemeinsamen Feindes ging (I.), und die von Potsdam, abgeschlossen am 2. August 1945,[90] auf der es um verschiedene Fragen, u. a. Einrichtung eines Rates der Außenminister, Besetzung etc. von Deutschland, Reparationen aus Deutschland u. ä. ging, knüpften – wie es im Potsdamer Abkommen ausdrücklich heißt – »das Band zwischen den drei Regierungen fester und erweiterten den Rahmen ihrer Zusammenarbeit und Verständigung« (I.).[91]
Auch die sich bereits gezielt und ausschließlich mit der Besetzung und Behandlung von Deutschland nach dessen Kapitulation befassenden Dokumente basieren zunächst auf diesen Dreierbeziehungen, so das »Protokoll zwischen den Vereinigten Staaten, Großbritannien und der Sowjetunion über die Besatzungszonen in Deutschland und die Verwaltung von ›Groß-Berlin‹« vom 12. September 1944,[92] das Abkommen vom 14. November 1944 über Ergänzungen zu diesem Protokoll[93] und das Abkommen über Kontrolleinrichtungen in Deutschland vom selben Datum.[94]
Erst in der sogenannten Berlin-Erklärung vom 5. Juni 1945, der »Erklärung in Anbetracht der Niederlage Deutschlands und der Übernahme der obersten Regierungsgewalt hinsichtlich Deutschlands«,[95] ist zum ersten Mal von Anfang an auch die »Provisorische Regierung der Französischen Republik« als mitbeteiligt an dieser Übernahme der obersten Regierungsgewalt angeführt. Allerdings war die Provisorische Regierung Frankreichs seit November Mitglied der European Advisory Commission gewesen,[96] so daß sie über diese Institution bereits von diesem Zeitpunkt an an den Beratungen über das künftige Deutschland teilgenommen hatte. Hinzu kommt, daß sämtliche der späteren vier Mächte bei den Ausarbeitungen der UNO-Charta, die am 26. Juni 1945 in Kraft

88 Siehe Dokument Nr. 5.1.1.2.
89 Siehe Dokument Nr. 5.1.1.6.
90 Siehe Dokument Nr. 5.1.2.4.
91 Ibid.
92 Siehe Anm. 2.
93 Siehe Anm. 2.
94 Siehe Anm. 2.
95 Siehe auch Anm. 1.
96 *Mosely,* »The Occupation of Germany . . «, in: Foreign Affairs 28(1949/50), S. 580 ff.

trat, mit vertreten waren und maßgeblich die Konzeption der sogenannten Feindstaaten-Artikel beeinflußt haben.[97]

3.4.3.2.2. *Fortbestand der Allianz*

Es bedarf nicht vieler Worte um aufzuzeigen, daß diese Vierer-Allianz fortbesteht.

Die Entstehung der sozialistischen Staaten in Osteuropa, ihr Bündnissystem mit der Sowjetunion unter dem Leitgedanken der Abgrenzung von den sogenannten kapitalistischen Staaten und deren Bekämpfung zumindest in ideologischer Hinsicht bewirkten zwar die Teilung Europas in ein westliches und ein östliches Lager, und diese Teilung trennte ihrerseits auch die vier Mächte nicht nur in zonaler und territorialer, sondern auch in politischer Hinsicht, nämlich in die Sowjetunion auf der einen und die Westmächte auf der anderen Seite.

Diese politische Trennung war jedoch nicht zugleich auch eine rechtliche Trennung.

Ausdrückliche Erklärungen des Inhalts, daß man sich aus der alliierten Verantwortung für Deutschland löse, liegen nicht vor.

Aber auch den sonstigen Verhaltensweisen der vier Mächte kann eine Willenskundgabe solchen Inhalts nicht entnommen werden. Die andere Auffassung der Sowjetunion über den Fortbestand des Deutschen Reiches sowie über die Rechte und Pflichten der Allianz kann für sich allein die Fortexistenz der Allianz als solche rechtlich nicht beeinflussen.

Die Allianz bestand vielmehr trotz des »kalten Kreiges« fort, wie die fortbestehende Präsenz aller vier Mächte in Berlin beweist. Aber auch die Tatsache, daß sich in jüngster Zeit die Allianz unschwer wieder mit Leben hatte füllen lassen, nicht nur durch die Verhandlungen über das Vier-Mächte-Abkommen über Berlin, sondern z. B. auch durch die gegenseitigen Konsultationen aus Anlaß der Behinderungen des Berlin-Verkehrs durch die DDR, die ja nicht nur Berlin, sondern auch die DDR und die Bundesrepublik Deutschland betrafen, zeigt, daß sie, wenn auch zeitweise etwas passiv, so doch ununterbrochen fortbestand. Man könnte sogar den Ausspruch, daß die Verantwortung der vier Mächte die einzige rechtliche Institution sei, die Deutschland mit seinem Gebiet und seiner Bevölkerung überhaupt noch als Rechtsbegriff relevant sein läßt,[98]umkehren und sagen, daß die Vorstellung von einer fortbestehenden Verantwortung für Deutschland zeitweilig das einzige Band war oder ist, das die Allianz der vier Mächte noch zusammenhält.

97 Näheres hierzu bei *Frenzke/Hacker/Uschakow,* aaO, S. 11–26.

98 Zitiert nach *Klein,* »Juristischer Deutschlandbegriff und Vier-Mächte-Verantwortung«, in: Jahrb. der Albertus-Magnus-Univ. zu Königsberg/Pr., Bd. XXIV/1974, S. 62.

3.4.3.3. *Zum Fortbestand der Vier-Mächte-Rechte und -Verantwortlichkeiten in bezug auf Deutschland als Ganzes*

Was den Fortbestand der Vier-Mächte-Rechte und -Verantwortlichkeiten in bezug auf Deutschland als Ganzes angeht, so ist zunächst zu sagen, daß die Westmächte auf ihrer Nichtberührung bestanden. Ein solches Verhalten hat nur Sinn, wenn diese Rechte und Pflichten noch bestehen. Es gibt allerdings weder eine genaue Umschreibung dieser Rechte und Pflichten noch eine genaue Benennung ihrer Rechtsgrundlagen.

3.4.3.3.1. *Die Rechtsgrundlagen der Vier-Mächte-Rechte und -Verantwortlichkeiten in bezug auf Deutschland als Ganzes*

Nach der amerikanischen Antwortnote vom 11. August 1970[99] auf die Mitteilung der Bundesrepublik Deutschland während der Verhandlungen zum Moskauer Vertrag, daß der beabsichtigte Vertrag die Rechte der vier Mächte nicht berühre,[100] sind die Rechte und Verantwortlichkeiten »aus dem Ergebnis des Zweiten Weltkrieges« herzuleiten und haben »im Londoner Übereinkommen vom 14. November 1944, in der Vierer-Erklärung vom 5. Juni 1945 sowie in anderen Kriegs- und Nachkriegsübereinkünften ihren Niederschlag gefunden«.

Das Ergebnis des Zweiten Weltkrieges ist ein Faktum, das, um Grundlage für Rechte und Pflichten sein zu können, erst der rechtlichen Charakteristik bedarf. Diese kann sich nur aus den Fakten der Kapitulation, Debellation (Niederwerfung) und Totalbesetzung von Deutschland in Verbindung mit den Zielvorstellungen der Sieger vom rechtlichen Schicksal dieses Staates ergeben. Diese Zielvorstellungen aber sollen – und können auch nur – aus ihren diesbezüglichen Übereinkünften gefolgert werden.

Immerhin dürfte der amerikanischen Note zu entnehmen sein, daß die dort namentlich erwähnten Übereinkommen für grundlegend oder besonders wichtig – und auch als solche unbestritten – gehalten werden.

Die Bezeichnung »Londoner Übereinkommen vom 14. November 1944« ist allerdings insofern unpräzise, als an diesem Datum, wie schon gezeigt,[101] zwei Abkommen geschlossen worden sind. Da es sich bei dem einen davon, nämlich demjenigen zur Ergänzung des Protokolls vom 12. September 1944, um mehr oder weniger technische Regelungen der Aufteilung der Besatzungszonen handelt, dürfte unter dem Gesichtspunkt der Wichtigkeit mit dem namentlich

99 Dokument Nr. 5.4.5.
100 Dokument Nr. 5.4.4.
101 Siehe Dokumente Nr. 5.1.1.4. und 5.1.1.5.

erwähnten Londoner Übereinkommen dasjenige über Kontrolleinrichtungen in Deutschland gemeint sein. Danach sollten die Oberkommandierenden der USA, Großbritanniens und der UdSSR auf Anweisung ihrer betreffenden Regierungen die – wie es hieß – »supreme authority« ausüben[102] – allgemein mit oberster Regierungsgewalt übersetzt –, und zwar jeder in seiner eigenen Besatzungszone und gemeinsam in Angelegenheiten, die Deutschland als Ganzes betrafen, in ihrer Eigenschaft als Mitglieder des sogenannten Obersten Kontrollorgans, das durch dieses Abkommen konstituiert wurde.

Stellte dieses Abkommen gleichsam den Verpflichtungsvertrag dar, so handelte es sich bei der Vierer-Erklärung vom 5. Juni 1945, der – ebenfalls schon erwähnten – Berliner Erklärung, um die Erfüllung dieser Verpflichtung, wie sich der Formulierung »Die Regierungen des Vereinigten Königreichs, der Vereinigten Staaten von Amerika, der Union der Sozialistischen Sowjetrepubliken und die Provisorische Regierung der Französischen Republik übernehmen hiermit die oberste Regierungsgewalt ...« entnehmen läßt.

3.4.3.3.2. *Der Fortbestand der Vier-Mächte-Rechte und -Verantwortlichkeiten in bezug auf Deutschland als Ganzes*

Aus den in der amerikanischen Antwortnote erwähnten Übereinkommen läßt sich nur erkennen, daß den Alliierten eben diese »supreme authority« über Deutschland zustehen sollte, nach der bereits gegebenen Interpretation dieses Begriffs[103] also alle aus der Souveränität fließenden Rechte.

Diese Rechte haben die Aliierten in den folgenden Jahren aber nach und nach wieder abgegeben, und zwar die drei Westmächte an die Bundesrepublik Deutschland, die Sowjetunion an ihre Besatzungszone, die DDR. Letzter Übertragungsakt bezüglich dieser Rechte war auf seiten der Westmächte der General- oder Deutschlandvertrag vom 26. Mai 1952 in der Fassung vom 23. Oktober 1954, in Kraft getreten am 5. Mai 1955,[104] auf seiten der Sowjetunion die Erklärung über die Gewährung der Souveränität an die DDR vom 25. März 1954.[105]

Aus den in diesen Übertragungsakten ausgesprochenen Vorbehalten muß nun herausgelesen werden, was sich die vier Mächte nach ihrer Vorstellung als Restbestand ihrer einstigen »supreme authority« zur Ausübung bewahren wollten.

Die Tatsache, daß es sich weder um einen einheitlichen Übertragungsakt oder wenigstens um gleichlautende Übertragungserklärungen handelte, noch die

102 Siehe oben, S. 13 u. 24–25.
103 Siehe oben, S. 25.
104 Siehe oben, S. 27 und Dokument Nr. 5.2.2.
105 Siehe oben, S. 27 und Dokument Nr. 5.3.2.

Übertragung auf ein Gesamt-Deutschland erfolgte, brachte eine Reihe von Schwierigkeiten. Auf jeden Fall offenbaren die Erklärungen, daß eine einheitliche Konzeption der vier Mächte hinsichtlich ihrer Rechte und Verantwortlichkeiten nicht oder nicht mehr bestand. Vielmehr muß zwischen der Konzeption der Westmächte und der Konzeption der Sowjetunion unterschieden werden.
Was die Konzeption der Westmächte anbelangt, so ist – wie schon ausführlich dargelegt[106] – bestritten, ob die Vorbehalte, die sich auf Deutschland als Ganzes, die Wiedervereinigung, den Abschluß eines Friedensvertrages und die Rechtslage Berlins beziehen, dahin auszulegen sind, daß diese Rechte der Bundesrepublik Deutschland noch nicht übertragen sind, oder dahin, daß die Bundesrepublik nur verpflichtet ist, die Regelung dieser Materien den drei Mächten zu überlassen, es sich bei den Vorbehalten also – wie es heißt – um dingliche oder nur um obligatorische handelt. Würde es sich bei den Vorbehalten nur um ein Obligatorium handeln, so hätten die vier Alliierten nach Vorstellung der Westmächte überhaupt keine Rechte und Verantwortlichkeiten in bezug auf Deutschland als Ganzes mehr, sondern nur das Recht, von der Bundesrepublik zu verlangen, in diese Materien eingreifen zu dürfen, ohne, daß dieses Eingreifen von der Bundesrepublik als unzulässige Einmischung in ihre Angelegenheiten betrachtet werden dürfte. Die Teilordnungslehre geht allerdings von der Dinglichkeit der Vorbehalte aus.[107]
Was den Vorbehalt der Sowjetunion betrifft, so wird die vorbehaltene Materie global mit einer Verweisung auf die Vier-Mächte-Abkommen umschrieben. Damit wird aber u. a. ebenfalls auf die Londoner Regelungen vom 14. November 1944 verwiesen. Das heißt jedoch, daß es sich bei den vorbehaltenen Befugnissen wiederum um diejenigen Angelegenheiten, die Deutschland als Ganzes sowie Berlin betreffen, handelt.
Allerdings faßt die Sowjetunion unter die Angelegenheiten, die Deutschland als Ganzes betreffen, nicht auch die Beziehungen der beiden deutschen Staaten untereinander, wie Artikel 1 Absatz 2 ihrer Erklärung zeigt.[108] Diese unterschiedliche Interpretation der gemeinsamen Rechte und Verantwortlichkeiten kann allerdings, da es sich ja um gemeinsame Rechte und Pflichten handelt, nur im Verhältnis der UdSSR zur DDR gelten.[109]
Nach dieser Auffassung behielten die Westmächte bzw. die Alliierten nach Vorstellung der Westmächte von ihrer »supreme authority« also die Rechte und Verantwortlichkeiten in bezug auf Berlin und Deutschland als Ganzes

106 Siehe oben, S. 33–37.
107 Siehe oben, S. 36.
108 Siehe oben, S. 38.
109 Vgl auch oben, S. 38.

3.4.3.3.3. *Der Inhalt der Vier-Mächte-Rechte und -Verantwortlichkeiten in bezug auf Deutschland als Ganzes*

Der Fortbestand der Vier-Mächte-Rechte und -Verantwortlichkeiten in bezug auf Deutschland als Ganzes hängt auch von ihrem eigentlichen Inhalt ab. Denn wenn ein Recht zu einer inhaltsleeren Hülse geworden ist, besteht es in Wahrheit eben nicht.

Was die Vier-Mächte-Rechte und -Verantwortlichkeiten konkret umfassen sollen, läßt sich allerdings schwer sagen, weil nirgendwo eine abschließende Spezifizierung gegeben wird.[110]

Die Potsdamer Beschlüsse gehen, soweit sie konkrete Regelungen enthalten, im wesentlichen vom Besatzungsstatus aus. Dieser aber ist inzwischen aufgehoben. So dürfte z. B. »die Erhaltung der wirtschaftlichen Einheit Deutschlands« nicht mehr unter diese Rechte und Verantwortlichkeiten fallen.

Nach allgemeinen Gesichtspunkten müßten Schutz gegen gewaltsame Angriffe und Grenzverletzungen sowie die Friedenssicherung davon erfaßt sein. Die Schutzverpflichtung dürfte aber nur theoretisch akut werden, nämlich bei einem Angriff, der gegen »ganz Deutschland«, also sowohl gegen die Bundesrepublik Deutschland als auch gegen die DDR, gerichtet wäre. Die Friedenssicherungspflicht dürfte durch die Aufnahme beider deutscher Staaten in die UNO heute überholt sein, müßte allerdings bei Abschluß der Ostverträge noch bestanden haben. Es bleiben Fragen des Verhältnisses der einzelnen Teile von »ganz Deutschland« untereinander, da nur dieser Fragenkomplex so umfassend ist, daß er die Wiedervereinigung Deutschlands und den Abschluß eines Friedensvertrages einschließt. Wiedervereinigung und Friedensvertrag aber sollen nach Vorstellung der Westmächte auf jeden Fall unter die gemeinsame Vier-Mächte-Verpflichtung fallen, und zwar, wie aus dem Deutschlandvertrag auch noch folgt, soll der Friedensvertrag ebenfalls mit einem wiedervereinigten Deutschland geschlossen werden. Durch die Anerkennung der DDR durch die Westmächte – gleich, ob es sich um eine Anerkennung de iure oder de facto, d. h. eine widerrufliche, handelt – dürfte nunmehr allerdings fraglich sein, ob dieser Friedensvertrag immer noch ausschließlich mit einem Gesamt-Deutschland abzuschließen ist oder auch mit beiden deutschen Staaten getrennt zustandekommen kann.

Abschließend kann allerdings gesagt werden, daß zur Zeit des Abschlusses der Ostverträge – immer bei Zugrundelegung der Teilordnungslehre oder »Dachtheorie« – die Vier-Mächte-Rechte und -Verantwortlichkeiten mit dem geschilderten Inhalt noch bestanden.

110 Eine der ausführlichsten Darstellungen bei *Menzel,* in: ZRP 1971, S. 179/180.

3.4.3.4. *Die Rechtswirksamkeit der Ostverträge*

Was die völkerrechtliche Wirksamkeit der Ostverträge angeht, so hängt diese zunächst von der Legitimation der Bundesrepublik Deutschland zum Abschluß dieser Verträge nach dem General- oder Deutschlandvertrag ab.
Geht man von der dinglichen Natur der Vorbehalte im General- oder Deutschlandvertrag aus, so konnte die Bundesrepublik Deutschland keinerlei Absprachen über Grenzen und Gebiete treffen, da sie nicht – wie man sagt – »ultra vires« handeln, nicht über ihr nicht zustehende Rechte verfügen konnte. Die Ostverträge könnten deshalb als völkerrechtsunwirksam angesehen werden. Es ist jedoch zu berücksichtigen, daß die Westmächte während der Verhandlungen zum Moskauer Vertrag eine Art Einverständnis zu dem vorgelegten Vertrag erklärt haben, nämlich mit ihrer Feststellung, daß dieser Vertrag ihre Rechte nicht berühre.[111] Dies kann man als eine Ermächtigung zum Abschluß dieses Vertrages, jedoch unter der Voraussetzung, daß ihre Rechte hierdurch nicht berührt werden, auslegen. Mit der sogenannten Nichtberührungsklausel ist dies dann gleichsam auch festgehalten worden.
Man kann nun sagen, daß die Nichtberührungsklausel in einem unlösbaren Widerspruch zum übrigen Vertragstext stehe, so daß deswegen der Moskauer Vertrag wegen der Widersprüchlichkeit des Vertragstextes nichtig ist. Aus demselben Grund müßten auch die übrigen Ostverträge für nichtig angesehen werden, denn was für den Moskauer Vertrag gilt, muß auch für die Folgeverträge gelten.
Man kann andererseits sagen, daß die Westmächte ihre Rechte in bezug auf Deutschland als Ganzes aufgegeben und sich der Ansicht der Sowjetunion angeschlossen haben. Dann ist die Nichtberührungsklausel, soweit sie sich auf den General- oder Deutschlandvertrag bezieht, inhaltsleer und deshalb ohne Belang. Die Ostverträge wären dann wirksam.
Schließlich gibt es im Völkerrecht noch eine Mindermeinung, nach der Nichberührungsklauseln grundsätzlich nicht von vertragserheblichen Wert sind, so daß aus diesem Grund ein Widerspruch zum Vertragstext im übrigen nicht zur Unwirksamkeit des Vertrages führt.
Will man allerdings von einem Fortbestand der Vier-Mächte-Rechte und -Verantwortlichkeiten ausgehen, wie dies in Hinblick auf das Verhalten sowohl der Westmächte (Bestehen auf der Nichtberührung) als auch der Bundesrepublik Deutschland (Behauptung, daß die Rechte gewahrt blieben) für zulässig gehalten werden kann, so ist ein Widerspruch zwischen Vertragsinhalt und Nichtberührungsklausel nur dann nicht gegeben, wenn man die Vertragsrege-

111 Siehe Anm. 99 und 100.

lungen über Gebiete und Grenzen als provisorisch in Hinblick auf einen künftigen Friedensvertrag interpretiert.*

3.4.3.5. *Die Rechtsnatur der Beziehungen zwischen der Bundesrepublik Deutschland und der DDR*

Die Frage nach der Rechtsnatur der Beziehungen zwischen beiden deutschen Staaten stellte sich mit besonderer Deutlichkeit nach dem Vertrag über die Grundlagen der Beziehungen, dem sogenannten Grundvertrag.
Im Grundvertrag werden die Regelungen des Moskauer Vertrages noch dahingehend ergänzt, daß die beiden deutschen Staaten davon ausgehen, daß keiner den anderen international vertreten oder in seinem Namen handeln kann (Artikel 4), daß die Hoheitsgewalt eines jeden auf sein Staatsgebiet beschränkt sei und sie die Unabhängigkeit und Selbständigkeit des anderen in seinen inneren und äußeren Angelegenheiten respektieren werden (Artikel 6).
Mit der Anerkennung der Grenzen, der Verpflichtung zur Nichteinmischung in die inneren Angelegenheiten und dergleichen haben völkerrechtliche Grundsätze, wie sie für das Zusammenleben der Staaten in der Völkerrechtsgemeinschaft gelten, in die Beziehungen der beiden deutschen Staaten Eingang gefunden. Nach der Teilordnungslehre oder »Dachtheorie«, die vom Fortbestand des Deutschen Reiches ausgeht und den beiden deutschen Staaten nur den Charakter von Teilordnungen zugesteht, wäre für die Regelung dieser Beziehungen aber eher das Staatsrecht angebracht, so daß das Verhältnis der beiden Staaten demjenigen, wie es zwischen autonomen Ländern eines Bundesstaates vorliegt, gleichkäme.
Einerseits folgt also aus der Teilordnungslehre, daß es sich bei den Beziehungen um solche nicht-völkerrechtlicher Art handeln muß und auch nur handeln kann. Andererseits folgt aus den Ostverträgen und vor allem dem Grundvertrag aber, daß Beziehungen bloß staatsrechtlicher Natur der Form nach nicht mehr zulässig sein dürften.
Der Widerspruch läßt sich nur lösen, wenn man auf die Konstruktion der »besonderen Beziehungen« ausweicht, wie dies auch das Bundesverfassungsge-

* Zu diesem Ergebnis kann man auch kommen, wenn man die Vorbehalte im Deutschlandvertrag als obligatorisch interpretiert im Sinne der Identitätstheorien. Dann war die Bundesrepublik allerdings rechtlich in der Lage, auch endgültige Absprachen überGrenzen und Gebiete zu treffen, jedoch unter Verletzung des Deutschlandvertrages. Die Nichtberührungsklauseln zeigen in diesem Fall, daß sie die Westmächte über ihre Intention in Kenntnis gesetzt hatte, die Westmächte einverstanden waren, jedoch in der Lage bleiben wollten, jederzeit auch selbst über diese Materie erneut zu verhandeln, u. U. auch über denselben Gegenstand einen neuen anderslautenden Vertrag – nach dem Deutschlandvertrag allerdings im Einverständnis mit der Bundesrepublik – abzuschließen. Auch in diesem Fall kann in den Absprachen nur ein Provisorium gesehen werden.

richt in seiner Entscheidung zum Grundvertrag klargelegt hat. Als »besondere Beziehungen« versteht man dabei Beziehungen, die ihrer Form nach völkerrechtlicher Natur sind, ihrem Inhalt nach aber besonderer Natur, da sie stets das Endziel einer Wiedervereinigung zu berücksichtigen haben, also auf der Vorstellung von einer staatlichen und nationalen Einheit beruhen.

3.4.3.6. *Die Bedeutung der völkerrechtlichen Anerkennung der DDR durch die Westmächte*

Es fragt sich, ob die These von den »besonderen Beziehungen« auch nach der völkerrechtlichen Anerkennung der DDR durch die Westmächte aufrechterhalten werden kann. Die These basiert auf dem Gedanken, daß auch die DDR im Verhältnis zum Deutschen Reich nur eine Teilordnung ist. Diese Auffassung aber ließ sich nur damit stützen, daß die Westmächte sie noch nicht völkerrechtlich anerkannt hatten.[112]

Durch ihre Anerkennungserklärungen könnten die Westmächte zum Ausdruck gebracht haben, daß sie von nun an von einer gelungenen Sezession der DDR ausgehen. In diesem Fall könnte die DDR nicht mehr als Teilordnung des Deutschen Reiches betrachtet werden. Das Deutsche Reich bestünde dann zwar noch fort, solange die Bundesrepublik Deutschland sich nur als Teilordnung versteht, jedoch nicht mehr in seinen Grenzen vom 31. Dezember 1937. Diese Auffassung findet sich in der Tat auch vertreten, und sie läßt sich auch mit guten Argumenten stützen. Dabei wird sich nicht nur der Zwei-Staaten-Theorie angeschlossen,[113] sondern auch eine neue Theorie, die »modifizierte Zwei-Staaten-Theorie«[114] entwickelt, deren Wesenszüge sich aus folgenden drei Grundsätzen ergeben.

1. Es bestehen zwei deutsche Staaten.
2. Diese Staaten sind zueinander nicht Ausland.
3. Die Bundesrepublik Deutschland versteht sich als Neuorganisation des Deutschen Reiches, das danach fortbesteht. Die DDR bestimmt ihr Verhältnis zum Deutschen Reich aus ihrer Sicht.

Da nach den obigen Ausführungen die Ostverträge aber nur als Provisoria zu werten sind,[115] läßt sich allerdings auch die auf dem Grundvertrag basierende völkerrechtliche Anerkennung der DDR durch die drei Westmächte bloß als Anerkennung eines Provisoriums werten. Das Völkerrecht bezeichnet solche

112 Siehe oben, S. 39.
113 Siehe oben, S. 26.
114 *Schramm*, »Das Verhältnis der Bundesrepublik Deutschland zur DDR nach dem Grundlagenvertrag«, 2. A.; vgl. auch Rezension von *Zivier*, in: Recht und Politik 3/77, S. 182.
115 Siehe oben, S. 67–68.

Anerkennung, die, jedenfalls zunächst, nur von einem Provisorium ausgehen, als de-facto-Anerkennungen. Ihr Gegensatz zu den de-iure-Anerkennungen besteht darin, daß sie jederzeit frei widerruflich sind, vor allem auch in Hinblick darauf, daß sich die völkerrechtliche Staatsqualität[116] des anerkannten Territorialverbandes für die Zukunft nicht bestätigen sollte.
Die Westmächte haben allerdings niemals geäußert, daß ihre Anerkennung der DDR nur eine solche de facto sein sollte. Soweit ersichtlich, ist bislang auch nicht von anderer Seite behauptet worden, daß die Anerkennungserklärungen der Westmächte lediglich als de-facto-Anerkennung gewertet werden können.
Es hängt also vom weiteren Verhalten der Westmächte gegenüber der DDR und auch von etwaigen Erklärungen zu einem Friedensvertrag ab, ob diese Anerkennungen in Zukunft als echte völkerrechtliche de-iure-Anerkennungen gewertet werden müssen.
Für diesen Fall jedoch müßte den Westmächten eine Verletzung des General- oder Deutschlandvertrages entgegengehalten werden. Denn die Westmächte dürften durch Artikel 7 dieses Vertrages ihrerseits der Bundesrepublik gegenüber gehalten sein, die endgültige Festlegung der Grenzen Deutschlands bis zu Abschluß eines Friedensvertrages für ganz Deutschland aufzuschieben.
Nach Artikel 7 waren sich die Unterzeichnerstaaten des General- oder Deutschlandvertrages darüber einig, »daß ein wesentliches Ziel ihrer gemeinsamen Politik eine zwischen Deutschland und seinen (ehemaligen Kriegs-) Gegnern frei vereinbarte friedensvertragliche Regelung für ganz Deutschland ist, welche die Grundlage für einen dauerhaften Frieden bilden soll«. Sie waren sich weiterhin darüber einig, »daß die endgültige Festlegung der Grenzen Deutschlands bis zu dieser Regelung aufgeschoben werden muß«. Als gemeinsames Ziel ihrer Politik bis zum Abschluß der friedensvertraglichen Regelung nannten sie »ein wiedervereinigtes Deutschland, das eine freiheitlich-demokratische Verfassung, ähnlich wie die Bundesrepublik, besitzt und in die europäische Gemeinschaft integriert ist«.
Daraus kann man eine Verpflichtung der Westmächte herleiten, auf das Zustandekommen eines Friedensvertrages hinzuwirken und von endgültigen Grenzregelungen bis zum Abschluß eines solchen Friedensvertrages Abstand zu nehmen. Damit geht übrigens die Verpflichtung der Westmächte gegenüber der Bundesrepublik Deutschland über die Verpflichtung der vier Mächte in bezug auf Deutschland als Ganzes hinaus: Die vier Mächte haben keine Gebietsstandsgarantie übernommen, die Westmächte haben sich demgegenüber dazu verpflichtet, zumindest solange die Bundesrepublik ebenfalls auf den Abschluß

116 Dazu oben, S. 18.

eines Friedensvertrages mit hinarbeitet (Artikel 7 Absatz 1 Satz 1).[117] Sie haben sich weiter zur Verwirklichung der Wiedervereinigung verpflichtet, ebenfalls solange es sich dabei um ein gemeinsames Ziel mit der Bundesrepublik handelt. Da die Bundesrepublik diese Ziele aber auch nach den Ostverträgen nicht aufgegeben haben will, wie aus ihren Erklärungen folgt, daß endgültige Regelungen hinsichtlich der deutschen Ostgebiete und der Beziehungen zur DDR einem Friedensvertrag vorbehalten bleiben sollen und sie bis dahin nach wie vor die Wiedervereinigung anstrebe, waren auch die entsprechenden Verpflichtungen der Westmächte aus dem General- oder Deutschlandvertrag bestehen geblieben. Durch eine de-iure-Anerkennung der DDR hätten sie diese Pflichten aber verletzt.

Da die Bundesrepublik den Westmächten bislang nicht eine Verletzung des General- oder Deutschlandvertrages vorgeworfen hat, ist die Rechtslage zumindest unklar. Solange aber nicht einerseits eine Verletzung des Generalvertrages durch die Westmächte geltend gemacht wird, andererseits die Westmächte zur Rechtsnatur ihrer Anerkennungserklärungen keine Kommentare abgegeben haben, sind die Unklarheiten der Rechtslage nicht beseitigt.

Ist aber eine Rechtslage unklar, muß für ihre Interpretation nach der Möglichkeit gesucht werden, die für sämtliche Beteiligte das geringste Übel bedeutet. Unter diesem Gesichtspunkt lassen sich die Anerkennungserklärungen ebenfalls nur als de-facto-Anerkennungen werten, die lediglich ein völkerrechtliches Provisorium betroffen haben.

Aus dieser Deduktion kann man folgern, daß auch nach der völkerrechtlichen Anerkennung der DDR durch die Westmächte von einem Fortbestand des Deutschen Reiches in seinen Grenzen vom 31. Dezember 1937 ausgegangen werden kann, daß die DDR also zwar gegenüber dritten Staaten als selbständiges Völkerrechtssubjekt zu verstehen ist, gegenüber dem Deutschen Reich aber nicht ein eigenständiger Staat geworden ist und damit auch nicht gegenüber der Bundesrepublik Deutschland. Diese ist gleichfalls gegenüber dem Deutschen Reich kein eigenständiger Staat, wenn sie auch gegenüber der Völkerrechtsgemeinschaft im übrigen ein selbständiges Völkerrechtssubjekt darstellt. Dieses Ergebnis ist jedoch davon abhängig, daß die Westmächte die Grenzen, die in den Ostverträgen als unverletzlich bezeichnet sind, nicht als endgültig ansehen und die DDR nicht de iure anerkannt haben.

Damit zeigt sich allerdings, daß die derzeitige Rechtslage im Sinne der Teilordnungslehre oder »Dachtheorie« vom Selbstverständnis der Bundesrepublik Deutschland und der Interpretation der Rechte und Pflichten aus dem

117 So wohl auch *Klein* (Anm. 98), S. 59 u.a.; a.A. *Menzel*, aaO, S. 444–445.

General- oder Deutschlandvertrag sowie der entsprechenden Einhaltung dieser Rechte und Pflichten durch die Westmächte abhängt, also ausschließlich von subjektiven Faktoren.

3.4.3.7. *Fazit*

Nach den obigen Darlegungen kommt man zu der Erkenntnis, daß die Teilordnungslehre oder »Dachtheorie«, so konstruiert sie auch sein mag, immerhin die einzige Theorie ist, nach der sich die These vom Fortbestand des Deutschen Reiches in seinen Grenzen vom 31. Dezember 1937 überhaupt mit den politischen Ereignissen in Einklang bringen bzw. trotz der politischen Ereignisse noch aufrechterhalten läßt. Sie ist damit zugleich auch die einzige Theorie, mit der verschiedene politische Handlungen sowohl der Sowjetunion (Losreißung der DDR, Unterstützung einer Annexion der deutschen Ostgebiete u. ä.) als auch der Westmächte (Anerkennung der DDR u. ä.) als auch der Bundesrepublik Deutschland (Abschluß der Ostverträge trotz Wiedervereinigungsgebot des Grundgesetzes u.ä.) sich noch mit dem Recht, sei es dem Völkerrecht (Okkupationsrecht), sei es dem Verfassungsrecht (Grundgesetz) vereinbaren lassen.

3.5. *Resümee*

Zusammenfassend läßt sich sagen, daß zur Deutschlandfrage zur Zeit offiziell zwei Theorien vertreten:
Einmal die Zwei-Staaten-Theorie:
Sie ist die offizielle Meinung der DDR und der sozialistischen Staaten. In der DDR sucht man sie durch die Abgrenzungspolitik, die mit der Behauptung, daß in diesem Staat sich inzwischen die sozialistische Nation entwickle, einen weiteren Aspekt erhalten hat, festzuzimmern.
Zum anderen die Teilordnungslehre »Dachtheorie«:
Sie ist durch die Entscheidung des Bundesverfassungsgerichts für die staatlichen Organe der Bundesrepublik Deutschland bindend – wie aus dem Bundesverfassungsgerichtsgesetz folgt – und damit zugleich offizielle Ansicht der Bundesrepublik geworden. Sie dürfte den Grundsätzen des Völkerrechts, aber auch dem Verfassungsrecht der Bundesrepublik am ehesten gerecht werden. Sie ist allerdings, abgesehen von ihrer Konstruiertheit, von rein subjektiven Faktoren

abhängig, einmal vom Selbstverständnis der Bundesrepublik Deutschland, zum anderen von dem Verständnis der Westmächte hinsichtlich ihrer Rechte und Pflichten in bezug auf Deutschland als Ganzes und, daraus folgend, von ihrer Vertragstreue in Hinblick auf den General- oder Deutschlandvertrag.

4. Einzelaspekte der »deutschen Frage«

Die verschiedenen Auffassungen zu Fortbestand des Deutschen Reiches und Staatsqualität der beiden neuen deutschen Teilordnungen auf seinem Gebiet führen auch zu verschiedenen Auffassungen in Einzelfragen, wie insbesondere in der Frage nach der Rechtsnatur der innerdeutschen Grenze, nach der Einheit der deutschen Nation und nach einer einheitlichen deutschen Staatsangehörigkeit.

4.1. *Zur Rechtsnatur der innerdeutschen Grenze*

Die Auffassungen zur Rechtsnatur der innerdeutschen Grenze sind abhängig von der Entwicklung und dem Stand der Meinungen zum Fortbestand des Deutschen Reiches und zur Staatsqualität von Bundesrepublik Deutschland und DDR im Verhältnis zum Deutschen Reich und damit in ihrem Verhältnis zueinander. Für die Rechtsnatur der innerdeutschen Grenze ergeben sich dabei insgesamt folgende Möglichkeiten:

1) Demarkationslinie (Zonengrenze)
2) Staatsgrenze
3) Grenze entsprechend der Grenze, wie sie zwischen den einzelnen Ländern eines Bundesstaates besteht,
4) Grenze mit besonderer Rechtsnatur (sui generis), für die eine genaue Definition oder Bezeichnung noch zu finden wäre.

4.1.1. *Zur Entstehung der innerdeutschen Grenze*

Die innerdeutsche Grenze war von den vier Besatzungsmächten zunächst als reine Zonengrenze gezogen worden, wie sich aus den verschiedenen Abkommen und Erklärungen während der Endphase des Zweiten Weltkrieges sowie aus dem Potsdamer Abkommen vom 2. August 1945 ergibt.[118]

Als erste wesentliche Erklärung in dieser Richtung dürfte das Londoner Protokoll vom 12. September 1944 anzusehen sein, in dem die Vereinigten

118 Siehe auch oben, S. 14.

Staaten, Großbritannien und die Sowjetunion niederlegten, daß »zum Zwecke der Okkupation« Deutschland in seinen Grenzen vom 31. Dezember 1937 in drei Zonen aufgeteilt werden sollte, die jeweils einer der drei Mächte unterstellt sein sollten, und in eine besondere Gebietseinheit Berlin, die der gemeinsamen Besatzungsgewalt der drei Mächte unterliegen sollte. Dieses Protokoll wurde am 14. November 1944 in einer Ergänzungsvereinbarung hinsichtlich der Beschreibung einiger »Zonen« geändert und trat in dieser Fassung am 6. Februar 1945 in Kraft.

In der Konferenz von Jalta ging man bereits von dieser Zonen-Konzeption für das Deutsche Reich aus. Im Potsdamer Abkommen wurde in diesem Zusammenhang nur beschlossen, daß Frankreich, falls es dies wünsche ebenfalls eine Besatzungszone zugeteilt erhalten sollte.

Ungeachtet der Aufnahme Frankreichs als viertes Mitglied in die Kontrollkommission blieb der Charakter der Zonengrenzen weiterhin gewahrt. Der Beitritt Frankreichs bewirkte keine territorialen Verschiebungen an der Zonengrenze zwischen der sowjetischen Besatzungszone einerseits und den westlichen Besatzungszonen andererseits, betraf also nicht die spätere innerdeutsche Grenze.

4.1.2. *Der Meinungsstand bis zu den Ostverträgen*

Zum Zeitpunkt der Grenzziehung war es für den Charakter der innerdeutschen Grenze unerheblich, ob man von einem Untergang des Deutschen Reiches auszugehen hatte oder nicht.[119] Denn die Besatzungsmächte betrachteten sich noch als eine Einheit mit der Folge, daß die ihnen jeweils unterstellten Gebiete nur aus mehr oder weniger verwaltungstechnischen Gründen voneinander abgegrenzt waren, die Grenzen somit auch nur Verwaltungseinheiten voneinander trennten, also Demarkationslinien oder Zonengrenzen waren.

Zweifel an der Rechtsnatur der innerdeutschen Grenze ergaben sich aus zweierlei Entwicklungen, einmal dem Zerfall der Vier-Mächte-Einheit, der sich Ende 1947 in dem ergebnislosen Ausgang der Londoner Konferenz über die Zukunft Deutschlands zeigte, zum anderen der Bildung zweier staatlicher Neuordnungen auf dem Boden des Deutschen Reiches. Beide Entwicklungen in ihrer Verbindung miteinander machten die innerdeutsche Grenze in politischer Hinsicht zum Eisernen Vorhang. Inwieweit der Eiserne Vorhang Konsequenzen auch für die Rechtsnatur der Grenze zeitigte, war von da an von der Auffassung, die man zur Rechtsnatur der beiden deutschen Teilstaaten hatte, abhängig.

119 Vgl. oben, S. 14.

Nach der Zwei-Staaten-Theorie war die innerdeutsche Grenze zur Staatsgrenze geworden. Dieser Auffassung konnte man allerdings bis zur Anerkennung der DDR durch die Westmächte mit guten Argumenten begegnen.[120]
Nach den Identitätstheorien konnte man zur Rechtsnatur der innerdeutschen Grenze zwei Auffassungenvertreten:
Mangels völkerrechtlicher Anerkennung durch die Westmächte konnte die DDR kein Staat im völkerrechtlichen Sinne werden.[121] Unter diesem Aspekt konnte man sie weiterhin als bloße Besatzungszone der Sowjetunion qualifizieren. Dann war die innerdeutsche Grenze nach wie vor als Demarkationslinie anzusehen.
Man konnte die DDR allerdings auch unter dem Aspekt beurteilen, daß sie immerhin durch die Konstituierung eigener staatlicher Organe, die auf der Grundlage einer eigenen Verfassung tätig wurden, eine staatliche Organisation aufwies, die derjenigen autonomer Länder eines Bundesstaates zumindest ähnlich, wenn nicht entsprechend war. Dann konnte man die innerdeutsche Grenze auch als Grenze der Art, wie sie zwischen solchen autonomen Ländern eines Bundesstaates besteht, betrachten.
Nach der Prätendentenstreit- oder Bürgerkriegstheorie, die den Akzent auf verschiedene Regierungen, nicht auf staatliche Organisationen legt,[122] blieb die Grenze wiederum nur Demarkationslinie oder Zonengrenze. Auch diese Theorie war allerdings in Hinblick auf die reale Lage kaum haltbar.[123]
Nach der Teilordnungslehre oder »Dachtheorie« hingegen, die den Akzent auf die staatlichen Neugründungen legt, welche lediglich dem Deutschen Reich gegenüber und damit auch untereinander keine eigenständigen Staaten geworden waren, mußte man die Grenze wohl ähnlich der, wie sie zwischen autonomen Ländern eines Bundesstaates besteht, werten. Dies konnte allerdings nur so lange gelten, als für die Beziehungen der beiden deutschen Staaten untereinander nicht völkerrechtliche Grundsätze zur Anwendung kommen sollten und die DDR gegenüber dritten Staaten nicht als Völkerrechtssubjekt zu behandeln war, wie dies durch die Ostverträge festgesetzt und mit der Anerkennung der DDR durch die Westmächte gleichsam bestätigt wurde.

4.1.3. *Der Meinungsstand nach Abschluß der Ostverträge und völkerrechtlicher Anerkennung der DDR durch die Westmächte*

Nach Abschluß der Ostverträge und völkerrechtlicher Anerkennung der DDR durch die Westmächte lassen sich zur »deutschen Frage« rechtlich nur mehr zwei

120 Siehe oben, S. 39.
121 Siehe oben, S. 39.
122 Siehe oben, S. 31–32.
123 Siehe oben, S. 36.

Theorien vertreten, die Zwei-Staaten-Theorie und die Teilordnungslehre oder »Dachtheorie«.[124]

Nach der Zwei-Staaten-Theorie ist die innerdeutsche Grenze, wie schon gesagt, unstreitig als Staatsgrenze zu sehen. Diese Theorie kann sich aufgrund der völkerrechtlichen Anerkennung der DDR heute auf bessere Argumente stützen als bis dahin.

Nach der Teilordnungslehre ist die Situation allerdings nicht ganz einfach zu beurteilen. Diese Theorie hat nämlich durch die Ostverträge und vor allem die Anerkennung der DDR durch die Westmächte für die Beurteilung des Status der DDR eine gewisse Variante oder einen zusätzlichen Aspekt zu berücksichtigen. Konnte die DDR bis dahin nach dieser Theorie als Teilordnung im Sinne eines bloßen Staates nach Staatsrecht[125] beurteilt werden, so ist sie nunmehr gegenüber dritten Staaten als selbständiges Völkerrechtssubjekt zu werten. Damit erhält die innerdeutsche Grenze eine Art Doppelcharakter (entsprechend dem Staatscharakter der DDR): Im Verhältnis zu dritten Staaten, wenn also etwa Angehörige dritter Staaten diese Grenze überschreiten, ist sie als Staatsgrenze zu sehen. Im Verhältnis zur Bundesrepublik Deutschland hingegen ist sie entsprechend den Grundsätzen, wie sie im Grundvertrag niedergelegt sind, zu behandeln. Nach diesem Vertrag haben für die Beziehungen der beiden deutschen Staaten untereinander völkerrechtliche Grundsätze entsprechende Anwendung zu finden.[126] Nach der Entscheidung des Bundesverfassungsgerichts zu diesem Vertrag hat dies zur Folge, daß die Beziehungen formal-rechtlich völkerrechtlicher Natur, materiell-rechtlich aber – in Hinblick auf das Endziel der Wiedervereinigung und die insoweit nur provisorischen Regelungen – »Beziehungen sui generis« (besonderer Art) sind. Dementsprechend ist auch die Grenze im Rahmen der innerdeutschen Beziehungen formal-rechtlich als Staatsgrenze, materiell-rechtlich als Grenze ähnlich der, wie sie zwischen Ländern eines Bundesstaates besteht, zu behandeln.

4.1.4. *Folgen aus der Rechtsnatur der innerdeutschen Grenze nach der Teilordnungslehre oder »Dachtheorie«*

Der besondere Charakter der innerdeutschen Grenzemacht die Anwendung des Grenzrechts etwas kompliziert. Es fragt sich, nach welchen Regeln die Grenze zu schützen ist, wer für den Schutz zuständig ist, nämlich die beiden deutschen

124 Siehe oben, S. 26 u. 32–33 sowie 36–40.
125 Dazu oben, S. 16–18[17].
126 Siehe oben, S. 46.

Staaten oder die Alliierten. Es fragt sich auch, wie effektiv die derzeitige Grenzbestimmung ist, mit welcher Wirkung etwa Änderungen der Grenzziehung zwischen der Bundesrepublik Deutschland und der DDR vertraglich vereinbart werden können.

4.1.4.1. *Der Schutz der innerdeutschen Grenze*

Die innerdeutsche Grenze ist in den Ostverträgen als unantastbar bezeichnet worden.[127] Der Sicherung der Unantastbarkeit von Grenzen dienen die Regelungen des Grenzschutzes. Grenzschutzbestimmungen dienen weiter aber auch der Aufrechterhaltung der Ordnung an den Grenzen, der Überwachung und Kontrolle des Grenzverkehrs und der Einhaltung der dafür vereinbarten oder kraft Gewohnheitsrechts bestehenden Regeln.

Der Grenzschutz ist danach Ausfluß der staatlichen Gebietshoheit. Seine Ausgestaltung im einzelnen obliegt also dem jeweiligen Grenzstaat.

Der Schutz der innerdeutschen Grenze obliegt also auf der einen Seite der Bundesrepublik Deutschland, auf der anderen Seite der DDR. Beiden deutschen Staaten bleibt es jeweils überlassen, die von ihnen für notwendig und effektiv gehaltenen Mittel zum Schutz der Grenze anzuwenden.

Da der Schutz der Grenze nicht als eine Angelegenheit, die Deutschland als Ganzes betrifft, angesehen werden kann, fällt er auch in die alleinige Zuständigkeit der beiden deutschen Staaten. Die Vier Mächte haben insofern grundsätzlich keine Eingriffsmöglichkeiten.

Fraglich ist die Zulässigkeit von Selbstschußanlagen, mit denen die DDR ihre Bürger an einem unerlaubten Übergang in die Bundesrepublik Deutschland hindern will. Zwar unterliegen sowohl die Festlegung der Ausreisemöglichkeiten für die eigenen Staatsangehörigen als auch der Bestimmungen über Sanktionen in Fällen nicht erlaubter Ausreiseversuche dem innerstaatlichen Recht, doch untersteht auch dieses letztlich einem im Völkerrecht – wenigstens teilweise – anerkannten Vorbehalt der Humanität.[128]

Schwierigkeiten für die Beurteilung des Grenzschutzes ergeben sich allerdings aus den verschiedenen Auffassungen der Bundesrepublik Deutschland einerseits und der DDR andererseits über die Rechtsnatur der zwischen ihnen liegenden Grenze. Während die DDR entsprechend der von ihr offiziell vertretenen Zwei-Staaten-Theorie in der Grenze eine echte Staatsgrenze sieht, differenziert die Bundesrepublik hier entsprechend den Ausführungen des

127 Zum Begriff der Unantastbarkeit der Grenzen siehe oben, S. 55–56.

128 So wohl *Wengler,* Völkerrecht, Bd. II; die Auffassung von der Zulässigkeit humanitärer Interventionen beruht letztlich ebenfalls auf der Bejahung eines Vorbehalts der Humanität im Völkerrecht.

Bundesverfassungsgerichts zum Grundvertrag und unter Anwendung der Teilordnungslehre.[129]
Die Folgen dieser verschiedenen Auffassungen zeigen sich vor allem in den sogenannten Fluchthilfe-Fällen. Fluchthilfe läßt sich allenfalls unter dem Gesichtspunkt der besonderen Beziehungen und des Fortbestands eines einheitlichen Deutschland rechtfertigen mit der Folge, daß Grenzschutzmaßnahmen seitens der DDR gegen Fluchthilfe von der Bundesrepublik zumindest nicht immer als gerechtfertigt angesehen zu werden brauchen.

4.1.4.2. *Die Markierung der innerdeutschen Grenze*

Grenzmarkierungen werden im Völkerrecht normalerweise auf der Grundlage einer vertraglich vereinbarten Grenzbestimmung vorgenommen und haben die Wirkung einer völkerrechtlichen Feststellungsentscheidung. Es ist also zwischen – abstraktem – Grenzfestsetzungsvertrag und – konkreter – Grenzmarkierung zu unterscheiden, wobei beide Vorgänge tatsächlich (nicht rechtlich) auch zusammenfallen können.
Als der abstrakte Grenzziehungsvertrag über die innerdeutsche Grenze ist das Protokoll zwischen den Vier Mächten vom 12. September 1944[130] mit den dazugehörigen kartographischen Angaben zu werten. Zwar hatte die Sowjetunion seinerzeit diesen Vertrag gekündigt, diese Kündigung war jedoch von den drei West-Alliierten zurückgewiesen und für ungültig erklärt worden.[131]
Das demnach fortgeltende Übereinkommen betrifft allerdings die innerdeutsche Grenze nur in ihrer Funktion als Zonengrenze. Dementsprechend konnten die auf dieser Grundlage getroffenen Grenzmarkierungen auch nicht die Wirkung einer völkerrechtlichen Feststellungsentscheidung haben.
In den Ostverträgen ist allerdings bestimmt worden, daß die innerdeutsche Grenze wie eine Staatsgrenze zu behandeln ist. Da bei diesen Verträgen sämtliche Alliierten beteiligt waren, die Sowjetunion als Vertragspartei des Moskauer Vertrages, die drei Westalliierten insoweit, als sie ihr Einverständnis zu den Verträgen unter dem Vorbehalt der Wahrung ihrer Rechte gaben,[132] kann diese Beteiligung der ehemaligen Vertragspartner bei der Zonengrenzziehung als bindende Feststellung der neuen Funktion der innerdeutschen Grenze gewertet werden. Die Folge ist, daß auch die Grenzmarkierungen von diesem Zeitpunkt an die Wirkung einer völkerrechtlichen Feststellungsentscheidung erhalten haben.

129 Siehe im einzelnen oben, S. 59.
130 Siehe auch oben, S. 63 und Dokument Nr. 5.1.1.3.
131 Vgl. oben, S. 65.
132 Siehe oben, S. 67.

Allerdings ist auch für diese Wirkung festzuhalten, daß die Vier-Mächte-Rechte und -Verantwortlichkeiten in bezug auf Deutschland als Ganzeseinschließlich einer friedensvertraglichen Regelung zur Vorbehaltsmaterie gehören,[133] so daß auch die völkerrechtliche Feststellungsentscheidung über den Grenzverlauf im einzelnen nur als provisorische Entscheidung in Hinblick auf einen späteren Friedensvertrag betrachtet werden kann.
Da die Grenzmarkierungen jedoch bis dahin bindend sind, können sie auch nicht geändert werden. Dementsprechend ist die auf der Grundlage des Zusatzprotokolls zum Grundvertrag eingesetzte Grenzkommission aus Beauftragten der Regierungen beider deutscher Staaten nur befugt, die Markierung der zwischen den beiden Staaten bestehenden Grenze zu überprüfen und, soweit erforderlich, zu erneuern oder zu ergänzen.
Da die Kommission nach den obigen Ausführungen nicht auch zu einer Änderung der Grenzmarkierung berechtigt ist, kann sich der Begriff der Erneuerung der Grenzziehung aber nur darauf beziehen, natürliche Veränderungen des Grenzverlaufs, etwa durch Anschwemmungen (Alluvion), Abschwemmungen und Bildung neuer Flußbetten in Bereichen, wo ein Flußufer die Grenze darstellt, festzustellen.
Die Schwierigkeiten der Arbeit dieser Grenzkommission ergeben sich aus ihrer Berechtigung und Verpflichtung, die Grenzmarkierung zu ergänzen, also dort, wo das Londoner Protokoll mit seinem dazugehörigen Kartenwerk lückenhaft oder mißverständlich geblieben ist, durch Interpretation der Absichten der Alliierten in der damaligen Zeit die Lücken zu füllen oder die Mißverständnisse zu beseitigen, wie man dies etwa in der Frage, ob im Elbabschnitt die innerdeutsche Grenze in der Mitte der Elbe verläuft oder die Elbe in ganzer Breite zur Bundesrepublik gehört, weil sie britisch besetzt war, versucht.
Im übrigen sind nach der Interpretation der Ostverträge als Verträge mit nur provisorischem Inhalt auch die Ergebnisse der Tätigkeit der Grenzkommission, die Erneuerung oder Ergänzung der Grenzmarkierungen, nur vorläufiger Natur bis zum Abschluß eines Friedensvertrages.

4.2. *Zur Einheit der deutschen Nation*

Die Beantwortung der Frage nach der Einheit der deutschen Nation ist von der Beantwortung der Frage nach einem Fortbestand des Deutschen Reiches unabhängig, wie umgekehrt die Beurteilung der Frage nach dem Fortbestand des

133 Vgl. oben, S. 27.

Deutschen Reiches theoretisch nicht vom Fortbestand einer einheitlichen deutschen Nation abhängt. Es gibt Staaten, deren Staatsvolk sich aus verschiedenen Nationen zusammensetzt, etwa das Staatsvolk der ČSSR aus den Tschechen und den Slowaken. Umgekehrt können die Staatsvölker getrennter Staaten ein und derselben Nation angehören, etwa von Deutschland und Österreich, jedenfalls in der ersten Zeit nach der kleindeutschen Lösung 1848 (heute könnte man vielleicht auch schon von einer österreichischen Nation sprechen) oder auch in den beiden deutschen Staaten, wenn man die Zwei-Staaten-Theorie[134] vertritt auf jeden Fall für die Zeit, bevor in der DDR offiziell die These von der Entwicklung der sozialistischen Nation aufgestellt wurde.
Von Bedeutung werden kann die Frage nach der Einheit der deutschen Nation in völkerrechtlicher Hinsicht, nämlich für den Fall, daß eine Wiedervereinigung auf der Grundlage des Selbstbestimmungsrechts der (deutschen) Nation durchgeführt werden sollte. Denn Voraussetzung für einen Zusammenschluß zweier Staatsvölker im Wege der Ausübung des Selbstbestimmungsrechts der Nationen ist die Einheit ihrer Nation. Staatsvölkern verschiedener Nationen steht für einen staatlichen Zusammenschluß der Weg über die Konföderation oder Föderation offen.
Die Frage nach der Einheit der deutschen Nation ist bereits von Bedeutung in Hinblick auf das Grundgesetz und das gesamte Verfassungssystem der Bundesrepublik Deutschland. Denn dieses beruht in seiner Gesamtheit auf der Vorstellung von der Einheit der deutschen Nation. Für den Fall, daß eine solche nicht mehr bestünde, müßte wohl eine neue Verfassung geschaffen werden.

4.2.1. *Zur Auffassung der DDR von ihrer Nation*

Die Diskussion über die deutsche Nation ist durch die Verfassungsänderung der DDR von 1974 aktuell geworden. Diese Verfassungsänderung enthielt die Absage der DDR an die Einheit der deutschen Nation.
Die Abkehr von der Vorstellung von einer einheitlichen deutschen Nation ergibt sich allerdings nicht ausdrücklich aus einer Verfassungsbestimmung. Sie wird aber aus dem Vergleich der alten Verfassung von 1968 mit der neuen, d. h. geänderten, ersichtlich.
In der alten Verfassung war bereits in der Präambel, im ersten Leitsatz, von der Einheit der deutschen Nation ausgegangen worden: »Getragen von der Verantwortung, der ganzen deutschen Nation den Weg in eine Zukunft des Friedens und des Sozialismus zu weisen...«. In Artikel 1 war weiter

134 Vgl. oben, S. 26.

ausgesprochen gewesen, daß die Nation der DDR der deutschen angehöre, und die DDR als »sozialistischer Staat deutscher Nation« definiert worden. Die geänderte Verfassung enthält diese Aussagen nicht mehr.
Die Abkehr von der Vorstellung von einer Einheit der deutschen Nation ist allerdings mit der Verfassungsänderung von 1974 nicht erstmals ersichtlich geworden. Sie ließ sich bereits auf dem VIII. Parteitag 1971 feststellen, in dessen Entschließung wörtlich erklärt wurde: »Zwischen der sozialistischen DDR, in der sich die sozialistische deutsche Nation entwickelt, und der monopol-kapitalistischen BRD, in der die alte bürgerliche Nation existiert, kann und wird es niemals sogenannte ›innerdeutsche Beziehungen‹ geben.«
Der Begriff der sozialistischen Nation ist allerdings in die Verfassung von 1974 nicht auch aufgenommen worden. Er wurde nur in den offiziellen Erklärungen zur Verfassung verwendet und schuf in beiden deutschen Staaten ziemliche Verwirrung. In der DDR versuchte man dieser Verwirrung zunächst mit dem Begriff der »sozialistischen Nation deutscher Nationalität«, später mit dem der »sozialistischen deutschen Nation« zu begegnen. Zum Inhalt des sozialistischen Nationsbegriffs ist eigentlich nie recht Stellung bezogen worden. Die Vorstellung von einer sozialistischen Nation erscheint also nicht ganz ausgereift, zumindest nicht in Zusammenhang mit einer solchen Nation in der DDR.
Geht man den Wurzeln eines solchen Nationsbegriffs in der marxistisch-leninistischen Ideologie nach, so hat man zu unterscheiden zwischen der Auffassung des Marxismus-Leninismus vom Wesen der Nation und der sogenannten sozialistischen Nation:
Die Nation dürfte nach marxistisch-leninistischem Verständnis ethnische und etatistische Momente in sich vereinigen.[135] Sie wird nach Stalin, der insoweit die präziseste Definition liefert,[136] gekennzeichnet durch

1) gemeinsame Sprache (ethnisches Moment),
2) gemeinsames Territorium, d. h. geschlossenes Siedlungsgebiet (etatistisches Moment),
3) gemeinsames Wirtschaftsleben (quasi-ethnisches Moment),
4) gemeinsame Kultur, die durch eine bestimmte psychische Wesensart gekennzeichnet ist, (ethnisches Moment).

Die sozialistische Nation wird nach Lenin[137] und Stalin[138] als das Endziel der Verschmelzung aller Nationen zu einer Weltnation mit einer gemeinsamen Weltsprache verstanden.

135 Zum Nationsbegriff siehe auch oben, S. 48–49.
136 *Stalin,* »Der Marxismus und die nationale und koloniale Frage«, S. 32.
137 Siehe dazu Darstellung bei *Meissner,* »Der sowjetische Nationsbegriff und die Frage des Fortbestands der deutschen Nation«, in: EA 1977, S. 316.
138 Siehe Anm. 136.

Nach der Auffassung von der Nation als einer Menschengemeinschaft mit gemeinsamer Sprache, geschlossenem Siedlungsgebiet, gemeinsamem Wirtschaftsleben und gemeinsamer Kultur könnte sich eine Einheit der deutschen Nation noch erhalten haben. Problematisch ist zwar das Moment des gemeinsamen Wirtschaftslebens. In Hinblick auf die besonderen Bindungen zwischen DDR und Bundesrepublik Deutschland durch den innerdeutschen Handel und Wirtschaftsverkehr könnte man diese Voraussetzung aber noch als gegeben erachten.[139]

Eine sozialistische Nation kann in der DDR nach dem Gesagten jedoch erst in der Entwicklung sein. Die Auffassung der DDR, daß eine einheitliche deutsche Nation nicht mehr bestehe, ist also in Hinblick auf die Entwicklung einer sozialistischen Nation dort schon von der Logik her nicht haltbar. Denn solange eine Nation sich erst entwickelt, ist sie noch keine.

4.2.2. *Auswirkungen der Auffassung der DDR von ihrer Nation für eine Wiedervereinigung auf der Grundlage des Selbstbestimmungsrechts*

Geht man von den obigen Darlegungen aus, so ist die Vorstellung der DDR, daß sich auf ihrem Gebiet die sozialistische Nation entwickle, nicht geeignet, eine Wiedervereinigung auf der Grundlage des Selbstbestimmungsrechts zu verhindern. Solange eine Nation erst in der Entwicklung begriffen ist, kann sie nicht Träger des Selbstbestimmungsrechts sein.

Darüberhinaus hat die weitere Argumentation in der DDR, daß die »sozialistische Nation« dort »deutscher Nationalität« sei, dazu geführt, den status quo ante wieder einzuführen. Denn auch Nationalitäten können Träger des Selbstbestimmungsrechts sein, wenn man die Auffassung vertritt, daß dieses Recht nicht nur synonym mit staatlicher Selbstbestimmung ist.[140]

Der Begriff der sozialistischen Nation gründet sich allerdings letztlich auf die verschiedene Entwicklung der DDR gegenüber der Bundesrepublik Deutschland seit Kriegsende. Durch diese andersartige Entwicklung können die gemeinsame Geschichte, dieein Wesensmerkmal des herkömmlichen Nationsbegriffs ist, sowie die Kulturgemeinschaft und vor allem die ökonomischen Gemeinsamkeiten, die Wesensmerkmale des sowjetischen Nationsbegriffs sind,[141] allmählich in Wegfall geraten. Die Vorstellung von einer Einheit der deutschen Nation und damit auch einer Wiedervereinigung auf der Grundlage des Selbstbestimmungsrechts ist also zumindest in Gefahr.

139 So wohl auch *Meissner,* aaO, S. 322.
140 Vgl. dazu oben, S. 48.
141 Siehe oben, S. 82.

4.2.3. *Auswirkungen der Auffassung der DDR von ihrer Nation für das Verfassungssystem der Bundesrepublik Deutschland*

Grundlage des Verfassungssystems der Bundesrepublik Deutschland ist das Grundgesetz. Dieses spricht in der Präambel von der »nationalen und staatlichen Einheit« des deutschen Volkes. Der Begriff der nationalen Einheit bezieht sich auf das Volk, der der staatlichen Einheit auf das Territorium. Territoriale Einheit bedeutet jedoch auch Einheit der Menschen, die auf diesem Territorium leben und auch leben wollen, d. h. es als ihr Staatsgebiet ansehen.[142]
Das Grundgesetz geht also von einem einheitlichen Staatsvolk aus, das darüberhinaus noch einer einzigen Nation angehört. Die Zugehörigkeit zu einer einzigen Nation läßt sich insofern als untergeordnet ansehen. Denn ein Staatsvolk kann, wie schon gezeigt,[143] sich auch aus verschiedenen Nationen und Nationalitäten zusammensetzen.
Danach aber kommt es letztlich darauf an, ob noch eine staatliche Einheit besteht. In dieser Frage brachten die Ostverträge Unsicherheiten.[144] Nach der Teilordnungslehre aber ergibt sich die staatliche Einheit von selbst.[145] Dementsprechend hat auch das Bundesverfassungsgericht in seinem schon erwähnten Urteil zum Grundvertrag die Auffassung vertreten, daß es lediglich auf die staatliche Einheit ankomme. Deshalb könne »deutsche Nation« nur als Synonym für das »deutsche Staatsvolk« verstanden werden.

4.2.4. *Fazit*

Die Behauptung der DDR, auf ihrem Gebiet die sozialistische Nation zu entwickeln, hat nach obigen Darstellungen, weder irgendwelche Auswirkungen für eine Wiedervereinigung auf der Grundlage des Selbstbestimmungsrechts noch für das Verfassungssystem der Bundesrepublik Deutschland.
Was die Ausübung des Selbstbestimmungsrechts anbelangt, so kann eine erst in der Entwicklung begriffene Nation nicht schon Träger dieses Rechts sein. Abgesehen davon könnte auch eine sozialistische Nation deutscher Nationalität Träger des Selbstbestimmungsrechts für eine Wiedervereinigung sein. Eine Wiedervereinigung auf der Grundlage des Selbstbestimmungsrechts ist allerdings gefährdet, wenn die beiden deutschen Staaten sich weiterhin unterschiedlich entwickeln.

142 Vgl. dazu oben, S. 17.
143 Siehe oben, S. 81.
144 Siehe oben, S. 45–73.
145 Siehe oben, S. 32–33 u. 36–40.

Was das Verfassungssystem der Bundesrepublik Deutschland betrifft, so wird dieses, folgt man der Teilordnungslehre, selbst dann nicht berührt, wenn in der DDR eine andere Nation entstanden ist als in der Bundesrepublik. Denn das Grundgesetz geht letztlich von der Einheit des Staatsvolkes aus. Diese aber ist nach der Teilordnungslehre zu bejahen.

4.3. *Zur Frage einer einheitlichen deutschen Staatsangehörigkeit*

Die Frage nach einer einheitlichen deutschen Staatsangehörigkeit stellt ein äußerst schwieriges juristisches Problem dar, das im Rahmen dieser Arbeit nur kurz angerissen werden kann.
Die Problematik gründet sich im wesentlichen darauf, daß die DDR ein eigenes Staatsbürgerschaftsgesetz erlassen hat,[146] das sich auf die Bürger der DDR bezieht, also eine DDR-Staatsbürgerschaft regelt, während in der Bundesrepublik Deutschland das alte Reichs- und Staatsangehörigkeitsgesetz, wenn auch mit verschiedenen Novellierungen, weitergilt. Besonders akut wurde die Problematik, als die DDR durch Gesetz vom 16. Oktober 1972, also kurz vor Unterzeichnung des Grundvertrages, diejenigen ihrer Staatsbürger, die in die Bundesrepublik übergewechselt waren, sowie deren Abkömmlinge der DDR-Staatsbürgerschaft für verlustig erklärte. Die DDR machte damit deutlich, daß die DDR-Staatsbürgerschaft eine andere als die deutsche Staatsangehörigkeit nach dem Reichs- und Staatsangehörigkeitsgesetz sein soll.
Eine solche Auffassung geht zwar mit der Zwei-Staaten-Theorie konform. Mit der These vom Fortbestand des Deutschen Reiches in seinen Grenzen vom 31. Dezember 1937 läßt sie sich aber nur mit einigen Schwierigkeiten in Einklang bringen. Denn geht man vom Fortbestand des Deutschen Reiches und einem einheitlichen deutschen Staatsvolk aus, das sich lediglich verschieden organisiert hat, so dürfte es an und für sich auch nur eine einheitliche deutsche Staatsangehörigkeit geben. Man hat das Dilemma auf verschiedene Weise zu lösen versucht, wobei es etwas darauf ankommt, was man unter Staatsangehörigkeit versteht, was man als das Wesentliche der Staatsangehörigkeit annimmt.

4.3.1. *Zum Wesen der Staatsangehörigkeit*

Staatsangehörigkeit wird unterschiedlich definiert. Dabei lassen sich in den Definitionen im wesentlichen zwei Aspekte erkennen. Einmal wird Staatsange-

146 Siehe Dokument Nr. 5.4.2.2.

hörigkeit als Rechtsverhältnis zwischen dem Staat und den mit ihm enger verbundenen Personen gesehen.[147] Ein andermal wird sie als rechtliche Eigenschaft bezeichnet, aus der sich für die Mitglieder eines sozialen Verbandes bestimmte Rechte und Pflichten ergeben.[148]
In den verschiedenen Definitionen ist allerdings kein echter Widerspruch zu erkennen; sie ergänzen sich eher. Zusammenfassend läßt sich die Staatsangehörigkeit wohl am treffendsten als Mitgliedschaft in einem bestimmten Staatsverband definieren, aufgrund deren der einzelne Mensch zum Staat in einem öffentlich-rechtlichen Rechtsverhältnis steht, das von seinem eigenen Staat wie auch von dritten Staaten anerkannt wird und aus dem gegenüber dem eigenen Staat bestimmte Rechte und Pflichten resultieren.
Wesentlich ist, daß die Staatsangehörigkeit danach sowohl einen inneren als auch einen äußeren Aspekt hat:[149]
Staatsangehörigkeit nach innen bedeutet im wesentlichen, daß der einzelne Mensch der Rechtsordnung des Staates, dessen Mitglied er ist, unterworfen ist. Staatsangehörigkeit nach außen heißt vor allem, von der Personalhoheit jedes anderen Staates frei zu sein, von dem eigenen Staat gegenüber anderen Staaten geschützt zu werden und für den eigenen Staat eine Haftung gegenüber anderen Staaten bei Vorliegen gewisser Voraussetzungen herbeizuführen.

4.3.2. *Beurteilungen des Staatsbürgerschaftsgesetzes der DDR*

Würde man nur den inneren Aspekt der Staatsbürgerschaft genügen lassen, wie dies nach der Definition der Staatsangehörigkeit als Eigenschaft, aus der sich bestimmte Rechte und Pflichten ergeben, vielleicht zulässig sein mag, so ließe sich die DDR-Staatsbürgerschaft u.U. mit dem Fortbestand eines einheitlichen deutschen Staatsvolkes noch vereinbaren; die Eigenschaft bezöge sich dann nur auf die Teilordnung DDR.
Berücksichtigt man jedoch auch den äußeren Aspekt der Staatsangehörigkeit, so stößt die Beurteilung der DDR-Staatsbürgerschaft in Hinblick auf den Fortbestand des Deutschen Reiches, wie schon gesagt, auf Schwierigkeiten. Man findet dementsprechend eine Unzahl von Arbeiten zu diesem Thema,[150] von denen nur die wesentlichen Meinungen hier wiedergegeben werden sollen.
Zum Teil hat man versucht, das Staatsbürgerschaftsgesetz der DDR in Hinblick auf den Fortbestand des Deutschen Reiches und eines einheitlichen deutschen Staatsvolkes für unbeachtlich zu erklären.

147 Im einzelnen hierzu *Dahm*, Völkerrecht I, S. 444.
148 Ibid.
149 Vgl. *Berber*, »Lehrbuch des Völkerrechts«, Bd. I, S. 354.
150 Siehe Zusammenstellung der Meinungen bei *Mahnke*, in: DA 1/1979, S. 63–64.

Zum Teil hat man das DDR-Staatsbürgerschaftsgesetz als Verletzung des sogenannten ordre public, das meint als Verstoß gegen die guten Sitten oder den Zweck der deutschen Rechtsordnung, gewertet und deshalb für unwirksam erklärt.
Wieder andere haben dem Staatsbürgerschaftsgesetz nur innerstaatliche Bedeutung zuerkannt und Parallelen in der Landeszugehörigkeit, d. h. der Zugehörigkeit zu einem autonomen Land eines Bundesstaates, gesehen.
Eine weitere Ansicht wiederum geht dahin, daß nur mehr eine rudimentäre Staatsangehörigkeit des Deutschen Reiches bestehe, so daß die beiden deutschen Staaten trotz Fortbestand des Deutschen Reiches eigene Staatsangehörigkeitsregelungen, gleichsam zur Beseitigung der durch die Rudimente entstandenen Lücken, treffen können.

4.3.3. *Beurteilungsmöglichkeiten nach dem Grundlagenvertrag*

Nach dem Grundvertrag wurde die DDR von der Bundesrepublik Deutschland als eigene staatliche Organisation anerkannt dergestalt, daß sie gegenüber dritten Staaten sogar als voll souverän und nur gegenüber dem als Dach fortbestehenden Deutschen Reich und damit auch gegenüber der Bundesrepublik Deutschland nicht als eigenständiger Staat angesehen werden soll. Das bedeutet, daß die DDR auch in allen ihren staatlichen Funktionsausübungen, wie etwa auch der Gesetzgebung, von der Bundesrepublik akzeptiert wurde. Die Annahme, das DDR-Staatsbürgerschaftsgesetz sei unbeachtlich oder ungültig, dürfte danach also nicht haltbar sein.
Man kann aber auch nicht ohne weiteres die Ansicht vertreten, das DDR-Staatsbürgerschaftsgesetz sei nur gegenüber der Bundesrepublik unbeachtlich, gegenüber dritten Staaten voll wirksam. In Hinblick auf den inneren Aspekt der Staatsbürgerschaft könnte dann etwa die Bundesrepublik Deutschland DDR-Bürger zur allgemeinen Wehrpflicht heranziehen oder müßte für DDR-Bürger im Ausland haften, wenn diese sich wegen der Haftung etwa aus einem Verkehrsunfall mit dem Hinweis auf die Einheitlichkeit des deutschen Staatsvolkes an bundesrepublikanische Auslandsvertretungen wenden würden.
Die Annahme von nur mehr rudimentär fortbestehenden Staatsangehörigkeitsregelungen des Deutschen Reiches mit der Folge, daß neue Staatsangehörigkeitsregelungen getroffen werden dürften, geht eigentlich davon aus, daß die von den beiden deutschen Staaten getroffenen Staatsangehörigkeitsregelungen mehr ergänzenden Inhalt haben. Das Staatsbürgerschaftsgesetz der DDR soll aber gerade einen neuen Status der DDR-Bevölkerung kenntlich machen.

Auf dem Boden der Teilordnungslehre und unter Berücksichtigung der Rechtslage, wie sie durch den Grundvertrag, vor allem aber auch die Anerkennung der DDR durch die West-Alliierten geschaffen wurde, erscheinen eigentlich nur zwei Interpretationsmöglichkeiten der DDR-Staatsbürgerschaft rechtslogisch haltbar und zugleich einigermaßen praktikabel:

1) Man kann die DDR-Staatsbürgerschaft als Teilordnungszugehörigkeit sehen dergestalt, daß sie in Inhalt und Funktion in etwa einer Landeszugehörigkeit, d. h. der Staatsangehörigkeit eines autonomen Landes in einem Bundesstaat, entspricht.

   Hinsichtlich der Staatsangehörigkeit der Bundesrepublik könnte man dann entweder ebenfalls eine bloße Teilordnungszugehörigkeit annehmen. Zwar ist die Staatsangehörigkeit der Bundesrepublik im fortgeltenden Reichs- und Staatsangehörigkeitsgesetz geregelt. Doch läßt sich in Hinblick auf die zahlreichen Novellierungen des Staatsangehörigkeitsrechts in der Bundesrepublik u. U. ebenfalls von einer eigenen Bundeszugehörigkeit im Gegensatz zur Reichsangehörigkeit sprechen.

   Beide Teilordnungszugehörigkeiten würden dann – wiederum entsprechend Inhalt und Funktion von Landeszugehörigkeiten – die Reichsangehörigkeit vermitteln.

   Man könnte hinsichtlich der Staatsangehörigkeit das Verhältnis der beiden deutschen Teilordnungen zum Reichsdach aber auch entsprechend dem sogenannten asymmetrischen Modell eines Bundesstaates (Beispiel: ČSSR von 1948 bis 1968) behandeln.

   Das heißt in etwa, daß eines der Länder bzw. eine der beiden Teilordnungen, hier die Bundesrepublik, in ihren gesetzlichen Regelungen dem Gesamtstaat entspricht und nur das andere Land bzw. die andere Teilordnung, hier die DDR, auf der Grundlage einer eigenen gesetzlichen Regelung tätig wird.

   In diesem Fall wäre die Teilordnungszugehörigkeit der Bundesrepublik Deutschland identisch mit der Reichszugehörigkeit, die Teilordnungszugehörigkeit der DDR würde die Reichsangehörigkeit vermitteln.

2) Man könnte bei der DDR-Staatsbürgerschaft aber auch eine Staatsangehörigkeit auf Widerruf annehmen.

   Eine solche Ansicht ist zwar bislang, soweit ersichtlich, noch nicht laut geworden. Eine solche Staatsangehörigkeit wäre aber in der Rechtsordnung nicht unbekannt. Es gibt Staaten die einzelnen ihrer Bürger ausdrücklich nur eine widerrufliche Staatsangehörigkeit verleihen.[151] Betrachtet man in Hinblick auf das fortbestehende Deutsche Reich die DDR nur als Teilord-

151 Dazu *Makarov*, »Allgemeine Lehren des Staatsangehörigkeitsrechts«, S. 53–55.

nung und die Bestimmungen des Grundvertrages sowie die Anerkennung der DDR durch die Westmächte nur als Provisoria in Erwartung eines endgültigen künftigen Friedensvertrages, so lassen sich aber auch die beiden deutschen Teilordnungen und sämtliche ihrer staatlichen Aktivitäten einschließlich des Erlasses von Staatsbürgerschaftsgesetzen usw. zwangsläufig ebenfalls nur als Provisoria, als Regelungen auf Zeit bis zum Abschluß dieses Friedensvertrages werten, auch ohne daß dies bei jeder einzelnen staatlichen Handlung oder jedem einzelnen Gesetzgebungsakt ausdrücklich gesagt werden müßte und auch unabhängig davon, ob die einzelne deutsche Teilordnung dies will oder nicht.

5. Dokumente

5.1 *Dokumente in bezug auf »Deutschland als Ganzes«*

5.1.1 *Pläne der Alliierten bei endgültiger Niederlage Deutschlands*

5.1.1.1 *Gemeinsame Erklärung des Präsidenten der Vereinigten Staaten von Amerika und des britischen Premierministers über Friedensziele (Atlantik-Charta) (14. 8. 1941) – Auszug –*

Der Präsident der Vereinigten Staaten und Premierminister Churchill als Vertreter Seiner Majestät Regierung des Vereinigten Königreiches trafen sich auf See.
Sie haben die Gefahren betrachtet, die der Weltzivilisation aus der Politik der auf Eroberungen beruhenden Militärherrschaft drohen, welche die Hitlerregierung Deutschlands und andere mit ihr verbündete Regierungen eingeschlagen haben; sie haben ferner die Schritte klargestellt, die ihre beiden Länder im Hinblick auf diese Gefahren zu ihrer Sicherheit unternehmen wollen.
Sie einigten sich auf folgende gemeinsame Erklärung:
Der Präsident der Vereinigten Staaten und Premierminister Churchill als Vertreter Seiner Majestät Regierung des Vereinigten Königreiches halten es nach gemeinsamer Besprechung für richtig, gewisse allgemeine Grundsätze der nationalen Politik ihrer beiden Länder bekannt zu machen, auf die sie ihre Hoffnung auf eine bessere Zukunft für die Welt gründen:
1. Ihre Länder erstreben keinerlei Gebiets- oder sonstige Vergrößerung;
2. Sie wünschen keine Gebietsveränderungen, die nicht mit den frei zum Ausdruck gebrachten Wünschen der betreffenden Völker übereinstimmen;
...

5.1.1.2 *Gemeinsame Erklärung über die Konferenz von Teheran vom 28. November bis 1. Dezember 1943 (1. 12. 1943) – Auszug –*

Wir, der Präsident der Vereinigten Staaten von Amerika, der Premierminister Großbritanniens und der Premier der Sowjetunion, trafen uns während der vergangenen vier Tage in dieser Hauptstadt unseres Verbündeten Iran und legten unsere gemeinsame Politik erneut fest und bestätigten sie.

Wir brachten unsere Entschlossenheit zum Ausdruck, daß unsere Nationen im Kriege und in dem ihm folgenden Frieden zusammenarbeiten werden.
Was den Krieg anbetrifft, so haben unsere militärischen Stäbe an unseren Besprechungen am runden Tisch teilgehabt, und wir besprachen unsere Pläne zur Vernichtung der deutschen Truppen. Wir erreichten völlige Übereinstimmung über den Umfang und Zeitpunkt der Operationen, die von Osten, Westen und Süden unternommen werden.
...

5.1.1.3 *Protokoll zwischen den Vereinigten Staaten, Großbritannien und der Sowjetunion über die Besatzungszonen in Deutschland und die Verwaltung von Groß-Berlin (Londoner Protokoll) (12. 9. 1944)*

Die Regierungen der Vereinigten Staaten von Amerika, des Vereinigten Königreichs von Großbritannien und Nord-Irland und der Union der Sozialistischen Sowjetrepubliken haben folgendes Abkommen im Hinblick auf die Ausführungen des Artikels 11 der Urkunde der bedingungslosen Kapitulation Deutschlands geschlossen:

1. Deutschland wird innerhalb seiner Grenzen, wie sie am 31. Dezember 1937 bestanden, zum Zwecke der Besetzung in drei Zonen eingeteilt, von denen je eine einer der drei Mächte zugewiesen wird, und ein besonderes Berliner Gebiet, das der gemeinsamen Besatzungshoheit der drei Mächte unterworfen wird.

2. Die Grenzen der drei Zonen und des Berliner Gebiets und die Verteilung der drei Zonen unter die USA, das UK und die UdSSR werden wie folgt festgelegt:

Ostzone

Das Gebiet Deutschlands (einschließlich der Provinz Ostpreußen), das östlich der Linie liegt, die ihren Anfang nimmt an dem Punkt in der Bucht von Lübeck, an dem die Grenzen von Schleswig-Holstein und Mecklenburg zusammentreffen, entlang der Westgrenze von Mecklenburg zur Grenze der Provinz Hannover verläuft und weiter entlang der Ostgrenze von Hannover zur Grenze von Braunschweig, entlang der Westgrenze der preußischen Provinz Sachsen zur Westgrenze Anhalts, entlang der Westgrenze Anhalts, entlang der Westgrenze der preußischen Provinz Sachsen und der Westgrenze Thüringens, bis diese auf die Grenze Bayerns stößt und dann entlang der Nordgrenze Bayerns bis zur Grenze der Tschechoslowakei vom Jahre 1937 führt, wird von den Streitkräften der UdSSR besetzt, mit Ausnahme des Gebietes Berlin, wofür nachstehend eine Sonderform der Besatzung festgesetzt wird.

Nordwest-Zone

Das Gebiet Deutschlands, das westlich der oben bezeichneten Linie liegt und im Süden von einer Linie begrenzt wird, die von dem Treffpunkt der Westgrenze von Thüringen mit der Grenze Bayerns westwärts entlang der Südgrenzen der preußischen Provinzen Hessen-Nassau und Rheinprovinz bis dahin gezogen ist, wo die letztere auf die Grenzen Frankreichs trifft, wird besetzt von den Streitkräften (von).....

Südwest-Zone

Das restliche Gebiet Westdeutschlands, das südlich der in der Beschreibung der Nordwest-Zone festgelegten Linie liegt, wird besetzt von Streitkräften (von).....

Die Grenzen der Länder und Provinzen innerhalb Deutschlands, auf die in den vorstehenden Beschreibungen der Zonen verwiesen wurde, sind diejenigen, die nach Inkrafttreten der Verordnung vom 25. Juni 1941 (veröffentlicht im Reichsgesetzblatt Teil I Nr. 72 vom 3. Juli 1941) bestanden haben.

Gebiet Berlin

Das Gebiet Berlin (unter diesem Ausdruck wird das Gebiet von Groß-Berlin im Sinne des Gesetzes vom 27. April 1920 verstanden) wird gemeinsam von den durch die entsprechenden Oberkommandierenden dazu bestimmten Streitkräfte der USA, des UK und der UdSSR besetzt. Zu diesem Zweck wird das Gebiet von Groß-Berlin in die folgenden drei Teile eingeteilt:

Nordöstlicher Teil Groß-Berlins (Bezirke Pankow, Prenzlauer Berg, Mitte, Weißensee, Friedrichshain, Lichtenberg, Treptow, Köpenick) wird besetzt von den Streitkräften der UdSSR;

Nordwestlicher Teil Groß-Berlins (Bezirke Reinickendorf, Wedding, Tiergarten, Charlottenburg, Spandau, Wilmersdorf) wird besetzt von den Streitkräften (von).....

Südlicher Teil Groß-Berlins (Bezirke Zehlendorf, Steglitz, Schöneberg, Kreuzberg, Tempelhof, Neukölln) wird besetzt von den Streitkräften (von).....
Die Grenzen der Bezirke innerhalb Groß-Berlins, auf die in den vorhergehenden Beschreibungen verwiesen wurde, sind diejenigen, die nach Inkrafttreten der am 27. März 1938 veröffentlichten Satzung (Amtsblatt der Reichshauptstadt Berlin Nr. 13 vom 27. März 1938, Seite 215) bestanden.
3. Die Besatzungsstreitkräfte in jeder der drei Zonen, in die Deutschland eingeteilt wird, unterstehen einem Oberbefehlshaber, der von der Regierung desjenigen Landes, dessen Streitkräfte die betreffende Zone besetzen, bestimmt wird.
4. Jede der drei Mächte kann nach ihrem Ermessen in die für Besatzungspflichten zugewiesenen Streitkräfte unter dem Kommando ihres Oberbefehlshabers Hilfskontingente von Streitkräften anderer alliierter Mächte, die an militärischen Operationen gegen Deutschland teilgenommen haben, einbeziehen.
5. Eine Interalliierte Regierungsbehörde (Kommendantura), bestehend aus drei von ihren entsprechenden Oberbefehlshabern ernannten Kommandanten, wird zur gemeinsamen Leitung der Verwaltung des Gebietes Groß-Berlin errichtet.
6. Dieses Protokoll ist in dreifacher Ausfertigung in englischer und russischer Sprache abgefaßt. Beide Texte sind authentisch. Das Protokoll tritt bei Unterzeichnung der Urkunde der bedingungslosen Kapitulation durch Deutschland in Kraft.
Der obige Text des Protokolls zwischen den Regierungen der Vereinigten Staaten von Amerika, des Vereinigten Königreichs und der Union der Sozialistischen Sowjetrepubliken über die Besatzungszonen von Deutschland und die Verwaltung von Groß-Berlin ist von der Europäischen Beratenden Kommission bei der am 12. September 1944 abgehaltenen Sitzung ausgearbeitet und einstimmig angenommen worden mit Ausnahme der Verteilung der nordwestlichen und der südwestlichen Besatzungszonen in Deutschland und der nordwestlichen und südlichen Teile Groß-Berlins, die einer weiteren Prüfung und eines weiteren Übereinkommens der USA, des UK und der UdSSR bedarf.

5.1.1.4 *Abkommen über Ergänzungen zum Protokoll vom 12.4.1944 über die Besatzungszonen in Deutschland und die Verwaltung von Groß-Berlin (14.11.1944)*

1. An Stelle der Beschreibung der Nordwest-Zone, die in § 2 des obenerwähnten Protokolls gegeben ist, wird die Nordwest-Zone wie folgt beschreieben:
›Nordwest-Zone:
Das Gebiet von Deutschland, das westlich von der Linie liegt, die in der Beschreibung der Ostzone definiert ist, und das im Süden begrenzt wird durch eine Linie, die gezogen wird von dem Punkt, wo die Grenze zwischen den preußischen Provinzen Hannover und Hessen-Nassau die westliche Grenze der preußischen Provinz Sachsen berührt, von dort entlang der südlichen Grenze von Hannover, von dort entlang der nordwestlichen, westlichen und südlichen Grenzen von Hessen-Nassau bis zu dem Punkt, wo der Rhein letzteres verläßt, von dort entlang der Mittellinie des schiffbaren Kanals des Rheines bis zu dem Punkt, wo er Hessen-Darmstadt verläßt, von dort entlang der westlichen Grenze von Baden bis zu dem Punkt, wo diese Grenze französisch-deutsche Grenze wird, wird von bewaffneten Streitkräften des Vereinigten Königreichs besetzt werden.‹
2. An Stelle der Beschreibung der Südwest-Zone, die in § 2 des obenerwähnten Protokolls gegeben ist, wird die Südwest-Zone wie folgt beschrieben:
›Südwest-Zone:
Das Gebiet von Deutschland, das südlich einer Linie liegt, die am Zusammentreffen der Grenzen von Sachsen, Bayern und der Tschechoslowakei beginnt und sich westlich

erstreckt entlang der nördlichen Grenzen von Bayern zum Zusammentreffen der Grenzen von Hessen-Nassau, Thüringen und Bayern, von dort nördlich, westlich und südlich entlang der östlichen, nördlichen, westlichen und südlichen Grenzen von Hessen-Nassau zu dem Punkt, wo der Rhein die südlichen Grenzen von Hessen-Nassau verläßt, von dort südlich entlang der Mittellinie des schiffbaren Kanals des Rheines bis zu dem Punkt, wo er Hessen-Darmstadt verläßt, von dort entlang der westlichen Grenze von Baden bis zu dem Punkt, wo diese Grenze französisch-deutsche Grenze wird, wird von bewaffneten Streitkräften der Vereinigten Staaten von Amerika besetzt werden.‹

3. Der folgende zusätzliche Paragraph wird nach der Beschreibung der Südwest-Zone eingefügt:

›Zum Zweck der Erleichterung von Verbindungen zwischen der Südwest-Zone und der See wird der Oberkommandierende der Streitkräfte der Vereinigten Staaten in der Südwest-Zone

(a) eine solche Kontrolle über die Häfen von Bremen und Bremerhaven und die notwendigen Stapelplätze in deren Nachbarschaft ausüben, wie es künftig von den Militärbehörden des Vereinigten Königreiches und der Vereinigten Staaten für seine Zwecke als notwendig erachtet werden wird;

(b) solche Transit-Erleichterungen durch die Nordwest-Zone genießen, wie es künftig von den Militärbehörden des Vereinigten Königreiches und der Vereinigten Staaten für seine Zwecke als notwendig erachtet werden wird.‹

4. Am Ende der Beschreibung des Nordwest-Teils von Groß-Berlin, wie sie in § 2 des obenerwähnten Protokolls gegeben ist, werden die folgenden Worte eingefügt:

›Das Vereinigte Königreich‹.

5. Am Ende der Beschreibung des südlichen Teils von Groß-Berlin, wie sie in § 2 des obenerwähnten Protokolls gegeben ist, werden die folgenden Worte eingefügt:

›Die Vereinigten Staaten von Amerika‹.

6. Im englischen Text des Sub-Paragraphen in § 2 des obenerwähnten Protokolls, der mit den Worten ›Die Grenzen der Länder (Länder) und Provinzen‹ beginnt, werden die Worte ›Beschreibungen der Zonen (to the zones)‹ geändert in ›Beschreibungen der Zonen (of the zones)‹.

Der vorstehende Text des Übereinkommens betreffend Ergänzungen zum Protokoll vom 12. September 1944 zwischen den Regierungen der Vereinigten Staaten von Amerika, des Vereinigten Königreiches und der UdSSR über die Besatzungszonen in Deutschland und die Verwaltung von ›Groß-Berlin‹ wurde vorbereitet und einstimmig angenommen von der Europäischen Beratungskommission bei einer Sitzung am 14. November 1944.

Für den Vertreter der Regierung der USA
bei der Europäischen Beratungskommission:
Ph. Mosely
Vertreter der Regierung des Vereinigten Königreiches
bei der Europäischen Beratungskommission
William Strang
Vertreter der Regierung der UdSSR
bei der Europäischen Beratungskommission:
F. Gusev
Lancaster House, London S. W. 1. 14. November 1944.

5.1.1.5 *Abkommen über Kontrolleinrichtungen in Deutschland (14. 11. 1944)*

Die Regierungen der Vereinigten Staaten von Amerika, des Vereinigten Königreiches von Großbritannien und Nordirland und der UdSSR haben das folgende Abkommen betreffend die Organisation des Alliierten Kontrollmechanismus in Deutschland in der Periode, während welcher Deutschland die grundsätzlichen Bedingungen der bedingungslosen Kapitulation erfüllen wird, abgeschlossen:

Art. 1
Oberste Autorität in Deutschland werden auf Anweisungen ihrer betreffenden Regierungen die Oberkommandierenden der bewaffneten Streitkräfte der Vereinigten Staaten von Amerika, des Vereinigten Königreiches und der Union der Sozialistischen Sowjetrepubliken, jeder in seiner eigenen Besatzungszone, und gemeinsam in Angelegenheiten, die Deutschland als Ganzes betreffen, in ihrer Eigenschaft als Mitglieder des Obersten Kontrollorgans, das durch das vorliegende Abkommen konstituiert wird, ausüben.

Art. 2
Jeder Oberkommandierende wird in seiner Besatzungszone Militär-, Marine- und Luftwaffenvertreter der anderen beiden Oberkommandierenden für Verbindungszwecke attachiert haben.

Art. 3
(a) Die drei Oberkommandierenden werden, indem sie zusammen als eine Behörde arbeiten, ein Oberstes Kontrollorgan konstituieren, das Kontrollrat heißt.
(b) Die Funktionen des Kontrollrats werden sein:
  (i) angemessene Handlungsgemeinschaft der Oberkommandierenden in ihren betreffenden Besatzungszonen zu sichern:
  (ii) Pläne anzuregen und durch Übereinkommen Entscheidungen über die hauptsächlichen militärischen, politischen, wirtschaftlichen und anderen Deutschland als Ganzes betreffenden Fragen auf der Basis der Instruktionen, die jeder Oberkommandierende von seiner Regierung erhält, zu erreichen;
  (iii) die deutsche Verwaltung zu kontrollieren, die unter der Leitung des Kontrollrates arbeiten wird und ihm für die Sicherstellung der Entsprechung seiner Forderungen verantwortlich ist;
  (iv) die Verwaltung von »Groß-Berlin« durch entsprechende Organe zu lenken.
(c) Der Kontrollrat wird wenigstens einmal in 10 Tagen zusammentreten; er wird zu jeder Zeit auf Wunsch irgendeines seiner Mitglieder zusammentreten. Entscheidungen des Kontrollrates sollen einstimmig sein. Den Vorsitz des Kontrollrates werden abwechselnd die drei Mitglieder führen.
(d) Jedem Mitglied des Kontrollrates wird ein politischer Berater beiseite stehen, der wenn nötig, den Treffen des Kontrollrates beiwohnen wird. Jedes Mitglied des Kontrollrates kann auch, wenn nötig, bei Treffen des Rates von Marine- oder Luftwaffenberatern assistiert werden.

Art. 4
Ein ständiges Koordinationskomitee wird unter dem Kontrollrat eingerichtet werden, das sich aus je einem Vertreter jedes der drei Oberkommandierenden von nicht niedrigerem Rang als dem eines Generals oder der Entsprechung bei den Marine- oder Luftstreitkräften zusammensetzt. Mitglieder des Koordinationskomitees werden, wenn nötig, den Treffen des Kontrollrates beiwohnen.

Art. 5
Die Pflichten des Koordinationskomitees, das im Namen des Kontrollrats und durch den Kontrollstab handelt, schließen ein:
(a) Ausführung der Entscheidungen des Kontrollrates;
(b) Tägliche Überwachung und Kontrolle der Tätigkeit der deutschen Zentralverwaltung und Institutionen;
(c) Koordinierung aktueller Probleme, die gemeinsamer Maßnahmen in allen drei Zonen bedürfen;
(d) Vorbereitende Untersuchung und Vorbereitung aller Fragen für den Kontrollrat, die diesem von einzelnen Oberkommandierenden vorgelegt werden.

Art. 6
(a) Die Mitglieder des Kontrollstabes, die von ihren entsprechenden nationalen Behörden bestimmt werden, werden in folgenden Abteilungen organisiert:
Armee; Marine; Luftwaffe; Transport; Politik; Wirtschaft; Finanz; Reparation, Verteilung und Restitution; innere Angelegenheiten und Verkehrswesen; Strafwesen; Kriegsgefangene und Displaced Persons; Arbeitskräfte.
Korrekturen der Zahl und der Funktionen der Abteilungen können im Licht der Erfahrungen vorgenommen werden.
(b) Jede Abteilung werden drei Offiziere hohen Ranges leiten, je einer von einer Macht. Die Aufgaben der drei Leiter jeder Abteilung, die gemeinsam handeln, schließen ein:
(i) Kontrolle über die entsprechenden deutschen Ministerien und die entsprechenden deutschen zentralen Institutionen auszuüben;
(ii) als Ratgeber für den Kontrollrat zu wirken und, wenn nötig, dessen Treffen beizuwohnen;
(iii) der deutschen Zentralverwaltung die Entscheidungen des Kontrollrates, die durch das Koordinationskomitee übermittelt werden, weiterzuleiten.
(c) Die drei Abteilungsleiter werden den Treffen des Koordinationskomitees bei allen Tagesordnungspunkten, die die Arbeit ihrer Abteilung betreffen, beiwohnen.
(d) Die Stäbe der Abteilungen können ebensowohl Zivilisten wie Militärpersonen umfassen. Sie können in Spezialfällen auch Angehörige anderer Nationen der Vereinten Nationen, die aufgrund ihrer persönlichen Kapazität bestellt wurden, umfassen.

Art. 7
(a) Eine interalliierte Regierungsbehörde (Kommendatura) aus drei Kommandanten, von jeder Macht einer, die von den betreffenden Oberkommandierenden ernannt werden, wird eingerichtet, um gemeinsam die Verwaltung des Gebietes von »Groß-Berlin« zu leiten. Jeder der Kommandanten wird abwechselnd, als Chefkommandant, als Leiter der interalliierten Regierungsbehörde fungieren.
(b) Ein technischer Stab, der aus Personal von jeder der Drei Mächte bestehen wird, wird unter der interalliierten Regierungsbehörde eingerichtet, und zwar zum Zweck der Überwachung und der Kontrolle der Tätigkeiten der lokalen Organe von »Groß-Berlin«, die für ihre städtischen Dienste verantwortlich sind.
(c) Die interalliierte Regierungsbehörde wird unter der allgemeinen Leitung des Kontrollrates arbeiten und Anweisungen durch das Koordinationskomitee empfangen.

Art. 8
Die notwendige Verbindung mit den Regierungen anderer Mitgliedstaaten der Vereinten Nationen, die hauptsächlich interessiert sind, wird dadurch sichergestellt, daß diese Regierungen Militärmissionen (die auch zivile Mitglieder umfassen können) beim Kontrollrat ernennen und durch angemessene Kanäle Zutritt zu den Kontrollorganen haben.

Art. 9
Organisationen der Vereinten Nationen, die vom Kontrollrat zu einer Tätigkeit in Deutschland zugelassen werden, werden betreffend ihre Tätigkeit in Deutschland dem alliierten Kontrollmechanismus untergeordnet und ihm verantwortlich sein.

Art. 10
Die alliierten Organe für die Kontrolle und Verwaltung von Deutschland, die vorstehend bezeichnet sind, werden während der Eingangsperiode der Besetzung von Deutschland unmittelbar nach der Kapitulation tätig sein, d. h. während der Periode, in welcher Deutschland die grundsätzlichen Forderungen der bedingungslosen Kapitulation ausführt.

Art. 11
Die Frage Alliierter Organe, die für die Ausübung der Funktionen von Kontrolle und Verwaltung in Deutschland zu einem späteren Zeitpunkt notwendig sind, wird Objekt eines eigenen Abkommens zwischen den Regierungen der Vereinigten Staaten von Amerika, des Vereinigten Königreiches und der Union der Sozialistischen Sowjetrepubliken sein.
Der vorstehende Text des Abkommens über den Kontrollmechanismus in Deutschland zwischen den Regierungen der Vereinigten Staaten von Amerika, des Vereinigten Königreichs und der Union der Sozialistischen Sowjetrepubliken wurde vorbereitet und einstimmig angenommen von den Vertretern der USA, des Vereinigten Königreiches und der UdSSR bei der Europäischen Beratungskommission während eines Treffens am 14. November 1944 und wird nun den entsprechenden Regierungen zur Zustimmung übermittelt.

Für den Vertreter der Regierung der USA
bei der Europäischen Beratungskommission:
Philip E. Mosely
Vertreter der Regierung des Vereinigten Königreiches
bei der Europäischen Beratungskommission:
William Strang
Vertreter der Regierung der UdSSR
bei der Europäischen Beratungskommission:
F. Gusev
Lancaster House, London SW 1. 14. November 1944.

5.1.1.6 *Bericht über die Krimkonferenz (Konferenz von Jalta) (11. 2. 1945) – Auszug –*

Während der letzten acht Tage trafen sich Winston S. Churchill, Premierminister von Großbritannien, Franklin D. Roosevelt, Präsident der Vereinigten Staaten von Amerika und Marschall J. W. Stalin, Vorsitzender des Rates der Volkskommissare der Union der sozialistischen Sowjetrepubliken mit den Außenministern, Stabschefs und anderen Beratern auf der Krim.
Außer den drei Regierungschefs nahmen noch folgende an der Konferenz teil: .....

Die folgende Erklärung wird durch den Premierminister von Großbritannien, den Präsidenten der Vereinigten Staaten von Amerika und den Vorsitzenden des Rates der Volkskommissare der Union der sozialistischen Sowjetrepubliken als Ergebnis der Krimkonferenz abgegeben:

I.
Wir haben die militärischen Pläne der drei alliierten Mächte für die endgültige Niederlage des gemeinsamen Feindes beraten und entschieden. Die militärischen Stäbe der drei alliierten Völker haben sich in täglichen Zusammenkünften während der ganzen Konferenz getroffen. Die Zusammenkünfte waren von jedem Standpunkt aus gesehen äußerst befriedigend und haben eine engere Koordinierung der militärischen Anstrengungen der drei Alliierten zur Folge gehabt, als je vorher. Die vollsten Informationen wurden ausgetauscht. Der Zeitpunkt, der Umfang und die Koordinierung neuer und noch kräftigerer Schläge, welche unsere Armeen und Luftstreitkräfte in das Herz Deutschlands von Osten, Westen, Norden und Süden her vortragen werden, wurden restlos beschlossen und im Detail geplant.
Unsere gemeinsamen militärischen Pläne werden erst bei ihrer Ausführung bekanntgegeben werden, aber wir sind überzeugt, daß die sehr enge gemeinsame Zusammenarbeit zwischen den drei Stäben, welche bei dieser Konferenz erreicht wurde, eine Verkürzung des Krieges ergeben wird. Zusammenkünfte der drei Stäbe werden in der Zukunft fortgesetzt werden, wann immer es nötig ist.
Nazideutschland ist zum Untergang verurteilt. Das deutsche Volk wird den Preis seiner Niederlage nur sich selbst erhöhen, wenn es versucht, einen hoffnungslosen Widerstand fortzusetzen.

II. Die Besetzung und Kontrolle Deutschlands
Wir haben uns über eine gemeinsame Politik und Pläne für die Durchführung der Regeln einer bedingungslosen Übergabe, welche wir zusammen Nazi-Deutschland aufzwingen werden, nachdem der deutsche bewaffnete Widerstand restlos gebrochen sein wird, geeinigt. Diese Regeln werden erst bekanntgegeben werden, bis die endgültige Niederlage Deutschlands erreicht ist. Der angenommene Plan sieht vor, daß die Streitkräfte der drei Mächte je eine separate Zone Deutschlands besetzen werden. Eine koordinierte Administration und Kontrolle wurde im Plan durch eine zentrale Kontrollkommission vorgesehen, welche aus den Oberkommandierenden der drei Mächte mit dem Hauptsitz in Berlin bestehen wird. Es wurde beschlossen, daß Frankreich durch die drei Mächte eingeladen werden soll, falls es dies wünscht, eine Besatzungszone zu übernehmen und als viertes Mitglied der Kontrollkommission teilzunehmen. Die Grenzen der französischen Zone werden durch die vier betreffenden Regierungen durch ihre Vertreter bei der Beratenden Europäischen Kommission bestimmt werden. Es ist unsere unbeugsame Absicht, den deutschen Militarismus und Nazismus zu zerstören und sicherzustellen, daß Deutschland niemals wieder imstande sein wird, den Frieden der Welt zu zerstören. Wir sind entschlossen, alle deutschen bewaffneten Kräfte zu entwaffnen und aufzulösen; für ewige Zeiten den deutschen Generalstab auseinanderzubrechen, welcher des öfteren die Wiederaufstehung des deutschen Militarismus betrieben hat; alle deutsche militärische Ausrüstung fortzuschaffen oder zu zerstören; jede deutsche Industrie, welche für militärische Produktion genützt werden könnte, zu entfernen oder zu kontrollieren; alle Kriegsverbrecher einer gerechten und raschen Bestrafung zuzuführen und eine Wiedergutmachung in Waren für die Zerstörung, welche durch die Deutschen verübt wurde, zu erhalten; die Nazi-Partei, Nazi-Gesetze, Organisationen und Einrichtungen auszumerzen;

alle Nazi- und militärischen Einflüsse von den öffentlichen Ämtern und vom kulturellen und wirtschaftlichen Leben des deutschen Volkes zu entfernen und in gemeinsamer Übereinstimmung andere Maßnahmen in Deutschland zu treffen, welche für den künftigen Frieden und die Sicherheit der Welt notwendig sein könnten. Es ist nicht unsere Absicht, das deutsche Volk zu zerstören, aber nur wenn der Nazismus und Militarismus ausgemerzt sein werden, wird es Hoffnung für ein anständiges Leben für die Deutschen und einen Platz für sie in der Gemeinschaft der Völker geben.

III. Wiedergutmachung durch Deutschland

Wir haben die Frage des Schadens, welchen Deutschland den alliierten Nationen in diesem Kriege zugefügt hat, überlegt und haben es als recht befunden, daß Deutschland verpflichtet sei, für diesen Schaden in weitmöglichstem Maße Kompensation in Waren zu leisten. Eine Kommission für Schadenskompensation wird errichtet werden. Die Kommission wird beauftragt werden, die Frage des Ausmaßes und der Methoden für die Kompensation des Schadens, welcher von Deutschland den alliierten Ländern zugefügt wurde, zu beraten. Die Kommission wird in Moskau arbeiten.

IV. Konferenz der Vereinten Nationen

.....

V. Deklaration über das befreite Europa

.....

VI. Polen

.....

Die drei Regierungschefs sind der Ansicht, daß die östliche Grenze Polens der Curzon-Linie mit Abweichungen von dieser in manchen Gebieten von 5 bis 8 Kilometern zugunsten Polens folgen soll. Sie anerkennen, daß Polen bedeutenden Gebietszuwachs im Norden und Westen erhalten muß. Sie sind der Ansicht, daß die Meinung der neuen Polnischen provisorischen Regierung der nationalen Einheit im entsprechenden Zeitpunkt über das Ausmaß dieser Zuwächse eingeholt werden muß und daß die endgültige Festlegung der westlichen Grenze Polens danach bis zur Friedenskonferenz zuwarten soll.

VII. Jugoslawien

.....

VIII. Zusammenkunft der Außenminister

Während der Dauer der Konferenz fanden außer den täglichen Zusammenkünften der Regierungschefs und der Außenminister separate Sitzungen der drei Außenminister und deren Berater ebenfalls täglich statt. Diese Sitzungen zeigten sich vom großen Werte und die Konferenz kam überein, daß ein permanenter Mechanismus gebildet werden solle, welcher eine regelmäßige Konsultation zwischen den drei Außenministern ermöglicht. Diese werden daher so oft als möglich zusammentreten, wahrscheinlich alle drei oder vier Monate. Diese Zusammenkünfte werden abwechselnd in den drei Hauptstädten abgehalten werden, wobei die erste Sitzung in London nach der Konferenz der Vereinten Nationen stattfinden wird.

IX. Einigkeit für den Frieden wie für den Krieg

Unsere Zusammenkunft hier in der Krim hat unsere gemeinsame Entschlossenheit bestärkt, im kommenden Frieden jene Einheit der Aufgaben und der Durchführung zu erhalten und zu vertiefen, welche den Sieg in diesem Kriege für die Vereinten Nationen

möglich und sicher gemacht hat. Wir sind überzeugt, daß dies eine geheiligte Verpflichtung ist, welche unsere Regierungen allen Völkern der Welt schuldig sind.
Nur bei ständiger und wachsender Zusammenarbeit und Verständnis zwischen unseren drei Ländern und zwischen allen friedliebenden Völkern kann das höchste Ziel der Menschheit erreicht werden, ein sicherer und dauernder Friede, welcher in den Worten der Atlantischen Charta »es sicherstellen wird, daß alle Menschen in allen Ländern ihre Leben frei von Angst und Not leben können«.
Der Sieg in diesem Kriege und die Errichtung der vorgeschlagenen internationalen Organisation werden die größte Gelegenheit aller Zeiten geben, um in den künftigen Jahren die nötigen Bedingungen zu einem solchen Frieden zu schaffen. Winston S. Churchill, Franklin D. Roosevelt, I. Stalin. 11. Februar 1945.

5.1.2 *Die Kapitulation und ihre Folgen*

5.1.2.1 *Urkunde über die militärische Kapitulation der deutschen Streitkräfte vom 7. Mai 1945 in Reims*

Militärische Kapitulationsurkunde

1. Wir, die hier Unterzeichneten, die wir im Auftrage des Oberkommandos der Deutschen Wehrmacht handeln, übergeben hiermit bedingungslos dem Obersten Befehlshaber der Alliierten Expeditionsstreitkräfte und gleichzeitig dem Oberkommando der Roten Armee alle gegenwärtig unter deutschem Befehl stehenden Streitkräfte zu Lande, zu Wasser und in der Luft.
2. Das Oberkommando der deutschen Wehrmacht wird unverzüglich allen deutschen Land-, See- und Luftstreitkräften und allen unter deutschem Befehl stehenden Streitkräften den Befehl geben, die Kampfhandlungen um 23.01 mitteleuropäischer Zeit am 8. Mai 1945 einzustellen, in den Stellungen zu verbleiben, die sie in diesem Zeitpunkt innehaben, und sich vollständig zu entwaffnen, indem sie ihre Waffen und Ausrüstung den örtlichen alliierten Befehlshabern oder den von den Vertretern der obersten alliierten Militärführungen bestimmten Offizieren übergeben. Kein Schiff, Seefahrzeug oder Flugzeug irgendeiner Art darf zerstört werden, noch dürfen Schiffsrümpfe, maschinelle Einrichtungen oder Geräte, Maschinen irgendwelcher Art, Waffen, Apparaturen und alle technischen Mittel zur Fortsetzung des Krieges im allgemeinen beschädigt werden.
3. Das Oberkommando der deutschen Wehrmacht wird unverzüglich den zuständigen Befehlshabern alle von dem Obersten Befehlshaber der Alliierten Expeditionsstreitkräfte und dem Oberkommando der Roten Armee erlassenen zusätzlichen Befehle weitergeben und deren Durchführung sicherstellen.
4. Diese Kapitulationserklärung stellt kein Präjudiz für an ihre Stelle tretenden allgemeinen Kapitulationsbestimmungen dar, die durch die Vereinigten Nationen oder in deren Namen festgesetzt werden und Deutschland und die Deutsche Wehrmacht als Ganzes betreffen werden.
5. Im Falle, daß das Oberkommando der Deutschen Wehrmacht oder irgendwelche unter seinem Befehl stehenden Streitkräfte es versäumen sollten, sich gemäß den Bestimmungen dieser Kapitulationserklärung zu verhalten, werden der Oberste Befehlshaber der Alliierten Expeditionsstreitkräfte und das Oberkommando der Roten Armee alle diejenigen Straf- und anderen Maßnahmen ergreifen, die sie als zweckmäßig erachten.

6. Diese Erklärung ist in englischer, russischer und deutscher Sprache aufgesetzt. Allein maßgebend sind die englische und die russische Fassung.

Unterzeichnet zu Reims um 0241 am 7. Mai 1945.
Frankreich
Für das Oberkommando der Deutschen Wehrmacht
Jodl
In Gegenwart von:
Für den Obersten Befehlshaber der Alliierten Expeditionsstreitkräfte:
W. B. Smith
Für das Sowjetische Oberkommando:
Sousloparov
Für die Franzosen:
F. Sevez
Generalmajor der Französischen Armee (Bezeugung durch Unterschrift)

5.1.2.2 *Urkunde über die militärische Kapitulation der deutschen Streitkräfte vom 8. Mai 1945 in Berlin-Karlshorst*

Militärische Kapitulationsurkunde (Text entspricht wörtlich dem von 5.1.2.1)

Unterzeichnet zu Berlin, am 8. Mai 1945
gez. v. Friedeburg gez. Keitel gez. Stumpff
Für das Oberkommando der Deutschen Wehrmacht
In Gegenwart von:
Für den Obersten Befehlshaber der Alliierten Expeditionsstreitkräfte
gez. A. W. Tedder
Für das Oberkommando der Roten Armee
gez. G. Shukov
Bei der Unterzeichnung waren als Zeugen auch zugegen:
General, Oberstkommandierender der Ersten französischen Armee
gez. J. De Lattre-Tassigny
Kommandierender General d. Strategischen Luftstreitkräfte der Vereinigten Staaten
gez. Carl Spaatz

5.1.2.3 *Erklärung in Anbetracht der Niederlage Deutschlands und der Übernahme der obersten Regierungsgewalt hinsichtlich Deutschlands (Berliner Erklärung) (5. 6. 1945)*

Die deutschen Streitkräfte zu Lande, zu Wasser und in der Luft sind vollständig geschlagen und haben bedingungslos kapituliert, und Deutschland, das für den Krieg verantwortlich ist, ist nicht mehr fähig, sich dem Willen der siegreichen Mächte zu widersetzen. Dadurch ist die bedingungslose Kapitulation Deutschlands erfolgt, und Deutschland unterwirft sich allen Forderungen, die ihm jetzt oder später auferlegt werden.
Es gibt in Deutschland keine zentrale Regierung oder Behörde, die fähig wäre, die Verantwortung für die Aufrechterhaltung der Ordnung, für die Verwaltung des Landes und für die Ausführung der Forderungen der siegreichen Mächte zu übernehmen.
Unter diesen Umständen ist es notwendig, unbeschadet späterer Beschlüsse, die hinsichtlich Deutschlands getroffen werden mögen, Vorkehrungen für die Einstellung weiterer Feindseligkeiten seitens der deutschen Streitkräfte, für die Aufrechterhaltung der

Ordnung in Deutschland und für die Verwaltung des Landes zu treffen und die sofortigen Forderungen zu verkünden, denen Deutschland nachzukommen verpflichtet ist.

Die Vertreter der obersten Kommandobehörden des Vereinigten Königreiches, der Vereinigten Staaten von Amerika, der Union der Sozialistischen Sowjetrepubliken und der Französischen Republik, im folgenden »Alliierte Vertreter« genannt, die mit der Vollmacht ihrer betreffenden Regierungen und im Interesse der Vereinten Nationen handeln, geben dementsprechend die folgende Erklärung ab:

Die Regierungen des Vereinigten Königreiches, der Vereinigten Staaten von Amerika, der Union der Sozialistischen Sowjet-Republiken und die Provisorische Regierung der Französischen Republik übernehmen hiermit die oberste Regierungsgewalt in Deutschland, einschließlich aller Befugnisse der deutschen Regierung, des Oberkommandos der Wehrmacht und der Regierungen, Verwaltungen oder Behörden der Länder, Städte und Gemeinden. Die Übernahme zu den vorstehend genannten Zwecken der besagten Regierungsgewalt und Befugnisse bewirkt nicht die Annektierung Deutschlands.

Die Regierungen des Vereinigten Königreiches, der Vereinigten Staaten von Amerika, der Union der Sozialistischen Sowjet-Republiken und die Provisorische Regierung der Französischen Republik werden später die Grenzen Deutschlands oder irgendeines Teiles Deutschlands und die rechtliche Stellung Deutschlands oder irgendeines Gebietes, das gegenwärtig einen Teil deutschen Gebietes bildet, festlegen.

Kraft der obersten Regierungsgewalt und Befugnisse, die die vier Regierungen auf die Weise übernommen haben, verkünden die Alliierten Vertreter die folgenden Forderungen, die sich aus der vollständigen Niederlage und der bedingungslosen Kapitulation Deutschlands ergeben und denen Deutschland nachzukommen verpflichtet ist:

Art. 1

Deutschland und alle deutschen Behörden des Heeres, der Kriegsmarine und der Luftwaffe und alle Streitkräfte unter deutschem Befehl stellen sofort auf allen Kriegsschauplätzen die Feindseligkeiten gegen die Streitkräfte der Vereinten Nationen zu Lande, zu Wasser und in der Luft ein.

Art. 2

a) Sämtliche deutschen oder von Deutschland kontrollierten Streitkräfte, einschließlich Land-, Luft-, Flugabwehr- und Seestreitkräfte, die Schutzstaffeln, die Sturmabteilungen, die Geheime Staatspolizei und alle sonstigen mit Waffen ausgerüsteten Verbände und Hilfsorganisationen, wo sie sich auch immer befinden mögen, werden restlos entwaffnet, indem sie Waffen und Gerät an die örtlichen Alliierten Befehlshaber bzw. an die von den Alliierten Vertretern namhaft zu machenden Offiziere abliefern.

b) Nach dem Ermessen des Obersten Befehlshabers der Streitkräfte des betreffenden Alliierten Staates wird, bis weitere Entscheidungen getroffen werden, das Personal der Verbände und Einheiten sämtlicher im Absatz a) bezeichneten Streitkräfte für Kriegsgefangene erklärt und unterliegt den von den betreffenden Alliierten Vertretern festzulegenden Bestimmungen und Weisungen.

c) Sämtliche im Absatz a) bezeichneten Streitkräfte, wo sie sich auch immer befinden mögen, verbleiben bis zur Erteilung von Anweisungen der Alliierten Vertreter an ihren jeweiligen Stellen.

d) Gemäß den von den Alliierten Vertretern zu erteilenden Anweisungen räumen die genannten Streitkräfte sämtliche außerhalb der deutschen Grenzen (nach dem Stande vom 31. Dezember 1937) liegenden Gebiete.

e) Zivile Polizeiabteilungen, die zum Zwecke der Aufrechterhaltung der Ruhe und Ordnung und der Leistung des Wachdienstes nur mit Handwaffen auszurüsten sind, werden von den Alliierten Vertretern bestimmt.

Art. 3

a) Alle Militär-, Marine- und Zivilflugzeuge jeder Art und jeder Nationalität, die sich in Deutschland und in von Deutschland besetzten oder beherrschten Gebieten und Gewässern befinden, verbleiben bis zur Erteilung von weiteren Anweisungen auf dem Boden bzw. auf dem Wasser oder an Bord Schiff. Ausgenommen sind die in Alliierten Diensten stehenden Flugzeuge.

b) Alle deutschen oder von Deutschland beherrschten Flugzeuge, die sich auf oder über Gebieten und Gewässern außerhalb des deutschen Machtgebietes befinden, haben sich sofort nach Deutschland oder an irgendeinen anderen von den Alliierten Vertretern zu bestimmenden Ort zu begeben.

Art. 4

a) Alle deutschen und von Deutschland beherrschten Über- und Unterwasserkriegsschiffe, Marinehilfsfahrzeuge, Handelsschiffe und sonstigen Wasserfahrzeuge, wo sie sich zur Zeit der Abgabe dieser Erklärung auch immer befinden mögen, sowie alle anderen in deutschen Häfen befindlichen Handelsschiffe jeder Nationalität haben in den von den Alliierten Vertretern zu bestimmenden Häfen oder Stützpunkten zu verbleiben bzw. sich sofort dorthin zu begeben. Die Besatzungen der genannten Fahrzeuge bleiben bis zur Erteilung weiterer Anweisungen an Bord.

b) Alle Schiffe und sonstigen Wasserfahrzeuge der Vereinten Nationen, die zur Zeit der Abgabe dieser Erklärung zur Verfügung Deutschlands stehen oder von Deutschland beherrscht sind, begeben sich an die von den Alliierten Vertretern zu bestimmenden Häfen oder Stützpunkte, und zwar zu den Zeiten, die ebenfalls von den Alliierten Vertretern bestimmt werden. Es ist unerheblich, ob der Rechtstitel nach prisengerichtlichen oder sonstigen Verfahren übertragen worden ist.

Art. 5

a) Alle oder jeder einzelne der folgenden Gegenstände im Besitz der deutschen Streitkräfte oder unter deutschem Befehl oder zur deutschen Verfügung sind unversehrt und in gutem Zustand zur Verfügung der Alliierten Vertreter zu halten für die Zwecke, zu den Zeiten und an den Orten, die von letzteren bestimmt werden:

I. alle Waffen, Munition, Sprengstoffe, Kriegsgerät, Kriegsvorräte und alle anderen Kriegsmittel sowie sonstiges Kriegsmaterial jeder Art;

II. alle Über- und Unterwasserkriegsschiffe jeder Kategorie, Marinehilfsfahrzeuge und Handelsschiffe, ob schwimmend, zur Reparatur aufgelegt oder im Bau befindlich;

III. alle Flugzeuge jeder Art sowie alle Geräte und Vorrichtungen, die der Luftfahrt und der Flugabwehr dienen;

IV. alle Einrichtungen und Gegenstände des Verkehrs und des Nachrichtenwesens, zu Lande, zu Wasser und in der Luft;

V. alle militärischen Einrichtungen und Anlagen, einschließlich Flugplätze, Wasserflugzeughäfen, See- und Kriegshäfen, Lagerplätze, ständige und vorläufige Land- und Küstenbefestigungen, Festungen und sonstige befestigte Gebiete sowie Pläne und Zeichnungen aller derartigen Befestigungen, Einrichtungen und Anlagen;

VI. alle Fabriken, Industrieanlagen, Betriebe, Forschungsinstitute, Laboratorien, Prüfstellen, technischen Unterlagen, Patente, Pläne, Zeichnungen und Erfindungen, die bestimmt oder geeignet sind, die unter I., II., III., IV. und V. oben bezeichneten Gegenstände und Einrichtungen zu erzeugen bzw. deren Erzeugung oder Gebrauch zu fördern oder überhaupt die Kriegsführung zu unterstützen.

b) Auf Verlangen sind den Alliierten Vertretern zur Verfügung zu stellen:

I. die Arbeitskräfte, Versorgungsmittel und Betriebsanlagen, die zur Erhaltung oder zum Betrieb jeder der sechs unter a) oben bezeichneten Kategorien erforderlich sind; und

II. alle Auskünfte und Unterlagen, die in diesem Zusammenhang von den Alliierten Vertretern verlangt werden können.

c) Auf Verlangen der Alliierten Vertreter sind alle Mittel und Einrichtungen für die Beförderung alliierter Truppen und Dienststellen mit deren Ausrüstung und Vorräten, auf Eisenbahnen, Straßen und sonstigen Landverkehrswegen oder zur See, auf Wasserstraßen und in der Luft zur Verfügung zu stellen. Sämtliche Verkehrsmittel sind in gutem Zustand zu erhalten und die hierzu notwendigen Arbeitskräfte, Versorgungsmittel und Betriebsanlagen müssen zur Verfügung gestellt werden.

Art. 6

a) Die deutschen Behörden übergeben den Alliierten Vertretern nach einem von letzteren vorzuschreibenden Verfahren sämtliche zur Zeit in ihrer Gewalt befindlichen kriegsgefangenen Angehörigen der Streitkräfte der Vereinten Nationen und liefern vollständige Namenslisten dieser Personen unter Angabe der Orte ihrer Gefangenhaltung in Deutschland bzw. in von Deutschland besetzten Gebieten. Bis zur Freilassung solcher Kriegsgefangenen haben die deutschen Behörden und das deutsche Volk ihre Person und ihren Besitz zu schützen und sie ausreichend mit Lebensmitteln, Bekleidung, Unterkunft, ärztlicher Betreuung und Geld gemäß ihrem Dienstrang oder ihrer amtlichen Stellung zu versorgen.

b) Die deutschen Behörden und das deutsche Volk haben auf gleiche Weise alle anderen Angehörigen der Vereinten Nationen zu versorgen und freizulassen, die eingesperrt, interniert oder irgendwelchen anderen Einschränkungen ausgesetzt sind, sowie alle sonstigen Personen, die aus politischen Gründen oder infolge nationalsozialistischer Handlungen, Gesetze oder Anordnungen, die hinsichtlich der Rasse, der Farbe, des Glaubensbekenntnisses oder der politischen Einstellung diskriminieren, eingesperrt, interniert oder irgendwelchen anderen Einschränkungen ausgesetzt sind.

c) Die deutschen Behörden haben auf Verlangen der Alliierten Vertreter die Befehlsgewalt über Orte der Gefangenhaltung den von den Alliierten Vertretern zu diesem Zweck namhaft zu machenden Offizieren zu übergeben.

Art. 7

Die zuständigen deutschen Behörden geben den Alliierten Vertretern:

a) alle Auskünfte über die im Artikel 2, Absatz a) bezeichneten Streitkräfte; insbesondere liefern sie sofort sämtliche von den Alliierten Vertretern verlangten Informationen über die Anzahl, Stellung und Disposition dieser Streitkräfte sowohl innerhalb wie auch außerhalb Deutschlands;

b) vollständige und ausführliche Auskünfte über Minen, Minenfelder und sonstige Hindernisse gegen Bewegungen zu Lande, zu Wasser und in der Luft sowie über die damit verbundenen sicheren Durchlässe. Alle solche Durchlässe werden offengehalten und deutlich gekennzeichnet; alle Minen, Minenfelder und sonstigen gefährlichen Hindernisse werden soweit wie möglich unschädlich gemacht und alle Hilfsmittel für die Navigation werden wieder in Betrieb genommen. Unbewaffnetes deutsches Militär- und Zivilpersonal mit der notwendigen Ausrüstung wird zur Verfügung gestellt und zu obigen Zwecken sowie zum Entfernen von Minen, Minenfeldern und sonstigen Hindernissen nach den Weisungen der Alliierten Vertreter eingesetzt.

Art. 8
Die Vernichtung, Entfernung, Verbergung, Übertragung, Versenkung oder Beschädigung von Militär-, Marine-, Luftfahrt-, Schiffs-, Hafen-, Industrie- und ähnlichem Eigentum und Einrichtungen aller Art sowie von allen Akten und Archiven, wo sie sich auch immer befinden mögen, ist verboten; Ausnahmen können nur von den Alliierten Vertretern angeordnet werden.

Art. 9
Bis zur Herbeiführung einer Aufsicht über alle Nachrichtenverkehrsmittel durch die Alliierten Vertreter hören alle von Deutschland beherrschten Funk- und Fernnachrichtenverkehrseinrichtungen und sonstigen Draht- und drahtlosen Nachrichtenmittel auf dem Lande oder auf dem Wasser zu senden auf; Ausnahmen können nur von den Alliierten Vertretern angeordnet werden.

Art. 10
Die in Deutschland befindlichen, von Deutschland beherrschten und in deutschem Dienst oder zu deutscher Verfügung stehenden Streitkräfte, Angehörigen,* Schiffe und Flugzeuge sowie das Militärgerät und sonstige Eigentum eines jeden anderen mit irgendeinem der Alliierten im Kriegszustand befindlichen Staates unterliegen den Bestimmungen dieser Erklärung und aller etwaigen kraft derselben erlassenen Proklamationen, Befehle, Anordnungen oder Anweisungen.

Art. 11
a) Die hauptsächlichen Naziführer, die von den Alliierten Vertretern namhaft gemacht werden, und alle Personen, die von Zeit zu Zeit von den Alliierten Vertretern genannt oder nach Dienstgrad, Amt oder Stellung beschrieben werden, weil sie im Verdacht stehen, Kriegs- oder ähnliche Verbrechen begangen, befohlen oder ihnen Vorschub geleistet zu haben, sind festzunehmen und den Alliierten Vertretern zu übergeben.
b) Dasselbe trifft zu für alle die Angehörigen irgendeiner der Vereinten Nationen, von denen behauptet wird, daß sie sich gegen die Gesetze ihres Landes vergangen haben, und die jederzeit von den Alliierten Vertretern namhaft gemacht oder nach Dienstgrad, Amt oder Stellung beschrieben werden können.
c) Allen Anweisungen der Alliierten Vertreter, die zur Ergreifung und Übergabe solcher Personen zweckdienlich sind, ist von den deutschen Behörden und dem deutschen Volke nachzukommen.

Art. 12
Die Alliierten Vertreter werden nach eigenem Ermessen Streitkräfte und zivile Dienststellen in jedem beliebigen Teil oder auch in allen Teilen Deutschlands stationieren.

Art. 13
a) In Ausübung der obersten Regierungsgewalt in Deutschland, die von den Regierungen des Vereinigten Königreiches, der Vereinigten Staaten von Amerika und der Union der Sozialistischen Sowjet-Republiken sowie der Provisorischen Regierung der Französi-

* Im engl. Originaltext: »(nationals)« im Sinne eines Unterfalls zu »Streitkräfte« (= forces). Entsprechende Übersetzung wäre wohl eher »(Volkszugehörigen)«.

schen Republik übernommen wird, werden die vier Alliierten Regierungen diejenigen Maßnahmen treffen, die sie zum künftigen Frieden und zur künftigen Sicherheit für erforderlich halten, darunter auch die vollständige Abrüstung und Entmilitarisierung Deutschlands.
b) Die Alliierten Vertreter werden Deutschland zusätzliche politische, verwaltungsmäßige, wirtschaftliche, finanzielle, militärische und sonstige Forderungen auferlegen, die sich aus der vollständigen Niederlage Deutschlands ergeben. Die Alliierten Vertreter bzw. die ordnungsmäßig dazu ermächtigten Personen oder Dienststellen werden Proklamationen, Befehle, Verordnungen und Anweisungen ergehen lassen, um solche zusätzlichen Forderungen festzulegen und die übrigen Bestimmungen dieser Erklärung auszuführen. Alle deutschen Behörden und das deutsche Volk haben den Forderungen der Alliierten Vertreter bedingungslos nachzukommen und alle solche Proklamationen, Befehle, Anordnungen und Anweisungen uneingeschränkt zu befolgen.

Art. 14
Diese Erklärung tritt in Kraft und Wirkung an dem Tage und zu der Stunde, die nachstehend angegeben werden. Im Fall einer Versäumnis seitens der deutschen Behörden oder des deutschen Volkes, ihre hierdurch oder hiernach auferlegten Verpflichtungen pünktlich und vollständig zu erfüllen, werden die Alliierten Vertreter die Maßnahmen treffen, die sie unter den Umständen für zweckmäßig halten.

Art. 15
Diese Erklärung ist in englischer, russischer, französischer und deutscher Sprache ausgefertigt. Die englischen, russischen und französischen Fassungen sind allein maßgebend.

Berlin, den 5. Juni 1945.
18.00 Uhr mitteleuropäischer Zeit.

Unterzeichnet von den Vertretern der Alliierten

Dwight D. Eisenhower	General der Armee, USA
G. Shukow	Marschall der Sowjetunion
B. L. Montgomery	Feldmarschall
F. de Lattre-Tassigny	Armeegeneral

5.1.2.4 *Amtliche Verlautbarung über die Konferenz von Potsdam (2. 8. 1945) – Auszug –*

I.
Am 17. Juli 1945 trafen sich der Präsident der Vereinigten Staaten von Amerika, Harry S. Truman, der Vorsitzende des Rates der Volkskommissare der Union der Sozialistischen Sowjetrepubliken, Generalissimus J. W. Stalin, und der Premierminister Großbritanniens, Winston S. Churchill, sowie Herr Clement R. Attlee auf der von den drei Mächten beschickten Berliner Konferenz. Sie wurden begleitet von den Außenministern der drei Regierungen, W. M. Molotow, Herrn D. F. Byrnes und Herrn A. Eden, den Stabschefs und anderen Beratern.
In der Periode vom 17. bis 25. Juli fanden neun Sitzungen statt. Darauf wurde die Konferenz für zwei Tage unterbrochen, an denen in England die Wahlergebnisse verkündet wurden.
Am 28. Juli kehrte Herr Attlee in der Eigenschaft als Premierminister in Begleitung des neuen Außenministers, Herrn E. Bevin, zu der Konferenz zurück. Es wurden noch vier

Sitzungen abgehalten. Während der Konferenz fanden regelmäßige Begegnungen der Häupter der drei Regierungen, von den Außenministern begleitet, und regelmäßige Beratungen der Außenminister statt.
Die Kommission, die in den Beratungen der Außenminister für die vorherige Vorbereitung der Fragen eingesetzt worden war, tagte gleichfalls täglich. Die Sitzungen der Konferenz fanden in Cäcilienhof bei Potsdam statt.
Die Konferenz schloß am 2. August 1945. Es wurden wichtige Entscheidungen und Vereinbarungen getroffen. Es fand ein Meinungsaustausch über eine Reihe anderer Fragen statt. Die Beratung dieser Probleme wird durch den Rat der Außenminister, der auf dieser Konferenz geschaffen wurde, fortgesetzt.
Präsident Truman, Generalissimus Stalin und Premierminister Attlee, verlassen diese Konferenz, welche das Band zwischen den drei Regierungen fester geknüpft hat, mit der verstärkten Überzeugung, daß ihre Regierungen und Völker zusammen mit anderen Vereinten Nationen, die Schaffung eines gerechten und dauerhaften Friedens sichern werden.

II. Die Einrichtung eines Rates der Außenminister

Die Konferenz erreichte eine Einigung über die Errichtung eines Rates der Außenminister, welche die fünf Hauptmächte vertreten, zur Fortsetzung der notwendigen vorbereitenden Arbeit zur friedlichen Regelung und zur Beratung anderer Fragen, welche nach Übereinstimmung zwischen den Teilnehmern in dem Rat der Regierungen von Zeit zu Zeit an den Rat der Außenminister übertragen werden können.
Der Text der Übereinkunft über die Errichtung des Rates der Außenminister lautet:
1. Es ist ein Rat zu errichten, bestehend aus den Außenministern des Vereinigten Königreiches, der Union der Sozialistischen Sowjetrepubliken, Chinas, Frankreichs und der Vereinigten Staaten von Amerika.
2. (I) Der Rat tagt normalerweise in London, wo der ständige Sitz des Vereinigten Sekretariats sein wird, das durch den Rat zu schaffen ist. Jeder Außenminister wird durch einen Stellvertreter von hohem Rang begleitet werden, welcher gegebenenfalls bevollmächtigt ist, während seiner, des Außenministers, Abwesenheit die Arbeit weiterzuführen, sowie von einem kleinen Stab technischer Mitarbeiter.
(II) Die erste Sitzung des Rates findet in London nicht später als am 1. September 1945 statt. Die Sitzungen können nach allgemeiner Übereinkunft nach anderen Hauptstädten einberufen werden; diese Übereinkunft kann von Zeit zu Zeit herbeigeführt werden.
3. (I) Als eine vordringliche und wichtige Aufgabe des Rates wird ihm aufgetragen, Friedensverträge für Italien, Rumänien, Bulgarien, Ungarn und Finnland aufzusetzen, um sie den Vereinten Nationen vorzulegen und Vorschläge zur Regelung der ungelösten territorialen Fragen, die in Verbindung mit der Beendigung des Krieges in Europa entstehen, auszuarbeiten. Der Rat wird zur Vorbereitung einer friedlichen Regelung für Deutschland benutzt werden, damit das entsprechende Dokument durch die für diesen Zweck geeignete Regierung Deutschlands angenommen werden kann, nachdem eine solche Regierung gebildet sein wird.
(II) Zwecks Lösung jeder dieser Aufgaben wird der Rat aus Mitgliedern bestehen, welche diejenigen Regierungen vertreten, die die Bedingungen in der Kapitulation unterschrieben haben, diktiert an den Feindstaat, den die gegebene Aufgabe betrifft. Bei der Betrachtung der Fragen der Friedensregelung mit Italien wird Frankreich als Unterschriftleistende der Kapitulationsbedingungen Italiens betrachtet werden. Andere Mitglieder werden zur Teilnahme am Rat eingeladen werden, wenn Fragen erörtert werden, die sie direkt betreffen.

(III) Andere Angelegenheiten werden von Zeit zu Zeit dem Rat übertragen werden nach Übereinkunft zwischen den Regierungen, die seine Mitglieder sind.
4. (I) Wenn der Rat eine Frage erörtern wird, an der unmittelbar ein Staat interessiert ist, der in ihm nicht vertreten ist, so muß dieser Staat eingeladen werden, seine Vertreter zur Teilnahme an der Beratung und Prüfung dieser Frage zu entsenden.
(II) Der Rat kann seine Arbeitsweise dem Charakter des gestellten, von ihm zu prüfenden Problems anpassen. In gewissen Fällen kann er die Frage zunächst in seiner Zusammensetzung vor der Teilnahme anderer interessierter Staaten vorberaten. In anderen Fällen kann der Rat zu einer offiziellen Konferenz den Staat einberufen, der hauptsächlich an der Lösung eines besonderen Problems interessiert ist.
Der Entschließung der Konferenz entsprechend, schickte jede der drei Regierungen gleichlautende Einladungen an die Regierungen von China und Frankreich, diesen Text anzunehmen und sich ihnen zur Errichtung des Rates anzuschließen.
Die Errichtung des Rates der Außenminister für besondere Ziele, die in diesem Text genannt worden sind, widerspricht nicht der auf der Krimkonferenz erzielten Übereinkunft über die Abhaltung periodischer Beratungen der Außenminister der Vereinigten Staaten, der Union der Sozialistischen Sowjetrepubliken und des Vereinigten Königreiches.
Die Konferenz überprüfte auch die Situation der europäischen konsultativen Kommission im Sinne der Übereinkunft über die Errichtung des Rates der Außenminister. Mit Genugtuung wurde festgestellt, daß die Kommission erfolgreich ihre Hauptaufgaben bewältigt hat, indem sie die Vorschläge betreffend die bedingungslose Kapitulation, die Besatzungszonen Deutschlands und Österreichs und das internationale Kontrollsystem in diesen Ländern vorlegte. Es wurde für richtig befunden, daß die speziellen Fragen, die die gegenseitige Angleichung der Politik der Alliierten hinsichtlich der Kontrolle über Deutschland und Österreich betreffen, in Zukunft der Zuständigkeit des Kontrollrates in Berlin und der Alliierten Kommission in Wien unterliegen sollen. Demgemäß ist man darüber einig geworden, die Auflösung der Europäischen Konsultativen Kommission zu empfehlen.

III. Deutschland

Alliierte Armeen führen die Besetzung von ganz Deutschland durch, und das deutsche Volk fängt an, die furchtbaren Verbrechen zu büßen, die unter der Leitung derer, welche es zur Zeit ihrer Erfolge offen gebilligt hat und denen es blind gehorcht hat, begangen wurden. Auf der Konferenz wurde eine Übereinkunft erzielt über die politischen und wirtschaftlichen Grundsätze der gleichgeschalteten Politik der Alliierten in bezug auf das besiegte Deutschland in der Periode der alliierten Kontrolle.
Das Ziel dieser Übereinkunft bildet die Durchführung der Krim-Deklaration über Deutschland. Der deutsche Militarismus und Nazismus werden ausgerottet, und die Alliierten treffen nach gegenseitiger Vereinbarung in der Gegenwart und in der Zukunft auch andere Maßnahmen, die notwendig sind, damit Deutschland niemals mehr seine Nachbarn oder die Erhaltung des Friedens in der ganzen Welt bedrohen kann.
Es ist nicht die Absicht der Alliierten, das deutsche Volk zu vernichten oder zu versklaven. Die Alliierten wollen dem deutschen Volk die Möglichkeit geben, sich darauf vorzubereiten, sein Leben auf einer demokratischen und friedlichen Grundlage von neuem wiederaufzubauen. Wenn die eigenen Anstrengungen des deutschen Volkes unablässig auf die Erreichung dieses Zieles gerichtet sein werden, wird es ihm möglich sein, zu gegebener Zeit seinen Platz unter den freien und friedlichen Völkern der Welt einzunehmen.

Der Text dieser Übereinkunft lautet:
»Politische und wirtschaftliche Grundsätze, deren man sich bei der Behandlung Deutschlands in der Anfangsperiode der Kontrolle bedienen muß:

A. Politische Grundsätze

1. Entsprechend der Übereinkunft über das Kontrollsystem in Deutschland wird die höchste Regierungsgewalt in Deutschland durch die Oberbefehlshaber der Streitkräfte der Vereinigten Staaten von Amerika, des Vereinigten Königreiches, der Union der Sozialistischen Sowjetrepubliken und der Französischen Republik nach den Weisungen ihrer entsprechenden Regierungen ausgeübt, und zwar von jedem in seiner Besatzungszone, sowie gemeinsam in ihrer Eigenschaft als Mitglieder des Kontrollrates in den Deutschland als Ganzes betreffenden Fragen.

2. Soweit dieses praktisch durchführbar ist, muß die Behandlung der deutschen Bevölkerung in ganz Deutschland gleich sein.

3. Die Ziele der Besetzung Deutschlands, durch welche der Kontrollrat sich leiten lassen soll, sind:

(I) Völlige Abrüstung und Entmilitarisierung Deutschlands und die Ausschaltung der gesamten deutschen Industrie, welche für eine Kriegsproduktion benutzt werden kann oder deren Überwachung. Zu diesem Zweck:

a) werden alle Land-, See- und Luftstreitkräfte Deutschlands, SS, SA, SD und Gestapo mit allen ihren Organisationen, Stäben und Ämtern, einschließlich des Generalstabes, des Offizierskorps, der Reservisten, der Kriegsschulen, der Kriegsvereine und aller anderen militärischen und halbmilitärischen Organisationen zusammen mit ihren Vereinen und Unterorganisationen, die den Interessen der Erhaltung der militärischen Tradition dienen, völlig und endgültig aufgelöst, um damit für immer der Wiedergeburt oder Wiederaufrichtung des deutschen Militarismus und Nazismus vorzubeugen;

b) müssen sich alle Waffen, Munition und Kriegsgeräte und alle Spezialmittel zu deren Herstellung in der Gewalt der Alliierten befinden oder vernichtet werden. Der Unterhaltung und Herstellung aller Flugzeuge und aller Waffen, Ausrüstung und Kriegsgeräte wird vorgebeugt werden.

(II) Das deutsche Volk muß überzeugt werden, daß es eine totale militärische Niederlage erlitten hat und daß es sich nicht der Verantwortung entziehen kann für das, was es selbst dadurch auf sich geladen hat, daß seine eigene mitleidlose Kriegsführung und der fanatische Widerstand der Nazis die deutsche Wirtschaft zerstört und Chaos und Elend unvermeidlich gemacht haben.

(III) Die Nationalsozialistische Partei mit ihren angeschlossenen Gliederungen und Unterorganisationen ist zu vernichten; alle nationalsozialistischen Ämter sind aufzulösen; es sind Sicherheiten dafür zu schaffen, daß sie in keiner Form wieder auferstehen können; jeder nazistischen und militaristischen Betätigung und Propaganda ist vorzubeugen.

(IV) Die endgültige Umgestaltung des deutschen politischen Lebens auf demokratischer Grundlage und eine eventuelle friedliche Mitarbeit Deutschlands am internationalen Leben sind vorzubereiten.

4. Alle nazistischen Gesetze, welche die Grundlagen für das Hitlerregime geliefert haben oder eine Diskriminierung auf Grund der Rasse, Religion oder politischer Überzeugung errichteten, müssen abgeschafft werden. Keine solche Diskriminierung, weder eine rechtliche noch eine administrative oder irgendeiner anderen Art, wird geduldet werden.

5. Kriegsverbrecher und alle diejenigen, die an der Planung oder Verwirklichung nazistischer Maßnahmen, die Greuel oder Kriegsverbrecher nach sich zogen oder als Ergebnis hatten, teilgenommen haben, sind zu verhaften und dem Gericht zu übergeben. Nazistische Parteiführer, einflußreiche Nazianhänger und die Leiter der nazistischen Ämter und Organisationen und alle anderen Personen, die für die Besetzung und ihre Ziele gefährlich sind, sind zu verhaften und zu internieren.
6. Alle Mitglieder der nazistischen Partei, welche mehr als nominell an ihrer Tätigkeit teilgenommen haben und alle anderen Personen, die den Alliierten Zielen feindlich gegenüberstehen, sind aus den öffentlichen oder halböffentlichen Ämtern und von den verantwortlichen Posten in wichtigen Privatunternehmungen zu entfernen. Diese Personen müssen durch Personen ersetzt werden, welche nach ihren politischen und moralischen Eigenschaften fähig erscheinen, an der Entwicklung wahrhaft demokratischer Einrichtungen in Deutschland mitzuwirken.
7. Das Erziehungswesen in Deutschland muß so überwacht werden, daß die nazistischen und militaristischen Lehren völlig entfernt werden und eine erfolgreiche Entwicklung der demokratischen Ideen möglich gemacht wird.
8. Das Gerichtswesen wird entsprechend den Grundsätzen der Demokratie und der Gerechtigkeit der Gesetzlichkeit und der Gleichheit aller Bürger vor dem Gesetz ohne Unterschied der Rasse, der Nationalität und der Religion reorganisiert werden.
9. Die Verwaltung Deutschlands muß in Richtung auf eine Dezentralisation der politischen Struktur und der Entwicklung einer örtlichen Selbstverantwortung durchgeführt werden. Zu diesem Zwecke:
(I) Die lokale Selbstverwaltung wird in ganz Deutschland nach demokratischen Grundsätzen, und zwar durch Wahlausschüsse (Räte), so schnell wie es mit der Wahrung der militärischen Sicherheit und den Zielen der militärischen Besatzung vereinbar ist, wiederhergestellt.
(II) In ganz Deutschland sind alle demokratischen politischen Parteien zu erlauben und zu fördern mit der Einräumung des Rechtes, Versammlungen einzuberufen und öffentliche Diskussionen durchzuführen.
(III) Der Grundsatz der Wahlvertretung soll in die Gemeinde-, Kreis-, Provinzial- und Landesverwaltungen, so schnell wie es durch die erfolgreiche Anwendung dieser Grundsätze in der örtlichen Selbstverwaltung gerechtfertigt werden kann, eingeführt werden.
(IV) Bis auf weiteres wird keine zentrale deutsche Regierung errichtet werden. Jedoch werden einige wichtige zentrale deutsche Verwaltungsabteilungen errichtet werden, an deren Spitze Staatssekretäre stehen, und zwar auf den Gebieten des Finanzwesens, des Außenhandels und der Industrie. Diese Abteilungen werden unter der Leitung des Kontrollrates tätig sein.
10. Unter Berücksichtigung der Notwendigkeit zur Erhaltung der militärischen Sicherheit wird die Freiheit der Rede, der Presse und der Religion gewährt. Die religiösen Einrichtungen sollen respektiert werden. Die Schaffung Freier Gewerkschaften, gleichfalls unter Berücksichtigung der Notwendigkeit der Erhaltung der militärischen Sicherheit, wird gestattet werden.

B. Wirtschaftliche Grundsätze
11. Mit dem Ziele der Vernichtung des deutschen Kriegspotentials ist die Produktion von Waffen, Kriegsausrüstung und Kriegsmitteln, ebenso die Herstellung aller Typen von Flugzeugen und Seeschiffen zu verbieten und zu unterbinden. Die Herstellung von Metallen und Chemikalien, der Maschinenbau und die Herstellung anderer Gegenstände,

die unmittelbar für die Kriegswirtschaft notwendig sind, ist streng zu überwachen und zu beschränken, entsprechend dem genehmigten Stand der friedlichen Nachkriegsbedürfnisse Deutschlands, um die in dem Punkt 15 angeführten Ziele zu befriedigen. Die Produktionskapazität, entbehrlich für die Industrie, welche erlaubt sein wird, ist entsprechend dem Reparationsplan, empfohlen durch die interalliierte Reparationskommission und bestätigt durch die beteiligten Regierungen, entweder zu entfernen oder, falls sie nicht entfernt werden kann, zu vernichten.

12. In praktisch kürzester Frist ist das deutsche Wirtschaftsleben zu dezentralisieren mit dem Ziel der Vernichtung der bestehenden übermäßigen Konzentration der Wirtschaftskraft, dargestellt insbesondere durch Kartelle, Syndikate, Trusts und andere Monopolvereinigungen.

13. Bei der Organisation des deutschen Wirtschaftslebens ist das Hauptgewicht auf die Entwicklung der Landwirtschaft und der Friedensindustrie für den inneren Bedarf (Verbrauch) zu legen.

14. Während der Besatzungszeit ist Deutschland als eine wirtschaftliche Einheit zu betrachten. Mit diesem Ziel sind gemeinsame Richtlinien aufzustellen hinsichtlich:

a) der Erzeugung und der Verteilung der Produkte der Bergbau- und der verarbeitenden Industrie;
b) der Landwirtschaft, Forstwirtschaft und der Fischerei;
c) der Löhne, der Preise und der Rationierung;
d) des Import- und Exportprogramms für Deutschland als Ganzes;
e) der Währung und des Bankwesens, der zentralen Besteuerung und der Zölle;
f) der Reparationen und der Beseitigung des militärischen Industriepotentials;
g) des Transport- und Verkehrswesens.

Bei der Durchführung dieser Richtlinien sind gegebenenfalls die verschiedenen örtlichen Bedingungen zu berücksichtigen.

15. Es ist eine alliierte Kontrolle über das deutsche Wirtschaftsleben zu errichten, jedoch nur in den Grenzen, die notwendig sind:

a) zur Erfüllung des Programms der industriellen Abrüstung und Entmilitarisierung, der Reparationen und der erlaubten Aus- und Einfuhr;
b) zur Sicherung der Warenproduktion und der Dienstleistungen, die zur Befriedigung der Bedürfnisse der Besatzungsstreitkräfte und der verpflanzten Personen in Deutschland notwendig sind und die wesentlich sind für die Erhaltung eines mittleren Lebensstandards in Deutschland, der den mittleren Lebensstandard der europäischen Länder nicht übersteigt. (Europäische Länder in diesem Sinne sind alle europäischen Länder mit Ausnahme des Vereinigten Königreiches und der Sowjetunion);
c) zur Sicherung – in der Reihenfolge, die der Kontrollrat festsetzt – einer gleichmäßigen Verteilung der wesentlichsten Waren unter den verschiedenen Zonen, um ein ausgeglichenes Wirtschaftsleben in ganz Deutschland zu schaffen und die Einfuhrnotwendigkeiten einzuschränken;
d) zur Überwachung der deutschen Industrie und aller wirtschaftlichen und finanziellen internationalen Abkommen einschließlich der Aus- und Einfuhr mit dem Ziel der Unterbindung einer Entwicklung des Kriegspotentials Deutschlands und der Erreichung der anderen genannten Aufgaben;
e) zur Überwachung aller deutschen öffentlichen oder privaten wissenschaftlichen Forschungs- oder Versuchsanstalten, Laboratorien usw., die mit einer Wirtschaftstätigkeit verbunden sind.

16. Zur Einführung und Unterstützung der wirtschaftlichen Kontrolle, die durch den Kontrollrat errichtet worden ist, ist ein deutscher Verwaltungsapparat zu schaffen. Den deutschen Behörden ist nahezulegen, in möglichst vollem Umfange die Verwaltung dieses Apparates zu fördern und zu übernehmen. So ist dem deutschen Volk klarzumachen, daß die Verantwortung für diese Verwaltung und deren Versagen auf ihm ruhen wird. Jede deutsche Verwaltung, die dem Ziel der Besatzung nicht entsprechen wird, wird verboten werden.

17. Es sind unverzüglich Maßnahmen zu treffen zur:

a) Durchführung der notwendigen Instandsetzungen des Verkehrswesens,
b) Hebung der Kohlenerzeugung,
c) weitestmöglichen Vergrößerung der landwirtschaftlichen Produktion und
d) Durchführung einer beschleunigten Instandsetzung der Wohnungen und der wichtigsten öffentlichen Einrichtungen.

18. Der Kontrollrat hat entsprechende Schritte zur Verwirklichung der Kontrolle und der Verfügung über alle deutschen Guthaben im Auslande zu übernehmen, welche noch nicht unter die Kontrolle der alliierten Nationen, die an dem Krieg gegen Deutschland teilgenommen haben, geraten sind.

19. Die Bezahlung der Reparationen soll dem deutschen Volk genügend Mittel belassen, um ohne eine Hilfe von außen zu existieren. Bei der Aufstellung des Haushaltsplanes Deutschlands sind die nötigen Mittel für die Einfuhr bereitzustellen, die durch den Kontrollrat in Deutschland genehmigt worden ist. Die Einnahmen aus der Ausfuhr der Erzeugnisse der laufenden Produktion und der Warenbestände dienen in erster Linie der Bezahlung dieser Einfuhr. Die hier erwähnten Bedingungen werden nicht angewandt bei den Einrichtungen und Produkten, die in den Punkten 4a und 4b der Übereinkunft über die deutschen Reparationen erwähnt sind.

IV. Reparationen aus Deutschland

In Übereinstimmung mit der Entscheidung der Krimkonferenz, wonach Deutschland gezwungen werden soll, in größtmöglichem Ausmaß für die Verluste und die Leiden, die es den Vereinten Nationen verursacht hat, und wofür das deutsche Volk der Verantwortung nicht entgehen kann, Ausgleich zu schaffen, wurde folgende Übereinkunft über Reparationen erreicht:

1. Die Reparationsansprüche der UdSSR sollen durch Entnahmen aus der von der UdSSR besetzten Zone in Deutschland und durch angemessene deutsche Auslandsguthaben befriedigt werden.

2. Die UdSSR wird die Reparationsansprüche Polens aus ihrem eigenen Anteil an den Reparationen befriedigen.

3. Die Reparationsansprüche der Vereinigten Staaten, des Vereinigten Königreiches und der anderen zu Reparationsforderungen berechtigten Länder werden aus den westlichen Zonen und den entsprechenden deutschen Auslandsguthaben befriedigt werden.

4. In Ergänzung der Reparationen, die die UdSSR aus ihrer eigenen Besatzungszone erhält, wird die UdSSR zusätzlich aus den westlichen Zonen erhalten:

a) 15 % derjenigen verwendungsfähigen und vollständigen industriellen Ausrüstungen, vor allem der metallurgischen, chemischen und Maschinen erzeugenden Industrien, soweit sie für die deutsche Friedenswirtschaft unnötig und aus den westlichen Zonen Deutschlands zu entnehmen sind, im Austausch für einen entsprechenden Wert an Nahrungsmitteln, Kohle, Kali, Zink, Holz, Tonprodukten, Petroleumprodukten und anderen Waren, nach Vereinbarung.

b) 10 % derjenigen industriellen Ausrüstung, die für die deutsche Friedenswirtschaft unnötig ist und aus den westlichen Zonen zu entnehmen und auf Reparationskonto an die Sowjetregierung zu übertragen ist ohne Bezahlung oder Gegenleistung irgendwelcher Art.

Die Entnahmen der Ausrüstung, wie sie oben in a) und b) vorgesehen sind, sollen gleichzeitig erfolgen.

5. Der Umfang der aus den westlichen Zonen zu entnehmenden Ausrüstung, der auf Reparationskonto geht, muß spätestens innerhalb von sechs Monaten von jetzt ab bestimmt sein.

6. Die Entnahme der industriellen Ausrüstung soll so bald wie möglich beginnen und innerhalb von zwei Jahren, gerechnet vom Zeitpunkt der in § 5 spezifizierten Bestimmung, abgeschlossen sein. Die Auslieferung der in § 4a) genannten Produkte soll so schnell wie möglich beginnen, und zwar in durch Vereinbarung bedingten Teillieferungen seitens der Sowjetunion und innerhalb von fünf Jahren von dem erwähnten Datum ab erfolgen. Die Bestimmung des Umfanges und der Art der industriellen Ausrüstung, die für die deutsche Friedenswirtschaft unnötig ist und der Reparation unterliegt, soll durch den Kontrollrat gemäß den Richtlinien erfolgen, die von der alliierten Kontrollkommission für Reparationen, unter Beteiligung Frankreichs, festgelegt sind, wobei die endgültige Entscheidung durch den Kommandierenden der Zone getroffen wird, aus der die Ausrüstung entnommen werden soll.

7. Vor der Festlegung des Gesamtumfanges der der Entnahme unterworfenen Ausrüstung sollen Vorschußlieferungen solcher Ausrüstungen erfolgen, die als zur Auslieferung verfügbar bestimmt werden in Übereinstimmung mit dem Verfahren, das im letzten Satz des § 6 vorgesehen ist.

8. Die Sowjetregierung verzichtet auf alle Ansprüche bezüglich der Reparationen aus Anteilen an deutschen Unternehmungen, die in den westlichen Besatzungszonen in Deutschland gelegen sind. Das gleiche gilt für deutsche Auslandsguthaben in allen Ländern, mit Ausnahme der weiter unten in § 9 gekennzeichneten Fälle.

9. Die Regierungen der USA und des Vereinigten Königreiches verzichten auf ihre Ansprüche im Hinblick auf Reparationen hinsichtlich der Anteile an deutschen Unternehmungen, die in der östlichen Besatzungszone in Deutschland gelegen sind. Das gleiche gilt für deutsche Auslandsguthaben in Bulgarien, Finnland, Ungarn, Rumänien und Ostösterreich.

10. Die Sowjetregierung erhebt keine Ansprüche auf das von den alliierten Truppen in Deutschland erbeutete Gold.

V. Die deutsche Kriegs- und Handelsmarine

Die Konferenz erzielt im Prinzip eine Einigung hinsichtlich der Maßnahmen über die Ausnutzung und die Verfügung über die ausgelieferte deutsche Flotte und die Handelsschiffe. Es wurde beschlossen, daß die drei Regierungen Sachverständige bestellen, um gemeinsam detaillierte Pläne zur Verwirklichung der vereinbarten Grundsätze auszuarbeiten. Eine weitere gemeinsame Erklärung wird von den drei Regierungen gleichzeitig zu gegebener Zeit veröffentlicht werden.

VI. Stadt Königsberg und das anliegende Gebiet

Die Konferenz prüfte einen Vorschlag der Sowjetregierung, daß vorbehaltlich der endgültigen Bestimmung der territorialen Fragen bei der Friedensregelung derjenige Abschnitt der Westgrenze der Union der Sozialistischen Sowjetrepubliken, der an die Ostsee grenzt, von einem Punkt an der östlichen Küste der Danziger Bucht in östlicher

Richtung nördlich von Braunsberg-Goldap und von da zu dem Schnittpunkt der Grenzen Litauens, der Polnischen Republik und Ostpreußens verlaufen soll.
Die Konferenz hat grundsätzlich vom Vorschlag der Sowjetregierung hinsichtlich der endgültigen Übergabe der Stadt Königsberg und des anliegenden Gebietes an die Sowjetunion gemäß der obigen Beschreibung zugestimmt, wobei der genaue Grenzverlauf einer sachverständigen Prüfung vorbehalten bleibt.
Der Präsident der USA und der britische Premierminister haben erklärt, daß sie den Vorschlag der Konferenz bei der bevorstehenden Friedensregelung unterstützen werden.

VII. Kriegsverbrecher
Die drei Regierungen haben von dem Meinungsaustausch Kenntnis genommen, der in den letzten Wochen in London zwischen britischen, USA-, sowjetischen und französischen Vertretern mit dem Ziele stattgefunden hat, eine Vereinbarung über die Methoden des Verfahrens gegen alle Hauptkriegsverbrecher zu erzielen, deren Verbrechen nach der Moskauer Erklärung vom Oktober 1943 räumlich nicht besonders begrenzt sind.
Die drei Regierungen bekräftigen ihre Absicht, diese Verbrecher einer schnellen und sicheren Gerichtsbarkeit zuzuführen. Sie hoffen, daß die Verhandlungen in London zu einer schnellen Vereinbarung führen, die diesem Zwecke dient und sie betrachten es als eine Angelegenheit von größter Wichtigkeit, daß der Prozeß gegen diese Hauptverbrecher zum frühestmöglichen Zeitpunkt beginnt.
Die erste Liste der Angeklagten wird vor dem 1. September dieses Jahres veröffentlicht werden.

VIII. Österreich
.....

IX. Polen
Die Konferenz hat die Fragen, die sich auf die Polnische Provisorische Regierung der Nationalen Einheit und auf die Westgrenze Polens beziehen, der Betrachtung unterzogen.
Hinsichtlich der Polnischen Provisorischen Regierung der Nationalen Einheit definierten sie ihre Haltung in der folgenden Feststellung:
a).....
b) Bezüglich der Westgrenze Polens wurde folgendes Abkommen erzielt:
In Übereinstimmung mit dem bei der Krimkonferenz erzielten Abkommen haben die Häupter der drei Regierungen die Meinung der Polnischen Provisorischen Regierung der Nationalen Einheit hinsichtlich des Territoriums im Norden und Westen geprüft, das Polen erhalten soll. Der Präsident des Nationalrates Polens und die Mitglieder der Polnischen Porvisorischen Regierung der Nationalen Einheit sind auf der Konferenz empfangen worden und haben ihre Auffassungen in vollem Umfange dargelegt. Die Häupter der drei Regierungen bekräftigen ihre Auffassung, daß die endgültige Festlegung der Westgrenze Polens bis zu der Friedenskonferenz zurückgestellt werden soll.
Die Häupter der drei Regierungen stimmen darin überein, daß bis zur endgültigen Festlegung der Westgrenze Polens, die früher deutschen Gebiete östlich der Linie, die von der Ostsee unmittelbar westlich von Swinemünde und von dort die Oder entlang bis zur Einmündung der westlichen Neiße und die westliche Neiße entlang bis zur tschechoslowakischen Grenze verläuft, einschließlich des Teiles Ostpreußens, der nicht unter die Verwaltung der Union der Sozialistischen Sowjetrepubliken in Übereinstimmung mit den auf dieser Konferenz erzielten Vereinbarungen gestellt wird und einschließlich des Gebietes der früheren Freien Stadt Danzig, unter die Verwaltung des polnischen Staates

kommen und in dieser Hinsicht nicht als Teil der sowjetischen Besatzungszone in Deutschland betrachtet werden sollen.

X. Der Abschluß der Friedensverträge und Zulassung zur Organisation der Vereinten Nationen

.....

XI. Territoriale Treuhänderschaft

.....

XII. Verfahrensrevision bei der alliierten Kontrollkommission in Rumänien, Bulgarien und Ungarn

.....

XIII. Ordnungsmäßige Überführung deutscher Bevölkerungsteile

Die Konferenz erzielte folgendes Abkommen über die Ausweisung Deutscher aus Polen, der Tschechoslowakei und Ungarn:

Die drei Regierungen haben die Frage unter allen Gesichtspunkten beraten und erkennen an, daß die Überführung der deutschen Bevölkerung oder Bestandteile derselben, die in Polen, der Tschechoslowakei und Ungarn zurückgeblieben sind, nach Deutschland durchgeführt werden muß. Sie stimmen darin überein, daß jede derartige Überführung, die stattfinden wird, in ordnungsgemäßer und humaner Weise erfolgen soll.

Da der Zustrom einer großen Zahl Deutscher nach Deutschland die Lasten vergrößern würde, die bereits auf den Besatzungsbehörden ruhen, halten sie es für wünschenswert, daß der alliierte Kontrollrat in Deutschland zunächst das Problem unter besonderer Berücksichtigung der Frage einer gerechten Verteilung dieser Deutschen auf die einzelnen Besatzungszonen prüfen soll. Sie beauftragen demgemäß ihre jeweiligen Vertreter beim Kontrollrat, ihren Regierungen so bald wie möglich über den Umfang zu berichten, in dem derartige Personen schon aus Polen, der Tschechoslowakei und Ungarn nach Deutschland gekommen sind, und eine Schätzung über Zeitpunkt und Ausmaß vorlegen, zu dem die weiteren Überführungen durchgeführt werden könnten, wobei die gegenwärtige Lage in Deutschland zu berücksichtigen ist. Die Tschechoslowakische Regierung, die Polnische Provisorische Regierung und der Alliierte Kontrollrat in Ungarn werden gleichzeitig von obigem in Kenntnis gesetzt und ersucht werden, inzwischen weitere Ausweisungen der deutschen Bevölkerung einzustellen, bis die betroffenen Regierungen die Berichte ihrer Vertreter an den Kontrollausschuß geprüft haben.

5.1.2.5 *Proklamation Nr. 1 des Alliierten Kontrollrates betreffend die Errichtung des Kontrollrates (30. 8. 1945)*

An das deutsche Volk!

Die Oberbefehlshaber der stehenden Streitkräfte in Deutschland der Vereinigten Staaten von Amerika, der Union der Sozialistischen Sowjetrepubliken, des Vereinigten Königreiches von Großbritannien und Nordirland und der Provisorischen Regierung der Französischen Republik verkünden hiermit gemeinsam als Mitglieder des Kontrollrates folgendes:

I

Laut Bekanntmachung vom 5. Juni 1945 ist die oberste Regierungsgewalt in bezug auf Deutschland von den Regierungen der Vereinigten Staaten von Amerika, der Union der Sozialistischen Sowjetrepubliken, des Vereinigten Königreiches von Großbritannien und

Nordirland und der Provisorischen Regierung der Französischen Republik übernommen worden.

II
Kraft der obersten Regierungsgewalt und der Machtbefugnisse, die damit von den vier Regierungen übernommen wurden, ist der Kontrollrat eingesetzt und die oberste Machtgewalt in Angelegenheiten, die Deutschland als Ganzes angehen, dem Kontrollrat übertragen worden.

III
Alle Militärgesetze, Proklamationen, Befehle, Verordnungen, Bekanntmachungen, Vorschriften und Direktiven, die von den betreffenden Oberbefehlshabern oder in ihrem Namen für ihre Besatzungszonen herausgegeben worden sind, verbleiben auch weiterhin in diesen ihren Besatzungszonen in Kraft.
Ausgefertigt in Berlin, den 30. August 1945.
(Die in den drei offiziellen Sprachen abgefaßten Originaltexte dieser Proklamation wurden von *Dwight D. Eisenhower*, General der Armee, *B. H. Robertson*, Generalleutnant, *L. Koeltz*, Armeekorps-General, und *G. Schukow*, Marschall der Sowjetunion, unterzeichnet.)

5.1.2.6 *Kontrollratsgesetz Nr. 1 betreffend die Aufhebung von NS-Recht (20. 9. 1945)*

Der Kontrollrat verordnet wie folgt:

Artikel I
1. Folgende Gesetze politischer Natur oder Ausnahmegesetze, auf welchen das Nazi-Regime beruhte, werden hierdurch ausdrücklich aufgehoben, einschließlich aller zusätzlichen Gesetze, Durchführungsbestimmungen, Verordnungen und Erlasse:
a) Gesetz zur Behebung der Not von Volk und Reich vom 24. März 1933 RGBl I/41,
b) Gesetz zur Wiederherstellung des Berufsbeamtentums vom 7. April 1933 RGBl I/175,
c) Gesetz zur Änderung von Vorschriften des Strafrechts und des Strafverfahrens vom 24. April 1934 RGBl I/341,
d) Gesetz zum Schutze der nationalen Symbole vom 19. Mai 1933 RGBl I/285,
e) Gesetz gegen die Neubildung von Parteien vom 14. Juli 1933 RGBl I/479,
f) Gesetz über Volksabstimmung vom 14. Juli 1933 RGBl I/479,
g) Gesetz zur Sicherung der Einheit von Partei und Staat vom 1. Dezember 1933 RGBl I/1016,
h) Gesetz gegen heimtückische Angriffe auf Staat und Partei und zum Schutz der Parteiuniformen vom 20. Dezember 1934 RGBl I/1269,
j) Reichsflaggengesetz vom 15. September 1935 RGBl I/1145,
k) Gesetz zum Schutze des Deutschen Blutes und der Deutschen Ehre vom 15. September 1935 RGBl I/1146,
l) Reichsbürgergesetz vom 15. September 1935 RGBl I/1146,
m) Preußisches Gesetz über die Geheime Staatspolizei vom 10. Februar 1936 G. S. 21,
n) Gesetz über die Hitler-Jugend vom 1. Dezember 1936 RGBl I/993,
o) Verordnung gegen die Unterstützung der Tarnung jüdischer Gewerbebetriebe vom 22. April 1938 RGBl I/404,
p) Verordnung über die Anmeldung des Vermögens von Juden vom 26. April 1938 RGBl I/414,

q) Gesetz zur Änderung der Gewerbeordnung für das Deutsche Reich vom 6. Juli 1938 RGBl I/823,
r) Zweite Verordnung zur Durchführung des Gesetzes über die Änderung von Familiennamen und Vornamen vom 17. August 1938 RGBl I/1044,
s) Verordnung über Reisepässe von Juden vom 5. Oktober 1938 RGBl I/1342,
t) Verordnung zur Ausschaltung der Juden aus dem deutschen Wirtschaftsleben vom 12. November 1938 RGBl I/1580,
u) Polizeiverordnung über das Auftreten der Juden in der Öffentlichkeit vom 28. November 1938 RGBl I/1676,
v) Verordnung über den Nachweis deutschblütiger Abstammung vom 1. August 1940 RGBl I/1063,
w) Polizeiverordnung über die Kennzeichnung der Juden vom 1. September 1941 RGBl I/547,
x) Verordnung über die Beschäftigung von Juden vom 3. Oktober 1941 RGBl I/675,
y) Erlaß des Führers über die Rechtsstellung der NSDAP vom 12. Dezember 1942 RGBl I/733,
z) Polizeiverordnung über die Kenntlichmachung der im Reich befindlichen Ostarbeiter und -arbeiterinnen vom 19. Juni 1944 RGBl I/147.

2. Die Aufhebung der oben erwähnten Gesetze setzt kein Gesetz in Kraft, das nach dem 30. Januar 1933 erlassen und das durch die oben erwähnten Gesetze aufgehoben worden ist.

Artikel II
Keine deutsche Gesetzesverfügung, gleichgültig wie oder zu welcher Zeit erlassen, darf gerichtlich oder verwaltungsmäßig zur Anwendung gebracht werden in irgendwelchen Fällen, in denen ihre Anwendung Ungerechtigkeit oder ungleiche Behandlung verursachen würde, entweder dadurch, daß a) irgendjemand auf Grund seiner Verbindung mit der Nationalsozialistischen Deutschen Arbeiterpartei, ihren Formationen, angegliederten Verbindungen oder Organisationen, Vorteile genießen würde; oder b) irgendjemand auf Grund seiner Rasse, Staatsangehörigkeit, seines Glaubens oder seiner Opposition zu der Nationalsozialistischen Deutschen Arbeiterpartei oder ihren Lehren, Nachteile erleiden würde.

Artikel III
Wer irgendwelche durch dieses Gesetz aufgehobene Gesetze anwendet oder anzuwenden versucht, setzt sich strafrechtlicher Verfolgung aus.
Ausgefertigt in Berlin, den 20. September 1945.
(Die in den drei offiziellen Sprachen abgefaßten Originaltexte dieses Gesetzes sind von *B. L. Montgomery*, Feldmarschall, *L. Koeltz*, Armeekorps-General, *V. D. Sokolovsky*, General der Armee, und *Dwight D. Eisenhower*, General der Armee, unterzeichnet.)

5.1.2.7 *Kontrollratsgesetz Nr. 46 betreffend die Auflösung Preußens (25. 2. 1947)*

Der Staat Preußen, der seit jeher Träger des Militarismus und der Reaktion in Deutschland gewesen ist, hat in Wirklichkeit zu bestehen aufgehört. Geleitet von dem Interesse an der Aufrechterhaltung des Friedens und der Sicherheit der Völker und erfüllt von dem Wunsche, die weitere Wiederherstellung des politischen Lebens in Deutschland auf demokratischer Grundlage zu sichern, erläßt der Kontrollrat das folgende Gesetz:

Artikel I
Der Staat Preußen, seine Zentralregierung und alle nachgeordneten Behörden werden hiermit aufgelöst.

Artikel II
Die Gebiete, die ein Teil des Staates Preußen waren und die gegenwärtig der Oberhoheit des Kontrollrats unterstehen, sollen die Rechtsstellung von Ländern erhalten oder Ländern einverleibt werden.
Die Bestimmungen dieses Artikels unterliegen jeder Abänderung und anderen Anordnungen, welche die Alliierte Kontrollbehörde verfügen oder die zukünftige Verfassung Deutschlands festsetzen sollte.

Artikel III
Staats- und Verwaltungsfunktionen sowie Vermögen und Verbindlichkeiten des früheren Staates Preußen sollen auf die beteiligten Länder übertragen werden, vorbehaltlich etwaiger Abkommen, die sich als notwendig herausstellen sollten und von der Alliierten Kontrollbehörde getroffen werden.

Artikel IV
Dieses Gesetz tritt mit dem Tage seiner Unterzeichnung in Kraft.
Ausgefertigt in Berlin, den 25. Februar 1947.

(Die in den drei offiziellen Sprachen abgefaßten Originaltexte dieses Gesetzes sind von *P. Koenig*, General der Armee, *V. Sokolovsky*, Marschall der Sowjetunion, *Lucius D. Clay*, Generalleutnant, und *B. H. Robertson*, Generalleutnant, unterzeichnet.)

5.2 *Dokumente zum Status der Bundesrepublik Deutschland*

5.2.1 *Besatzungsstatut zur Abgrenzung der Befugnisse und Verantwortlichkeiten zwischen der zukünftigen deutschen Regierung und der Alliierten Kontrollbehörde (10. 4. 1949)*

In Ausübung der von den Regierungen Frankreichs, der Vereinigten Staaten und des Vereinigten Königreiches beibehaltenen obersten Gewalt, verkünden wir, General Pierre Koenig, Militärgouverneur und Oberbefehlshaber der französischen Zone Deutschlands, General Lucius D. Clay, Militärgouverneur und Oberbefehlshaber der amerikanischen Zone Deutschlands, und
General Sir Brian Hubert Robertson, Militärgouverneur und Oberbefehlshaber der britischen Zone Deutschlands, hiermit gemeinsam das Besatzungsstatut:
1. Die Regierungen Frankreichs, der Vereinigten Staaten und des Vereinigten Königreiches wünschen und beabsichtigen, daß sich das deutsche Volk in dem Zeitraum, während dessen das Fortdauern der Besatzung notwendig ist, im größtmöglichsten Maße selbst regiert, soweit dies mit der Besatzung vereinbar ist. Der Bund und die beteiligten Länder haben, lediglich den Beschränkungen dieses Statuts unterworfen, volle gesetzgebende, vollziehende und rechtsprechende Gewalt gemäß dem Grundgesetz und den Länderverfassungen.

2. Um die Erreichung der Grundziele der Besatzung sicherzustellen, wird die Zuständigkeit für die folgenden Gebiete, einschließlich des Rechts, von den Besatzungsbehörden benötigte Auskünfte und statistische Angaben anzufordern und deren Richtigkeit zu prüfen, ausdrücklich vorbehalten:

a) die Entwaffnung und Entmilitarisierung einschließlich der damit in Beziehung stehenden Gebiete der wissenschaftlichen Forschung, Verbote und Beschränkungen der Industrie und die Zivilluftfahrt,

b) die Kontrolle über die Ruhr, die Restitutionen, Reparationen, Dekartellisierung, Dezentralisation, Ausschluß von Diskriminierungen in Handelsangelegenheiten, die ausländischen Interessen in Deutschland und die Ansprüche gegen Deutschland,

c) auswärtige Angelegenheiten einschließlich der von Deutschland oder in seinem Namen getroffenen internationalen Abkommen,

d) verschleppte Personen und die Aufnahme von Flüchtlingen,

e) der Schutz, das Prestige und die Sicherheit der Alliierten Streitkräfte, Familienangehörigen, Angestellten und Vertreter, ihre Immunitäten und das Aufkommen für die Besatzungskosten und für ihre anderen Anforderungen,

f) die Beachtung des Grundgesetzes und der Länderverfassungen,

g) die Überwachung des Außenhandels und der Devisenwirtschaft,

h) die Überwachung innerer Maßnahmen, aber nur in dem Umfang, der erforderlich ist, um die Verwendung von Geldmitteln, Lebensmitteln und sonstigen Bedarfsgütern in der Weise sicherzustellen, daß Deutschlands Bedarf an ausländischer Unterstützung auf ein Mindestmaß herabgesetzt wird.

i) die Überwachung der Versorgung und Behandlung in deutschen Strafanstalten von Personen, die vor Gerichten oder Tribunalen der Besatzungsmächte oder Besatzungsbehörden angeklagt oder von ihnen verurteilt worden sind; die Überwachung der Vollstreckung von Strafurteilen gegen solche Personen und in Angelegenheiten ihrer Amnestierung, Begnadigung und Freilassung.

3. Es ist die Hoffnung und Erwartung der Regierungen Frankreichs, der Vereinigten Staaten und des Vereinigten Königreiches, daß die Besatzungsbehörden keinen Anlaß haben werden, auf anderen als den oben ausdrücklich vorbehaltenen Gebieten Maßnahmen zu ergreifen. Die Besatzungsbehörden behalten sich jedoch das Recht vor, entsprechend den Weisungen ihrer Regierungen die Ausübung der vollen Gewalt ganz oder teilweise wieder zu übernehmen, wenn sie dies für unerläßlich erachten für die Sicherheit oder zur Aufrechterhaltung der demokratischen Ordnung in Deutschland, oder um den internationalen Verpflichtungen ihrer Regierungen nachzukommen. Zuvor werden sie die zuständigen deutschen Behörden von ihrer Entscheidung und den dazu führenden Gründen förmlich in Kenntnis setzen.

4. Die Bundesrepublik Deutschland und die Länder haben die Befugnis, nach ordnungsmäßiger Mitteilung an die Besatzungsbehörden auch auf den diesen Behörden vorbehaltenen Gebieten Gesetze zu erlassen und Maßnahmen zu ergreifen, es sei denn, daß die Besatzungsbehörden ausdrücklich anders bestimmen oder daß solche Gesetze oder Maßnahmen mit den von Besatzungsbehörden selbst getroffenen Entscheidungen oder Maßnahmen unvereinbar sind.

5. Jede Änderung des Grundgesetzes bedarf vor ihrem Inkrafttreten der ausdrücklichen Genehmigung der Besatzungsbehörden. Länderverfassungen, Änderungen dieser Verfassungen, alle sonstige Gesetzgebung und alle Abkommen zwischen dem Bund und ausländischen Regierungen treten 21 Tage nach ihrem amtlichen Eingang bei den Besatzungsbehörden in Kraft, es sei denn, daß diese sie vorher vorläufig oder endgültig ablehnen. Die Besatzungsbehörden werden gesetzgeberische Maßnahmen nicht ablehnen,

es sei denn, daß sie ihrer Ansicht nach mit dem Grundgesetz, mit einer Landesverfassung, mit der Gesetzgebung oder den sonstigen Direktiven der Besatzungsbehörden oder mit Bestimmungen dieses Statuts unvereinbar sind, oder daß diese Maßnahmen die Grundziele der Besatzung ernstlich gefährden.

6. Unter dem ausschließlichen Vorbehalt der Gewährleistung ihrer Sicherheiten garantieren die Besatzungsbehörden die Beachtung durch alle Besatzungsstellen der Rechte des Bürgers auf Schutz gegen willkürliche Verhaftung, Durchsuchung oder Beschlagnahme; auf Vertretung durch einen Anwalt; auf Freilassung gegen Sicherheitsleistung, soweit es die Umstände rechtfertigen; auf die Möglichkeit, mit den Angehörigen in Verbindung zu bleiben und auf ein gerechtes oder baldiges Verfahren.

7. Vor dem Inkrafttreten des Grundgesetzes erlassene gesetzgeberische Maßnahmen der Besatzungsbehörden bleiben bis zu ihrer Aufhebung oder Änderung durch die Besatzungsbehörden nach Maßgabe der folgenden Bestimmungen in Kraft:

a) Gesetzgebung, die mit dem Vorausgehenden nicht übereinstimmt, wird aufgehoben oder so abgeändert werden, daß sie mit ihm übereinstimmt,
b) Gesetzgebung, die auf den oben in Absatz 2 aufgeführten Befugnissen beruht, wird kodifiziert werden,
c) Gesetzgebung, die nicht unter a) oder b) fällt, wird von den Besatzungsbehörden auf Ersuchen der zuständigen deutschen Behörden aufgehoben werden.

8. Jede Maßnahme der Besatzungsbehörden soll als im Rahmen der hierin vorbehaltenen Befugnisse liegend angesehen und als solche gemäß diesem Statut wirksam werden, wenn sie auf Grund einer Vereinbarung zwischen ihnen getroffen worden ist oder offensichtlich in irgendeiner Weise darauf beruht. Die Besatzungsbehörden können nach ihrem Ermessen ihre Entscheidungen entweder unmittelbar oder durch Weisungen an die zuständigen deutschen Behörden durchführen.

9. Nach 12 Monaten und in jedem Fall innerhalb von 18 Monaten nach Inkrafttreten dieses Statuts werden die Besatzungsmächte seine Bestimmungen überprüfen im Lichte der Erfahrungen, die bei seiner Anwendung gemacht wurden, und im Hinblick auf eine Erweiterung der Zuständigkeit der deutschen Stellen auf den Gebieten der Gesetzgebung, der Exekutive und der Rechtspflege.

Dem Parlamentarischen Rat in Bonn mit einer Note übermittelt am 10. April 1949.

5.2.2 *Vertrag über die Beziehungen zwischen der Bundesrepublik Deutschland und den Drei Mächten (Generalvertrag) (26. 5. 1952)*

(in der gemäß Liste I zu dem am 23. Oktober 1954 in Paris unterzeichneten Protokoll über die Beendigung des Besatzungsregimes in der Bundesrepublik Deutschland geänderten Fassung)

Die Bundesrepublik Deutschland,
die Vereinigten Staaten von Amerika,
das Vereinigte Königreich von Großbritannien und Nordirland und die Französische Republik
haben zur Festlegung der Grundlagen ihres neuen Verhältnisses den folgenden Vertrag geschlossen:

Art. 1 Beendigung des Besatzungsregimes.

(1) Mit dem Inkrafttreten dieses Vertrages werden die Vereinigten Staaten von Amerika, das Vereinigte Königreich von Großbritannien und Nordirland und die Französische

Republik (in diesem Vertrag und in den Zusatzverträgen auch als »Drei Mächte« bezeichnet) das Besatzungsregime in der Bundesrepublik beenden, das Besatzungsstatut aufheben und die Alliierte Hohe Kommission sowie die Dienststellen der Landeskommissare in der Bundesrepublik auflösen.
(2) Die Bundesrepublik wird demgemäß die volle Macht eines souveränen Staates über die inneren und äußeren Angelegenheiten haben.

Art. 2 Vorbehalt von Rechten.
Im Hinblick auf die internationale Lage, die bisher die Wiedervereinigung Deutschlands und den Abschluß eines Friedensvertrages verhindert hat, behalten die drei Mächte die bisher von ihnen ausgeübten oder innegehabten Rechte und Verantwortlichkeiten in bezug auf Berlin und auf Deutschland als Ganzes einschließlich der Wiedervereinigung Deutschlands und einer friedensvertraglichen Regelung. Die von den Drei Mächten beibehaltenen Rechte und Verantwortlichkeiten in bezug auf die Stationierung von Streitkräften in Deutschland und der Schutz der Sicherheit dieser Streitkräfte bestimmen sich nach den Artikeln 4 und 5 dieses Vertrages.

Art. 3 Außenpolitischer Status der Bundesrepublik.
(1) Die Bundesrepublik wird ihre Politik im Einklang mit den Prinzipien der Satzung der Vereinten Nationen und mit den im Statut des Europarates aufgestellten Zielen halten.
(2) Die Bundesrepublik bekräftigt ihre Absicht, sich durch ihre Mitgliedschaft in internationalen Organisationen, die zur Erreichung der gemeinsamen Ziele der freien Welt beitragen, mit der Gemeinschaft der freien Nationen völlig zu verbinden. Die Drei Mächte werden zu gegebener Zeit Anträge der Bundesrepublik unterstützen, die Mitgliedschaft in solchen Organisationen zu erlangen.
(3) Bei Verhandlungen mit Staaten, mit denen die Bundesrepublik keine Beziehungen unterhält, werden die Drei Mächte die Bundesrepublik in Fragen konsultieren, die deren politische Interessen unmittelbar berühren.
(4) Auf Ersuchen der Bundesregierung werden die Drei Mächte die erforderlichen Vorkehrungen treffen, die Interessen der Bundesrepublik in ihren Beziehungen zu anderen Staaten und in gewissen internationalen Organisationen oder Konferenzen zu vertreten, soweit die Bundesrepublik dazu nicht selbst in der Lage ist.

Art. 4 Stationierung von Streitkräften der Drei Mächte und der Bundesrepublik.
(1) Bis zum Inkrafttreten der Abmachungen über den deutschen Verteidigungsbeitrag behalten die Drei Mächte weiterhin ihre bisher ausgeübten oder innegehabten Rechte in bezug auf die Stationierung von Streitkräften in der Bundesrepublik. Die Aufgabe dieser Streitkräfte wird die Verteidigung der freien Welt sein, zu der die Bundesrepublik und Berlin gehören. Vorbehaltlich der Bestimmungen des Artikels 5 Absatz 2 dieses Vertrages bestimmen sich die Rechte und Pflichten dieser Streitkräfte nach dem Vertrag über die Rechte und Pflichten ausländischer Streitkräfte und ihrer Mitglieder in der Bundesrepublik Deutschland (im folgenden als »Truppenvertrag« bezeichnet), auf den in Artikel 8 Absatz 1 dieses Vertrages Bezug genommen ist.
(2) Die von den Drei Mächten bisher ausgeübten oder innegehabten und weiterhin beizubehaltenden Rechte in bezug auf die Stationierung von Streitkräften in Deutschland werden von den Bestimmungen dieses Artikels nicht berührt, soweit sie für die Ausübung der im ersten Satz des Artikels 2 dieses Vertrages genannten Rechte erforderlich sind. Die Bundesrepublik ist damit einverstanden, daß vom Inkrafttreten der Abmachungen über den deutschen Verteidigungsbeitrag an Streitkräfte der gleichen Nationalität und Effektivstärke wie zur Zeit dieses Inkrafttretens in der Bundesrepublik stationiert werden

dürfen. Im Hinblick auf die in Artikel 1 Absatz 2 dieses Vertrages umschriebene Rechtsstellung der Bundesrepublik und im Hinblick darauf, daß die Drei Mächte gewillt sind, ihre Rechte betreffend die Stationierung von Streitkräften in der Bundesrepublik, soweit diese betroffen ist, nur in vollem Einvernehmen mit der Bundesrepublik auszuüben, wird diese Frage in einem besonderen Vertrag geregelt.

Art. 5 Rechte und Pflichten der Drei Mächte bez. ihrer Streitkräfte in der Bundesrepublik.
(1) Für die in der Bundesrepublik stationierten Streitkräfte gelten bis zum Inkrafttreten der Abmachungen über den deutschen Verteidigungsbeitrag die folgenden Bestimmungen:
a) Die Drei Mächte werden die Bundesregierung in allen die Stationierung dieser Streitkräfte betreffenden Fragen konsultieren, soweit es die militärische Lage erlaubt. Die Bundesrepublik wird nach Maßgabe dieses Vertrages und der Zusatzverträge im Rahmen ihres Grundgesetzes mitwirken, um diesen Streitkräften ihre Aufgabe zu erleichtern.
b) Die Drei Mächte werden nur nach vorheriger Einwilligung der Bundesrepublik Truppen eines Staates, der zur Zeit keine Kontingente stellt, als Teil ihrer Streitkräfte im Bundesgebiet stationieren. Jedoch dürfen solche Kontingente im Falle eines Angriffs oder unmittelbar drohenden Angriffs ohne Einwilligung der Bundesrepublik in das Bundesgebiet gebracht werden, dürfen dagegen nach Beseitigung der Gefahr nur mit Einwilligung der Bundesrepublik dort verbleiben.
(2) Die von den Drei Mächten bisher innegehabten oder ausgeübten Rechte in bezug auf den Schutz der Sicherheit von in der Bundesrepublik stationierten Streitkräften, die zeitweilig von den Drei Mächten beibehalten werden, erlöschen, sobald die zuständigen deutschen Behörden entsprechende Vollmachten durch die deutsche Gesetzgebung erhalten haben und dadurch in Stand gesetzt sind, wirksame Maßnahmen zum Schutz der Sicherheit dieser Streitkräfte zu treffen, einschließlich der Fähigkeit, einer ernstlichen Störung der öffentlichen Sicherheit und Ordnung zu begegnen. Soweit diese Rechte weiterhin ausgeübt werden können, werden sie nur nach Konsultation mit der Bundesregierung ausgeübt werden, soweit die militärische Lage eine solche Konsultation nicht ausschließt, und wenn die Bundesregierung darin übereinstimmt, daß die Umstände die Ausübung derartiger Rechte erfordern. Im übrigen bestimmt sich der Schutz der Sicherheit dieser Streitkräfte nach den Vorschriften des Truppenvertrages oder den Vorschriften des Vertrages, welcher den Truppenvertrag ersetzt, und nach deutschem Recht, soweit nicht in einem anwendbaren Vertrag etwas anderes bestimmt ist.

Art. 6 Berlin
(1) Die Drei Mächte werden die Bundesrepublik hinsichtlich der Ausübung ihrer Rechte in bezug auf Berlin konsultieren.
(2) Die Bundesrepublik ihrerseits wird mit den Drei Mächten zusammenwirken, um es ihnen zu erleichtern, ihren Verantwortlichkeiten in bezug auf Berlin zu genügen.

Art. 7 Ziele der Politik der Vertragsstaaten.
(1) Die Unterzeichnerstaaten sind darüber einig, daß ein wesentliches Ziel ihrer gemeinsamen Politik eine zwischen Deutschland und seinen ehemaligen Gegnern frei vereinbarte friedensvertragliche Regelung für ganz Deutschland ist, welche die Grundlage für einen dauerhaften Frieden bilden soll. Sie sind weiterhin darüber einig, daß die endgültige Festlegung der Grenzen Deutschlands bis zu dieser Regelung aufgeschoben werden muß.

(2) Bis zum Abschluß der friedensvertraglichen Regelung werden die Unterzeichnerstaaten zusammenwirken, um mit friedlichen Mitteln ihr gemeinsames Ziel zu verwirklichen: Ein wiedervereinigtes Deutschland, das eine freiheitlich-demokratische Verfassung, ähnlich wie die Bundesrepublik, besitzt und das in die europäische Gemeinschaft integriert ist.
(3) *(gestrichen)*
(4) Die Drei Mächte werden die Bundesrepublik in allen Angelegenheiten konsultieren, welche die Ausübung ihrer Rechte in bezug auf Deutschland als Ganzes berühren.

Art. 8 Zusatzverträge.
(1) a) Die Unterzeichnerstaaten haben die folgenden Zusatzverträge geschlossen:
Vertrag über die Rechte und Pflichten ausländischer Streitkräfte und ihrer Mitglieder in der Bundesrepublik Deutschland;
Finanzvertrag;
Vertrag zur Regelung aus Krieg und Besatzung entstandener Fragen.
b) Der Vertrag über die Rechte und Pflichten ausländischer Streitkräfte und ihrer Mitglieder in der Bundesrepublik Deutschland und das am 26. Mai 1952 in Bonn unterzeichnete Abkommen über die steuerliche Behandlung der Streitkräfte und ihrer Mitglieder in der durch das Protokoll vom 26. Juli 1952 abgeänderten Fassung bleiben bis zum Inkrafttreten neuer Vereinbarungen über die Rechte und Pflichten der Streitkräfte der Drei Mächte und sonstiger Staaten, die Truppen auf dem Gebiet der Bundesrepublik unterhalten, in Kraft. Die neuen Vereinbarungen werden auf der Grundlage des in London am 19. Juni 1951 zwischen den Parteien des Nordatlantikpakts über den Status ihrer Streitkräfte unterzeichneten Abkommens getroffen, ergänzt durch diejenigen Bestimmungen, die im Hinblick auf die besonderen Verhältnisse in bezug auf die in der Bundesrepublik stationierten Streitkräfte erforderlich sind.
c) Der Finanzvertrag bleibt bis zum Inkrafttreten neuer Vereinbarungen in Kraft, über die gemäß Artikel 4 Absatz 4 jenes Vertrages mit anderen Mitgliedstaaten der Nordatlantikpakt-Organisation verhandelt wird, die Truppen im Bundesgebiet stationiert haben.
(2) Während der in Artikel 6 Absatz 4 des Ersten Teils des Vertrages zur Regelung aus Krieg und Besatzung entstandener Fragen vorgesehenen Übergangszeit bleiben die in jenem Absatz erwähnten Rechte der drei Unterzeichnerstaaten erhalten.

Art. 9 Schiedsgericht.
(1) Es wird ein Schiedsgericht errichtet werden, das gemäß den Bestimmungen der beigefügten Satzung tätig werden wird.
(2) Das Schiedsgericht ist ausschließlich zuständig für alle Streitigkeiten, die sich zwischen der Bundesrepublik und den Drei Mächten aus den Bestimmungen dieses Vertrages oder der beigefügten Satzung oder eines der Zusatzverträge ergeben und welche die Parteien nicht durch Verhandlungen oder auf eine andere zwischen allen Unterzeichnerstaaten vereinbarte Weise beizulegen vermögen, soweit sich nicht aus Absatz 3 dieses Artikels oder aus der beigefügten Satzung oder aus den Zusatzverträgen etwas anderes ergibt.
(3) Streitigkeiten, welche die in Artikel 2, den ersten beiden Sätzen des Absatzes 1 des Artikels 4, dem ersten Satz des Absatzes 2 des Artikels 4 und den ersten beiden Sätzen des Absatzes 2 des Artikels 5 angeführten Rechte der Drei Mächte oder Maßnahmen auf Grund der Rechte berühren, unterliegen nicht der Gerichtsbarkeit des Schiedsgerichtes oder eines anderen Gerichtes.

Art. 10 Revisionsklausel.

Die Unterzeichnerstaaten überprüfen die Bestimmungen dieses Vertrages und der Zusatzverträge:

a) auf Ersuchen eines von ihnen im Falle der Wiedervereinigung Deutschlands oder einer unter Beteiligung oder mit Zustimmung der Staaten, die Mitglieder dieses Vertrages sind, erzielten internationalen Verständigung über Maßnahmen zur Herbeiführung der Wiedervereinigung Deutschlands oder der Bildung einer europäischen Föderation, oder

b) in jeder Lage, die nach Auffassung aller Unterzeichnerstaaten aus einer Änderung grundlegenden Charakters in den zur Zeit des Inkrafttretens des Vertrages bestehenden Verhältnissen entstanden ist.

In beiden Fällen werden sie in gegenseitigem Einvernehmen diesen Vertrag und die Zusatzverträge in dem Umfang ändern, der durch die grundlegende Änderung der Lage erforderlich oder ratsam geworden ist.

Art. 11 Hinterlegung

(1) *(gestrichen)*

(2) *(gestrichen)*

(3) Dieser Vertrag und die Zusatzverträge werden in den Archiven der Regierung der Bundesrepublik Deutschland hinterlegt; diese wird jedem Unterzeichnerstaat beglaubigte Ausfertigungen übermitteln und jeden Unterzeichnerstaat vom Zeitpunkt des Inkrafttretens dieses Vertrages und der Zusatzverträge in Kenntnis setzen.

Zu Urkund dessen haben die unterzeichneten von ihren Regierungen gehörig beglaubigten Vertreter diesen Vertrag unterschrieben.

Geschehen zu Bonn am sechsundzwanzigsten Tage des Monats Mai 1952 in deutscher, englischer und französischer Sprache, wobei alle drei Fassungen gleichermaßen authentisch sind.

Für die Bundesrepublik Deutschland gezeichnet: Adenauer.

Für das Vereinigte Königreich von Großbritannien und Nordirland gezeichnet: Anthony Eden.

Für die Vereinigten Staaten von Amerika gezeichnet: Dean Acheson.

Für die Französische Republik gezeichnet: Robert Schumann.

5.2.3 *Vertrag zur Regelung aus Krieg und Besatzung entstandener Fragen (Überleitungsvertrag) (26. 5. 1952) – Auszug –*

(in der gemäß Liste IV zu dem am 23. Oktober 1954 in Paris unterzeichneten Protokoll über die Beendigung des Besatzungsregimes in der Bundesrepublik Deutschland geänderten Fassung)

Die Bundesrepublik Deutschland,
die Vereinigten Staaten von Amerika,
das Vereinigte Königreich von Großbritannien und Nordirland und die Französische Republik
sind wie folgt übereingekommen:

Erster Teil. Allgemeine Bestimmungen

Art. 1 Aufhebung von Besatzungsrecht.

(1) Die Organe der Bundesrepublik und der Länder sind gemäß ihrer im Grundgesetz festgelegten Zuständigkeit befugt, von den Besatzungsbehörden erlassene Rechtsvor-

schriften aufzuheben oder zu ändern, sofern im Vertrag über die Beziehungen zwischen der Bundesrepublik Deutschland und den Drei Mächten oder in den in dessen Artikel 8 aufgeführten Zusatzverträgen nichts anderes bestimmt ist. Bis zu einer solchen Aufhebung oder Änderung bleiben von den Besatzungsbehörden erlassene Rechtsvorschriften in Kraft. Vom Kontrollrat erlassene Rechtsvorschriften dürfen weder aufgehoben noch geändert werden. Rechtsvorschriften, durch welche die vorläufigen Grenzen der Bundesrepublik festgelegt worden sind, oder die nach anderen Bestimmungen des Vertrages über die Beziehungen zwischen der Bundesrepublik Deutschland und den Drei Mächten oder der Zusatzverträge in Kraft bleiben, dürfen nur mit Zustimmung der Drei Mächte geändert oder aufgehoben werden.

(2) Die Drei Mächte übertragen hiermit auf die Bundesrepublik das Recht, nach jeweiliger Konsultation mit den Drei Mächten die Rechtsvorschriften des Kontrollrats innerhalb des Bundesgebietes außer Wirksamkeit zu setzen, die nicht nach anderen Bestimmungen des Vertrages über die Beziehungen zwischen der Bundesrepublik Deutschland und den Drei Mächten oder der Zusatzverträge oder auf Verlangen der Drei Mächte in Ausübung ihrer Rechte hinsichtlich Berlins und Deutschlands als Ganzem, einschließlich der Wiedervereinigung Deutschlands und einer Friedensregelung, auf die im Vertrage über die Beziehungen zwischen der Bundesrepublik Deutschland und den Drei Mächten Bezug genommen ist, in Kraft bleiben, und die in einer Mitteilung im Namen der Regierungen der Drei Mächte an den Bundeskanzler vom Tage der Unterzeichnung dieses Vertrages aufgeführt sind.

(3) Der in diesem Vertrag verwendete Ausdruck »Rechtsvorschriften« umfaßt Proklamationen, Gesetze, Verordnungen, Entscheidungen (mit Ausnahme gerichtlicher Entscheidungen), Direktiven, Durchführungsbestimmungen, Anordnungen, Genehmigungen oder sonstige Vorschriften ähnlicher Art, die amtlich veröffentlicht worden sind. Die Bezugnahme auf eine einzelne Rechtsvorschrift schließt alle und jeden ihrer Teile, einschließlich der Präambel, ein, sofern nicht ausdrücklich etwas anderes bestimmt ist.

(4) Die amtlichen Texte der in diesem Artikel erwähnten Rechtsvorschriften sind diejenigen Texte, die zur Zeit des Erlasses maßgebend waren.

(5) Der Ausdruck »Besatzungsbehörden«, wie er in diesem Teil verwendet wird, bedeutet den Kontrollrat, die Alliierte Hohe Kommission, die Hohen Kommissare der Drei Mächte, die Militärgouverneure der Drei Mächte, die Streitkräfte der Drei Mächte in Deutschland, sowie Organisationen und Personen, die in deren Namen Befugnisse ausüben oder – im Falle von internationalen Organisationen und Organisationen anderer Mächte (und der Mitglieder solcher Organisationen) – mit deren Ermächtigung handeln, schließlich die bei den Streitkräften der Drei Mächte dienenden Hilfsverbände anderer Mächte.

Art. 2 Weitergeltung von Rechten und Pflichten, die sich auf Maßnahmen der Besatzungsbehörden gründen.

(1) Alle Rechte und Verpflichtungen, die durch gesetzgeberische, gerichtliche oder Verwaltungsmaßnahmen der Besatzungsbehörden oder auf Grund solcher Maßnahmen begründet oder festgestellt worden sind, sind und bleiben in jeder Hinsicht nach deutschem Recht in Kraft, ohne Rücksicht darauf, ob sie in Übereinstimmung mit anderen Rechtsvorschriften begründet oder festgestellt worden sind. Diese Rechte und Verpflichtungen unterliegen ohne Diskriminierung denselben künftigen gesetzgeberischen, gerichtlichen und Verwaltungsmaßnahmen wie gleichartige nach innerstaatlichem deutschem Recht begründete oder festgestellte Rechte und Verpflichtungen.

(2) Alle Rechte und Verpflichtungen, die aus den Verträgen und internationalen Abkommen herrühren, die von den Besatzungsbehörden oder von einer oder mehreren der Regierungen der Drei Mächte vor Inkrafttreten dieses Vertrages für eine oder mehrere der drei westlichen Besatzungszonen abgeschlossen wurden und die in der Anlage zu der Mitteilung der Alliierten Hohen Kommissare im Namen der Regierungen der Drei Mächte an den Bundeskanzler vom Tage der Unterzeichnung dieses Vertrages aufgeführt sind, sind und bleiben in Kraft, als ob sie aus gültigen, von der Bundesrepublik abgeschlossenen Verträgen und internationalen Abkommen herrührten ...

Art. 9 Weitergeltung der Vorschriften über Entflechtung der Kohlen- und Stahlindustrie.
(1) Die von der Alliierten Hohen Kommission erlassenen Rechtsvorschriften über die Umgestaltung des deutschen Kohlenbergbaus und der deutschen Eisen- und Stahlindustrie bleiben in dem Umfang, in dem sie am Tage des Inkrafttretens dieses Vertrages gelten, in Kraft, soweit und solange vor diesem Zeitpunkt angeordnete Entflechtungsmaßnahmen noch durchzuführen sind oder Berechtigte noch geschützt werden müssen.
(2) Die Bundesregierung wird dafür sorgen, daß die in Durchführungsverordnungen oder Anordnungen der Alliierten Hohen Kommission oder der ihr nachgeordneten Dienststellen auf Grund der in Absatz 1 dieses Artikels bezeichneten Rechtsvorschriften angeordneten Maßnahmen sowie die Maßnahmen, die auf Grund der durch diese Anordnungen gebilligten Pläne zu treffen sind, vollständig durchgeführt werden.
(3) Die Bestimmungen dieses Artikels stehen den auf Grund des Vertrages über die Gründung der Europäischen Gemeinschaft für Kohle und Stahl zulässigen Erweiterungen oder Zusammenschlüssen von Unternehmen des deutschen Kohlenbergbaus und der deutschen Eisen- und Stahlindustrie nicht entgegen ...

Art. 11 Weitergeltung der Vorschriften über Entflechtung der I. G. Farbenindustrie.
(1) Die von der Alliierten Hohen Kommission erlassenen Rechtsvorschriften über den Abschluß der Entflechtung und Liquidation der I. G. Farbenindustrie A. G. i. L. bleiben in dem Umfang, in dem sie im Zeitpunkt des Inkrafttretens dieses Vertrages gelten, in Kraft, bis die Liquidation der I. G. Farbenindustrie A. G. i. L. gemäß den genannten Vorschriften vollständig durchgeführt ist. In Satz 1 dieses Absatzes bezeichnete Rechtsvorschriften, die Rechtsverhältnisse regeln, welche die Beendigung der Liquidation der I. G. Farbenindustrie A. G. i. L. überdauern, bleiben bis zur vollständigen Abwicklung dieser Rechtsverhältnisse in Kraft.
(2) Die Bundesregierung wird dafür sorgen, daß die durch die Durchführungsverordnungen oder Anordnungen der Alliierten Hohen Kommission oder der ihr nachgeordneten Dienststellen auf Grund der in Absatz 1 dieses Artikels bezeichneten Rechtsvorschriften angeordneten Maßnahmen vollständig durchgeführt werden.

Art. 12 Prüfungsausschuß.
(1) Nach Inkrafttreten dieses Vertrages wird der in Artikel 13 (abgeänderte Fassung) des Gesetzes Nr. 27 der Alliierten Hohen Kommission vorgesehene Prüfungsausschuß aus drei von der Bundesrepublik bestellten Mitgliedern und je einem von jeder der Drei Mächte bestellten Mitglied bestehen. In dieser Besetzung bleibt der Prüfungsausschuß die einzige zuständige Stelle, um auf Antrag eines Beteiligten Anordnungen nachzuprüfen, die auf Grund von Artikel 5 Buchstabe c des Gesetzes Nr. 27 oder auf Grund von Artikel 5 Absatz 1 des Gesetzes Nr. 35 der Alliierten Hohen Kommission erlassen worden sind. Die Unabhängigkeit der Mitglieder des Prüfungsausschusses und ihre Entscheidungsfreiheit dürfen nicht durch Anweisungen oder andere Maßnahmen ihrer Regierungen beeinträch-

tigt werden. Vor der Entscheidung hat der Prüfungsausschuß dem Antragsteller rechtliches Gehör zu gewähren.
(2) Die Bezüge der Mitglieder des Prüfungsausschusses tragen die Unterzeichnerstaaten jeweils für die von ihnen bestellten Mitglieder. Die übrigen Kosten des Prüfungsausschusses werden zur Hälfte von der Bundesrepublik und zu je einem Sechstel von jeder der Drei Mächte getragen ...

Zweiter Teil. Dekartellierung und Entflechtung *(gestrichen)*
durch Liste IV Zweiter Teil des Protokolls über die Beendigung des Besatzungsregimes in der Bundesrepublik Deutschland vom 23. 10. 1954 (BGBl. 1955 II S. 237).

Dritter Teil. Innere Rückerstattung

Art. 1 Geltungsbereich.
Dieser Teil bezieht sich auf
a) die Rückerstattung feststellbarer Vermögenswerte an Opfer der nationalsozialistischen Verfolgung auf Grund folgender Rechtsvorschriften:
(i) für die britische Besatzungszone
Gesetz Nr. 59 der Militärregierung, abgeändert oder ergänzt durch die Verordnungen Nr. 205, 212, 225, 232, 233, 237, 240, 243, 252 und 255 des britischen Hohen Kommissars durch die Bekanntmachung Nr. 1 zur Verordnung Nr. 233, sowie die Durchführungsverordnungen Nr. 1 bis 13 in den letzten Fassungen;
(ii) für die amerikanische Besatzungszone
Gesetz Nr. 59 der Militärregierung, abgeändert oder ergänzt durch die Änderungen Nr. 1 und 2, durch die Gesetze Nr. 3, 4, 5, 12, 13, 14, 21 (in abgeänderter Fassung), 30 und 42 des amerikanischen Hohen Kommissars, sowie durch die hierzu erlassenen Durchführungsverordnungen;
(iii) für die französische Besatzungszone
Verordnung Nr. 120 des französischen Oberkommandierenden, abgeändert oder ergänzt durch die Verordnungen Nr. 156, 186 und 213 des französischen Oberkommandierenden und durch die Verordnungen Nr. 268 und 274 des französischen Hohen Kommissars, die Verfügung Nr. 177, erlassen auf Grund der Verordnung Nr. 120 (in abgeänderter Fassung) und die Verordnung Nr. 252 des französischen Kommissars, abgeändert durch die Verordnung Nr. 255;
b) die Rückerstattung oder Übertragung von Vermögenswerten, die unter dem nationalsozialistischen Regime bei Genossenschaften, Gewerkschaften, Wohltätigkeitsorganisationen und anderen demokratischen Organisationen beschlagnahmt wurden, auf Grund der Direktive Nr. 50 des Kontrollrats und folgender Rechtsvorschriften:
(i) für die britische Zone
Verordnungen Nr. 150 und 159 der Militärregierung, abgeändert durch die Verordnungen Nr. 208 und 227 des britischen Hohen Kommissars, Absatz 3 des Artikels 4 der Verordnung Nr. 202 der Militärregierung und Verordnung Nr. 254 des britischen Hohen Komissars;
(ii) für die amerikanische Zone
Gesetz Nr. 58 der Militärregierung, abgeändert oder ergänzt durch den Nachtrag Nr. 1 zu den Durchführungsanweisungen des Gesetzes Nr. 58 der Militärregierung und der Direktive Nr. 50 des Kontrollrats, sowie durch die Durchführungsverordnung Nr. 1 zum Gesetz Nr. 58 der Militärregierung und durch Artikel 2 des Gesetzes Nr. A–14 der Alliierten Hohen Kommission;

(iii) für die französische Zone
Verordnung Nr. 141 des französischen Oberkommandierenden;
c) die Sperre, Kontrolle, Verwaltung und endgültige Verfügung, im Einklang mit den in den Unterabsätzen a und b dieses Artikels erwähnten Rechtsvorschriften, bezüglich der in diesen Unterabsätzen ebenfalls erwähnten Vermögenswerte auf Grund des Gesetzes Nr. 52 des SHAEF und der Militärregierungen (in den abgeänderten Fassungen), sowie der hierzu erlassenen Durchführungsverordnungen, Anordnungen, Genehmigungen und Anweisungen, soweit sie auf die erwähnten Vermögenswerte oder auf den Ertrag bzw. Erlös aus diesen Vermögenswerten anwendbar sind.

Art. 2 Verpflichtung zur Durchführung der Rückerstattung.
Die Bundesrepublik erkennt hiermit die Notwendigkeit an und übernimmt die Verpflichtung, die in Artikel 1 dieses Teils erwähnten Rechtsvorschriften und die dafür vorgesehenen Programme für die Rückerstattung und Übertragung in vollem Umfange und mit allen ihr zur Verfügung stehenden Mitteln beschleunigt durchzuführen. Die Bundesrepublik wird eine Bundesdienststelle damit betrauen, die Erfüllung der in diesem Artikel übernommenen Verpflichtugen unter Beachtung der Vorschriften des Grundgesetzes sicherzustellen. Die nachstehenden Artikel dieses Teils sind nicht so auszulegen, als beschränkten sie die auf Grund dieses Artikels übernommene Verpflichtung auf die darin bezeichneten Maßnahmen.

Art. 3 Weitergeltung und Durchführung der Rückerstattungsvorschriften.
(1) Vorbehaltlich der Bestimmungen des Artikels 6 dieses Teils bleiben die in Artikel 1 dieses Teils bezeichneten Rechtsvorschriften in der durch Absatz 2 des Artikels 4 abgeänderten Fassung aufrechterhalten, bis alle Verfahren über Ansprüche auf Grund dieser Vorschriften vollständig erledigt sind. Außerdem bleibt der Teil dieser Rechtsvorschriften, der sich auf die Errichtung, die Rechte und den Fortbestand von Nachfolgeorganisationen und Treuhandkörperschaften bezieht, so lange in Kraft, bis alle diese Organisationen und Körperschaften die Aufgaben erfüllt haben, für die sie geschaffen wurden.
(2) Die Bundesrepublik kann alle Rechtssetzungsbefugnisse, die auf Grund solcher Rechtsvorschriften den Drei Mächten oder einer von ihnen zustehen, im Einklang mit diesen Rechtsvorschriften durch ihre Gesetzgebung und durch Verordnungen der Bundesregierung ausüben.
(3) *(gestrichen)*
(4) Die Bundesrepublik verpflichtet sich hiermit, in den verschiedenen Besatzungszonen der Drei Mächte, soweit dies zur wirksamen Durchführung der in Artikel 2 dieses Teils bezeichneten Programme notwendig ist, die bestehenden Verwaltungs- und richterlichen Behörden und Organisationen beizubehalten und auszubauen oder zu ergänzen, die zuständig sind für
a) die Sperre, Kontrolle, Verwaltung, Freigabe von Vermögenswerten, auf die Ansprüche auf Grund der in Artikel 1 dieses Teils bezeichneten Rechtsvorschriften erhoben werden können, sowie die Verfügung über diese Vermögenswerte;
b) die Anmeldung, Prüfung, wertmäßige Feststellung, Entscheidung und endgültige Regelung in bezug auf Ansprüche gemäß diesen Rechtsvorschriften.
(5) Die Bundesrepublik verpflichtet sich ferner,
a) *(gestrichen)*
b) *(gestrichen)*
c) *(gestrichen)*

d) jederzeit nach Inkrafttreten dieses Vertrages auf die nicht im Inland ansässigen Personen, die mit Erfolg Ansprüche nach den in Artikel 1 dieses Teils bezeichneten Rechtsvorschriften geltend gemacht haben, Bestimmungen und Bedingungen bezüglich folgender Geschäfte:
   (i) Verwendung und Verfügung (einschließlich der Verbringung aus dem Gebiet der Bundesrepublik) hinsichtlich ihnen rückerstatteter oder solcher Vermögenswerte, die als Ersatz aus dem Ertrag bzw. Erlös rückerstatteter Werte erworben worden sind, und
   (ii) Verwendung und Verfügung hinsichtlich von Beträgen in Deutscher Mark, die aus der Befriedigung von Rückerstattungsansprüchen und aus der Verwertung rückerstatteter Vermögenswerte herrühren, einschließlich der Umwandlung solcher Beträge in Devisen und deren Ausfuhr

   anzuwenden, die nicht ungünstiger sein dürfen als diejenigen, die unmittelbar vor Inkrafttreten dieses Vertrages anwendbar waren oder als die, welche zur Zeit der Vornahme des Geschäfts auf die Eigentümer anderer Vermögenswerte anwendbar sind, die ihren gewöhnlichen Wohnsitz im Bundesgebiet aufgeben, je nachdem, welche Bedingungen günstiger sind.

(6) Die Verpflichtungen der Bundesrepublik auf Grund dieses Artikels 2 sollen keine unmittelbaren Bindungen hinsichtlich der Einrichtung und der Verwaltungsverfahren von Rückerstattungsbehörden der Länder und von Behörden der Länder, die mit Maßnahmen gemäß Unterabsatz c des Artikels 1 befaßt sind, einschließen. Jedoch dürfen die bestehenden Einrichtungen und Verwaltungsverfahren nicht so abgeändert werden, daß dadurch in irgendeiner Weise die volle und beschleunigte Durchführung der in Artikel 2 dieses Teils erwähnten Rückerstattungsprogramme verhindert oder gefährdet werden könnte.

Art. 4 Rückerstattungspflichtige Geldverbindlichkeiten des Deutschen Reiches.
(1) Die Bundesrepublik verpflichtet sich hiermit:
a) die Zahlung an Rückerstattungsberechtigte aus allen Urteilen und Entscheidungen nach Maßgabe des Absatzes 3 zu gewährleisten, die gegen das frühere Deutsche Reich auf Grund der in Artikel 1 dieses Teils bezeichneten Rechtsvorschriften ergangen sind oder ergehen werden;
b) alsbald durch geeignete Abmachungen mit Berlin die Haftung für die Zahlung aus allen Urteilen und Entscheidungen gegen das frühere Deutsche Reich gemäß dem geltenden inneren Rückerstattungsrecht der Westsektoren Berlins zu den in diesem Artikel festgesetzten Bedingungen zu übernehmen.

(2) Die in Unterabsatz a und b des Artikels 1 bezeichneten Rechtsvorschriften gelten als dahin ergänzt, daß Urteile und Entscheidungen, die sich auf Reichsmarkverpflichtungen des früheren Reiches gründen und Geldsummenansprüche betreffen, in einem Verhältnis von zehn Reichsmark zu einer Deutschen Mark in Deutsche Mark umzustellen sind. Urteile und Entscheidungen auf Schadensersatz gegen das frühere Reich gemäß den in Unterabsatz a und b des Artikels 1 bezeichneten Rechtsvorschriften sollen in Deutscher Mark ergehen und in Übereinstimmung mit den allgemeinen Grundsätzen des deutschen Rechts, die für die Bemessung von Schadenersatz gelten, wie sie im deutschen Bürgerlichen Gesetzbuch festgelegt sind, bemessen werden.

(3) Die Verpflichtung der Bundesrepublik gegenüber den Drei Mächten hinsichtlich von Geldurteilen und -entscheidungen gemäß Absatz 1 dieses Artikels ist erfüllt, wenn diese Urteile und Entscheidungen bezahlt sind, oder wird, wenn die Bundesrepublik dies

wünscht, als erfüllt angesehen, wenn die Bundesrepublik hierfür eine Gesamtsumme von 1,5 Milliarden DM gezahlt hat. Die Bundesrepublik kann bei der Festsetzung der Zeit und Methode der Zahlung auf Grund solcher Urteile und Entscheidungen ihre Zahlungsfähigkeit berücksichtigen.

Art. 5 Steuerfreiheit der Nachfolgeorganisationen.
Nachfolgeorganisationen und Treuhandkörperschaften, die auf Grund der in Unterabsatz a des Artikels 1 dieses Teils bezeichneten Rechtsvorschriften bestellt worden sind, ohne Rücksicht darauf, ob sie nach deutschem Recht errichtet sind, genießen gegenwärtig Steuerfreiheit in der Bundesrepublik. Soweit die Steuern ausschließlich dem Bund zufließen, genießen die Organisationen und Körperschaften diese Steuerfreiheit auch weiterhin. Sie sind ferner von allen Sondersteuern, -abgaben und -auflagen befreit, die sich tatsächlich auf das Kapital auswirken und ganz oder zum Teil zu dem besonderen Zweck auferlegt werden, Lasten zu decken, die aus dem Kriege oder aus Reparationen oder Restitutionen an eine der Vereinten Nationen herrühren. Hinsichtlich der Steuern, die ganz oder teilweise den Ländern oder Gemeinden (Gemeindeverbänden) zufließen, wird die Bundesregierung eine Sondervereinbarung treffen, die die gemeinnützigen Zwecke dieser Organisationen und Körperschaften berücksichtigt.

Art. 6 Oberstes Rückerstattungsgericht.
(1) Es wird hiermit ein Oberstes Rückerstattungsgericht errichtet, das in Durchführung der in Unterabsatz a des Artikels 1 dieses Teils bezeichneten Rechtsvorschriften die Nachfolge übernimmt
a) des Obersten Rückerstattungsgerichts für die britische Zone;
b) des Amerikanischen Rückerstattungsberufungsgerichts (Court of Restitution Appeals) für die amerikanische Zone;
c) des Obergerichts für Rückerstattungssachen (Cour Supérieure pour les Restitutions) in der französischen Zone.

Zusammensetzung, Zuständigkeit, Befugnisse und Obliegenheiten des Obersten Rückerstattungsgerichts richten sich nach der als Anhang beigefügten Satzung des Obersten Rückerstattungsgerichts.
(2) Jedes Gericht, dessen Nachfolge das Oberste Rückerstattungsgericht übernimmt, hat binnen drei Monaten über die bei Inkrafttreten dieses Vertrages im Stadium der endgültigen Erledigung befindlichen Fälle zu entscheiden und alle Fälle, die in diesem Zeitpunkt noch nicht entschieden sind, auf das Oberste Rückerstattungsgericht überzuleiten. Für die Zwecke dieses Vertrages gelten Fälle, die ein Gericht bei Inkrafttreten dieses Vertrages noch nicht zu untersuchen und richterlich zu würdigen begonnen hat oder lediglich in bezug auf das Verfahren untersucht und richterlich gewürdigt hat, nicht als Fälle, die bei Inkrafttreten dieses Vertrages sich im Stadium der endgültigen Erledigung befinden.

5.2.4 *Protokoll über die Beendigung des Besatzungsregimes in der Bundesrepublik Deutschland (23. 10. 1954)*

Die Bundesrepublik Deutschland, die Vereinigten Staaten von Amerika, das Vereinigte Königreich von Großbritannien und Nordirland und die Französische Republik kommen wie folgt überein:

Art. 1 [Inkrafttreten der Bonner Verträge]
Der Vertrag über die Beziehungen zwischen der Bundesrepublik Deutschland und den Drei Mächten, der Vertrag über die Rechte und Pflichten ausländischer Streitkräfte und ihrer Mitglieder in der Bundesrepublik Deutschland, der Finanzvertrag, der Vertrag zur Regelung aus Krieg und Besatzung entstandener Fragen, die am 26. Mai 1952 in Bonn unterzeichnet wurden, das am 27. Juni 1952 in Bonn unterzeichnete Protokoll zur Berichtigung einiger textlicher Unstimmigkeiten in den vorstehend bezeichneten Verträgen und das am 26. Mai 1952 in Bonn unterzeichnete Abkommen über die steuerliche Behandlung der Streitkräfte und ihrer Mitglieder in der durch das am 26. Juli 1952 in Bonn unterzeichnete Protokoll geänderten Fassung, werden nach Maßgabe der fünf Listen zu diesem Protokoll, geändert und treten in der so geänderten Fassung zusammen mit den zwischen den Unterzeichnerstaaten vereinbarten ergänzenden Dokumenten bezüglich der vorstehend erwähnten Vertragstexte und gleichzeitig mit diesem Protokoll in Kraft.

Art. 2 [Vorbehalt von Rechten auf dem Gebiet der Abrüstung]
Bis zum Inkrafttreten der Abmachungen über den deutschen Verteidigungsbeitrag gelten folgende Bestimmungen:
(1) Die bisher den Vereinigten Staaten von Amerika, dem Vereinigten Königreich von Großbritannien und Nordirland und der Französischen Republik zustehenden oder von ihnen ausgeübten Rechte auf den Gebieten der Abrüstung und Entmilitarisierung stehen ihnen weiterhin zu und werden von ihnen ausgeübt, und keine Bestimmung in einem der in Artikel 1 dieses Protokolls erwähnten Vertragstexte gestattet den Erlaß, die Änderung, Aufhebung oder Außerkraftsetzung von Rechtsvorschriften oder, vorbehaltlich der Bestimmungen in Absatz (2) dieses Artikels, Verwaltungsmaßnahmen seitens einer anderen Behörde auf diesen Gebieten.
(2) Mit dem Inkrafttreten dieses Protokolls wird das Militärische Sicherheitsamt aufgelöst (unbeschadet der Gültigkeit der von ihm getroffenen Maßnahmen oder Entscheidungen); die Kontrolle auf den Gebieten der Abrüstung und Entmilitarisierung wird in der Folge durch einen Gemeinsamen Viermächte-Ausschuß ausgeübt, in den jeder der Unterzeichnerstaaten einen Vertreter entsendet und der mit Stimmenmehrheit der vier Mitglieder entscheidet.
(3) Die Regierungen der Unterzeichnerstaaten schließen ein Verwaltungsabkommen, das im Einklang mit den Bestimmungen dieses Artikels die Errichtung des Gemeinsamen Viermächte-Ausschusses, die Ernennung seines Personals und die Organisation seiner Arbeit regelt.

Art. 3 [Ratifizierung, Hinterlegung und Inkrafttreten]
(1) Dieses Protokoll ist von den Unterzeichneten in Übereinstimmung mit ihren verfassungsmäßigen Verfahren zu ratifizieren oder zu genehmigen. Die Ratifikations- oder Genehmigungsurkunden sind von den Unterzeichnerstaaten bei der Regierung der Bundesrepublik Deutschland zu hinterlegen.
(2) Dieses Protokoll und die zwischen den Unterzeichnerstaaten vereinbarten ergänzenden Dokumente treten mit der gemäß Absatz (1) dieses Artikels erfolgten Hinterlegung der Ratifikations- oder Genehmigungsurkunden aller Unterzeichnerstaaten in Kraft.
(3) Dieses Protokoll wird in den Archiven der Regierung der Bundesrepublik Deutschland hinterlegt; diese übermittelt allen Unterzeichnerstaaten beglaubigte Abschriften und unterrichtet jeden Staat vom Zeitpunkt des Inkrafttretens dieses Protokolls.
Zu Urkund dessen haben die unterzeichneten, gehörig bevollmächtigten Vertreter dieses Protokoll unterschrieben.

Geschehen zu Paris am dreiundzwanzigsten Tage des Monats Oktober 1954 in deutscher, englischer und französischer Sprache, wobei alle drei Fassungen gleichermaßen verbindlich sind.

Für die Bundesrepublik Deutschland gezeichnet: Adenauer.
Für die Vereinigten Staaten von Amerika
gezeichnet: John Foster Dulles.
Für das Vereinigte Königreich von Großbritannien und Nordirland
gezeichnet: Anthony Eden.
Für die Französische Republik
gezeichnet: Pierre Mendès France.

5.3 *Dokumente zum Status der DDR*

5.3.1 *Erklärung des Vorsitzenden der Sowjetischen Kontrollkommission zur Übergabe von Verwaltungsfunktionen an deutsche Behörden (11. 11. 1949)*

Im Auftrage der Sowjetregierung habe ich am 10. Oktober das Präsidium der Provisorischen Volkskammer und den Ministerpräsidenten, Herrn Otto Grotewohl, von dem Beschluß der Sowjetregierung in Kenntnis gesetzt, der Provisorischen Regierung der Deutschen Demokratischen Republik die Verwaltungsfunktionen zu übertragen, die bis dahin der Sowjetischen Militärverwaltung zustanden und an Stelle der Sowjetischen Militärverwaltung in Deutschland die Sowjetische Kontrollkommission zu bilden.
In Übereinstimmung mit diesem Beschluß der Sowjetregierung ist jetzt die Sowjetische Kontrollkommission in Deutschland gebildet worden. Die Sowjetische Militärverwaltung und ihre Verwaltungsstellen in Berlin und in den Ländern stellen ihre Tätigkeit ein. Ihre Funktionen gehen an die entsprechenden Ministerien und deutschen Staatsorgane über.
Die Aufgabe der Sowjetischen Kontrollkommission besteht in der Kontrolle der Durchführung der Potsdamer Beschlüsse und der anderen von den vier Mächten gemeinsam getroffenen Entscheidungen über Deutschland. Dies bedeutet, daß die Provisorische Regierung der Deutschen Demokratischen Republik ihre Tätigkeit auf Grund der Verfassung der Deutschen Demokratischen Republik in Freiheit ausüben kann, soweit diese Tätigkeit nicht den Potsdamer Beschlüssen und den Verpflichtungen zuwiderläuft, die sich aus den gemeinsamen Beschlüssen der vier Mächte ergeben.
Die Provisorische Regierung der Deutschen Demokratischen Republik hat zum Ausdruck gebracht, daß sie ihre Regierungstätigkeit auf der Grundlage der Beschlüsse der Potadamer Konferenz durchführen und die Verpflichtungen erfüllen wird, die sich aus den gemeinsamen Beschlüssen der vier Mächte ergeben. Die Sowjetregierung hat diese Erklärung zur Kenntnis genommen. Natürlicherweise behält sich die Sowjetische Kontrollkommission die Funktion vor, darauf zu achten, daß keinerlei Maßnahmen getroffen werden, die den Beschlüssen der vier Mächte bezüglich der Demilitarisierung und Demokratisierung sowie der Wiedergutmachungsverpflichtung Deutschlands widersprechen, ferner das Recht, von den deutschen Regierungsorganen die notwendigen Informationen einzuholen.
Die Sowjetregierung geht davon aus, daß die auswärtigen Beziehungen der deutschen Demokratischen Republik und der Außenhandel in den Zuständigkeitsbereich der deutschen Behörden fallen.

Die Funktionen der Sowjetischen Kontrollkommission werden in dieser Hinsicht wie auch auf anderen Gebieten in der notwendigen Überwachung bestehen, wobei sie bezüglich des Außenhandels darauf hinauslaufen werden, die Erfüllung der entsprechenden Verpflichtungen Deutschlands sicherzustellen.
Dem Vertreter der Sowjetischen Kontrollkommission in Berlin wie auch ihren Vertretern in den anderen großen Städten und in den Ländern werden dieselben Kontrollaufgaben obliegen. Somit gehen die Verwaltungsfunktionen auch in Berlin an die deutschen demokratischen Organe über. In Übereinstimmung mit den bekannten internationalen Beschlüssen wird der Vertreter der Sowjetischen Kontrollkommission in Berlin im Auftrage der Sowjetischen Kontrollkommission die erforderlichen Beziehungen mit den entsprechenden Vertretern der westlichen Besatzungsbehörden aufrechterhalten.
Daraus ergibt sich als eine Selbstverständlichkeit, daß die Sowjetregierung auch künftig in jeder Weise zur Wiederherstellung der Einheit Deutschlands auf friedlicher, demokratischer Grundlage sowie zum Zustandekommen eines Friedensvertrages mit Deutschland beitragen wird.
Abschließend gestatten Sie mir, der Überzeugung Ausdruck zu verleihen, daß die Beziehungen zwischen den sowjetischen Kontrollorganen und den Behörden der Deutschen Demokratischen Republik von jenem Geiste des gegenwärtigen Vertrauens durchdrungen sein werden, der zur weiteren Entwicklung und Festigung freundschaftlicher Beziehungen und zur Zusammenarbeit zwischen unseren Völkern führen wird.

W. J. Tschuikow
Armeegeneral

5.3.2 *Erklärung der Regierung der UdSSR über die Gewährung der Souveränität an die Deutsche Demokratische Republik (25. 3. 1954)*

Die Regierung der Sowjetunion läßt sich unbeirrt von dem Bestreben leiten, zur Regelung des Deutschlandproblems in Übereinstimmung mit den Interessen der Festigung des Friedens und der Sicherung der nationalen Wiedervereinigung Deutschlands auf demokratischer Grundlage beizutragen.
Diesen Zielen sollen praktische Maßnahmen zur Annäherung Ost- und Westdeutschlands, die Durchführung freier gesamtdeutscher Wahlen und der Abschluß eines Friedensvertrages mit Deutschland dienen.
Ungeachtet der Bemühungen der Sowjetunion wurden auf der vor kurzem durchgeführten Berliner Konferenz der Außenminister der vier Mächte keine Schritte zur Wiederherstellung der nationalen Einheit Deutschlands und zum Abschluß eines Friedensvertrages unternommen.
Angesichts dieser Lage und im Ergebnis von Verhandlungen der Sowjetregierung mit der Regierung der Deutschen Demokratischen Republik hält es die Regierung der Sowjetunion für notwendig, schon jetzt, vor der Vereinigung Deutschlands und dem Abschluß eines Friedensvertrages, weitere Schritte zu unternehmen, die den Interessen des deutschen Volkes entgegenkommen, und zwar:
1. Die Sowjetunion nimmt mit der Deutschen Demokratischen Republik die gleichen Beziehungen auf wie mit anderen souveränen Staaten.
Die Deutsche Demokratische Republik wird die Freiheit besitzen, nach eigenem Ermessen über ihre inneren und äußeren Angelegenheiten einschließlich der Frage der Beziehungen zu Westdeutschland zu entscheiden.

2. Die Sowjetunion behält in der Deutschen Demokratischen Republik die Funktionen, die mit der Gewährleistung der Sicherheit in Zusammenhang stehen und sich aus den Verpflichtungen ergeben, die der Sowjetunion aus den Viermächteabkommen erwachsen. Die Sowjetregierung hat die Erklärung der Regierung der Deutschen Demokratischen Republik zur Kenntnis genommen, daß sie die Verpflichtungen einhalten wird, die sich für die Deutsche Demokratische Republik aus dem Potsdamer Abkommen über die Entwicklung Deutschlands als eines demokratischen und friedliebenden Staates ergeben, sowie die Verpflichtungen, die mit dem zeitweiligen Aufenthalt sowjetischer Truppen auf dem Gebiet der DDR in Zusammenhang stehen.

3. Die Überwachung der Tätigkeit der staatlichen Organe der Deutschen Demokratischen Republik, die bisher vom Hohen Kommissar der Sowjetunion in Deutschland wahrgenommen wurde, wird aufgehoben.

In Übereinstimmung damit werden die Funktionen des Hohen Kommissars der Sowjetunion in Deutschland auf den Kreis der Fragen beschränkt, die mit der obengenannten Gewährleistung der Sicherheit und mit der Aufrechterhaltung der entsprechenden Verbindungen mit den Vertretern der Besatzungsbehörden der Vereinigten Staaten, Großbritanniens und Frankreichs in den Fragen gesamtdeutschen Charakters in Zusammenhang stehen und die sich aus den vereinbarten Beschlüssen der vier Mächte über Deutschland ergeben.

Die Regierung der Sowjetunion ist der Ansicht, daß das Bestehen des »Besatzungsstatuts«, das von den Vereinigten Staaten von Amerika, Großbritannien und Frankreich für Westdeutschland festgelegt wurde, nicht nur mit den demokratischen Prinzipien und den nationalen Rechten des deutschen Volkes unvereinbar ist, sondern unter den gegenwärtigen Verhältnissen, da es die Annäherung zwischen Ost- und Westdeutschland erschwert, auch eines der Haupthindernisse auf dem Wege zur nationalen Wiedervereinigung Deutschlands ist.

5.3.3 *Erklärung der Alliierten Hohen Kommission in Anbetracht der sowjetischen Erklärung über die Gewährung der Souveränität an die DDR (8. 4. 1954)**

Die Alliierte Hohe Kommission wünscht die Stellungnahme der von ihr vertretenen Regierungen zu der von der sowjetischen Regierung am 25. März veröffentlichten Erklärung, die auf eine Änderung in ihren Beziehungen zu der Regierung der sogenannten Deutschen Demokratischen Republik abzielt, eindeutig darzulegen.

Diese Erklärung scheint den Eindruck hervorrufen zu wollen, daß der Deutschen Demokratischen Republik die Souveränität gewährt sei. Dies ändert nichts an der tatsächlichen Lage in der sowjetischen Zone. Die sowjetische Regierung behält sich dort auch fernerhin die effektive Kontrolle vor.

Die drei Regierungen, die in der Alliierten Hohen Kommission vertreten sind, werden weiterhin die Sowjetunion als die verantwortliche Macht für die sowjetische Zone Deutschlands betrachten. Diese Regierungen erkennen die Souveränität des ostdeutschen Regimes, das nicht auf der Grundlage freier Wahlen beruht, nicht an und haben nicht die Absicht, mit ihm als Regierung zu verhandeln. Sie sind der Meinung, daß dieser Standpunkt auch von anderen Staaten geteilt werden wird, die, wie sie selbst, auch

* Quelle: Allied High Commission for Germany: Press Release Nr. 510, 8. April 1954; Übers. in EA 1954, S. 6537.

weiterhin die Regierung der Bundesrepublik als die einzig frei gewählte und rechtmäßig konstituierte Regierung in Deutschland anerkennen werden.
Die Alliierte Hohe Kommission benutzt ferner diese Gelegenheit, um die Entschlossenheit ihrer Regierungen zum Ausdruck zu bringen, sich nicht von der Handlung der Sowjetregierung daran hindern zu lassen, entschlossen für die Wiedervereinigung Deutschlands als freie und souveräne Nation zu arbeiten.

5.3.4 *Beschluß des Ministerrats der UdSSR über die Auflösung der Hohen Kommission der UdSSR in Deutschland (20. 9. 1955)*

Der Ministerrat der UdSSR hat beschlossen, die Funktion des Hohen Kommissars der UdSSR in Deutschland aufzuheben. Dem Botschafter der UdSSR in der Deutschen Demokratischen Republik sind die Funktionen der Aufrechterhaltung der entsprechenden Verbindungen zu den Vertretern der USA, Großbritanniens und Frankreichs in der Deutschen Bundesrepublik in Fragen, die sich aus den Beschlüssen der vier Mächte über Gesamtdeutschland ergeben, übertragen worden.
Die Aufrechterhaltung der entsprechenden Verbindungen mit den Oberkommandierenden der Truppen der USA, Großbritanniens und Frankreichs, die sich auf dem Territorium der Deutschen Bundesrepublik befinden, verbleibt bei dem Oberkommandierenden der Truppe der sowjetischen Streitkräfte in Deutschland. Im Zusammenhang damit, daß in der Deutschen Demokratischen Republik die Beschlüsse des Kontrollrates in Deutschland bezüglich der Umgestaltung des gesellschaftlichen Lebens auf friedlicher und demokratischer Grundlage verwirklicht worden sind, und unter Berücksichtigung der in der Deutschen Demokratischen Republik bestehenden Gesetzlichkeit, die ein weiteres Inkraftbleiben der erwähnten Beschlüsse überflüssig macht, hat der Ministerrat der UdSSR beschlossen, daß die in den Jahren 1945 bis 1948 in Ausübung der Besatzungsrechte der vier Mächte vom Kontrollrat in Deutschland erlassenen Gesetze, Direktiven, Befehle und anderen Verordnungen auf dem Gebiet der Deutschen Demokratischen Republik ihre Gültigkeit verlieren.
Die Außerkraftsetzung der erwähnten Verordnungen des Kontrollrates auf dem Gebiet der Deutschen Demokratischen Republik berührt nicht die Rechte und Verpflichtungen der Sowjetunion gegenüber Gesamtdeutschland, die sich aus den entsprechenden Beschlüssen der vier Mächte ergeben.

5.4 *Dokumente zur neuen deutschen Ostpolitik*

5.4.1 *Grundgesetz für die Bundesrepublik Deutschland (23. 5. 1949) – Auszug –*

Präambel
Im Bewußtsein seiner Verantwortung vor Gott und den Menschen von dem Willen beseelt, seine nationale und staatliche Einheit zu wahren und als gleichberechtigtes Glied in einem vereinten Europa dem Frieden der Welt zu dienen, hat das Deutsche Volk in den Ländern Baden, Bayern, Bremen, Hamburg, Hessen, Niedersachsen, Nordrhein-Westfalen, Rheinland-Pfalz, Schleswig-Holstein, Württemberg-Baden und Württemberg-Hohenzol-

lern, um dem staatlichen Leben für eine Übergangszeit eine neue Ordnung zu geben, kraft seiner verfassungsgebenden Gewalt dieses Grundgesetz der Bundesrepublik Deutschland beschlossen. Es hat auch für jene Deutschen gehandelt, denen mitzuwirken versagt war. Das gesamte Deutsche Volk bleibt aufgefordert, in freier Selbstbestimmung die Einheit und Freiheit Deutschlands zu vollenden.

...

Artikel 16 [Staatsangehörigkeit, Auslieferung, Asylrecht]

(1) Die deutsche Staatsangehörigkeit darf nicht entzogen werden. Der Verlust der Staatsangehörigkeit darf nur auf Grund eines Gesetzes und gegen den Willen des Betroffenen nur dann eintreten, wenn der Betroffene dadurch nicht staatenlos wird.

(2) Kein Deutscher darf an das Ausland ausgeliefert werden. Politisch Verfolgte genießen Asylrecht.

...

Artikel 23 [Geltungsbereich des Grundgesetzes]

Dieses Grundgesetz gilt zunächst im Gebiete der Länder Baden, Bayern, Bremen, Groß-Berlin, Hamburg, Hessen, Niedersachsen, Nordrhein-Westfalen, Rheinland-Pfalz, Schleswig-Holstein, Württemberg-Baden und Württemberg-Hohenzollern. In anderen Teilen Deutschlands ist es nach deren Beitritt in Kraft zu setzen.

...

Artikel 116 [Begriffsbestimmung »Deutscher«, Wiedereinbürgerung]

(1) Deutscher im Sinne dieses Grundgesetzes ist vorbehaltlich anderweitiger gesetzlicher Regelung, wer die deutsche Staatsangehörigkeit besitzt oder als Flüchtling oder Vertriebener deutscher Volkszugehörigkeit oder als dessen Ehegatte oder Abkömmling in dem Gebiete des Deutschen Reiches nach dem Stande vom 31. Dezember 1937 Aufnahme gefunden hat.

(2) Frühere deutsche Staatsangehörige, denen zwischen dem 30. Januar 1933 und dem 8. Mai 1945 die Staatsangehörigkeit aus politischen, rassischen oder religiösen Gründen entzogen worden ist, und ihre Abkömmlinge sind auf Antrag wieder einzubürgern. Sie gelten als nicht ausgebürgert, sofern sie nach dem 8. Mai 1945 ihren Wohnsitz in Deutschland genommen haben und nicht einen entgegengesetzten Willen zum Ausdruck gebracht haben.

...

5.4.2 *Vertrag zwischen der Bundesrepublik Deutschland und der Union der Sozialistischen Sowjetrepubliken (Moskauer Vertrag) (12. 8. 1970)*

Die Hohen Vertragschließenden Parteien

IN DEM BESTREBEN, zur Festigung des Friedens und der Sicherheit in Europa und in der Welt beizutragen,

IN DER ÜBERZEUGUNG, daß die friedliche Zusammenarbeit zwischen den Staaten auf der Grundlage der Ziele und Grundsätze der Charta der Vereinten Nationen den sehnlichen Wünschen der Völker und den allgemeinen Interessen des internationalen Friedens entspricht,

IN WÜRDIGUNG der Tatsache, daß die früher von ihnen verwirklichten vereinbarten Maßnahmen, insbesondere der Abschluß des Abkommens vom 13. September 1955 über die Aufnahme der diplomatischen Beziehungen, günstige Bedingungen für neue wichtige

Schritte zur Weiterentwicklung und Festigung ihrer gegenseitigen Beziehungen geschaffen haben,
IN DEM WUNSCHE, in vertraglicher Form ihrer Entschlossenheit zur Verbesserung und Erweiterung der Zusammenarbeit zwischen ihnen Ausdruck zu verleihen, einschließlich der wirtschaftlichen Beziehungen sowie der wissenschaftlichen, technischen und kulturellen Verbindungen, im Interesse beider Seiten,
SIND wie folgt übereingekommen:

Artikel 1
Die Bundesrepublik Deutschland und die Union der Sozialistischen Sowjetrepubliken betrachten es als wichtiges Ziel ihrer Politik, den internationalen Frieden aufrechtzuerhalten und die Entspannung zu erreichen.
Sie bekunden ihr Bestreben, die Normalisierung der Lage in Europa und die Entwicklung friedlicher Beziehungen zwischen allen europäischen Staaten zu fördern und gehen dabei von der in diesem Raum bestehenden wirklichen Lage aus.

Artikel 2
Die Bundesrepublik Deutschland und die Union der Sozialistischen Sowjetrepubliken werden sich in ihren gegenseitigen Beziehungen sowie in Fragen der Gewährleistung der europäischen und der internationalen Sicherheit von den Zielen und Grundsätzen, die in der Charta der Vereinten Nationen niedergelegt sind, leiten lassen. Demgemäß werden sie ihre Streitfragen ausschließlich mit friedlichen Mitteln lösen und übernehmen die Verpflichtung, sich in Fragen, die die Sicherheit in Europa und die internationale Sicherheit berühren, sowie in ihren gegenseitigen Beziehungen gemäß Artikel 2 der Charta der Vereinten Nationen der Drohung mit Gewalt oder der Anwendung von Gewalt zu enthalten.

Artikel 3
In Übereinstimmung mit den vorstehenden Zielen und Prinzipien stimmen die Bundesrepublik Deutschland und die Union der Sozialistischen Sowjetrepubliken in der Erkenntnis überein, daß der Friede in Europa nur erhalten werden kann, wenn niemand die gegenwärtigen Grenzen antastet.

- Sie verpflichten sich, die territoriale Integrität aller Staaten in Europa in ihren heutigen Grenzen uneingeschränkt zu achten;
- sie erklären, daß sie keine Gebietsansprüche gegen irgend jemand haben und solche in Zukunft auch nicht erheben werden;
- sie betrachten heute und künftig die Grenzen aller Staaten in Europa als unverletzlich, wie sie am Tage der Unterzeichnung dieses Vertrages verlaufen, einschließlich der Oder-Neiße-Linie, die die Westgrenze der Volksrepublik Polen bildet, und der Grenze zwischen der Bundesrepublik Deutschland und der Deutschen Demokratischen Republik.

Artikel 4
Dieser Vertrag zwischen der Bundesrepublik Deutschland und der Union der Sozialistischen Sowjetrepubliken berührt nicht die von ihnen früher abgeschlossenen zweiseitigen und mehrseitigen Verträge und Vereinbarungen.

Artikel 5
Dieser Vertrag bedarf der Ratifikation und tritt am Tage des Austausches der Ratifikationsurkunden in Kraft, der in Bonn stattfinden soll.

GESCHEHEN zu Moskau
am 12. August 1970 in zwei Urschriften, jede in deutscher und russischer Sprache, wobei jeder Wortlaut gleichermaßen verbindlich ist.

Für die
Bundesrepublik Deutschland

Willy Brandt
Walter Scheel

Für die
Union der Sozialistischen
Sowjetrepubliken
Alexej N. Kossygin
Andrej A. Gromyko

5.4.3 *Brief zur deutschen Einheit*

Die Bundesregierung übergab anläßlich der Vertragsunterzeichnung im sowjetischen Außenministerium folgenden Brief:

Sehr geehrter Herr Minister,
im Zusammenhang mit der heutigen Unterzeichnung des Vertrages zwischen der Bundesrepublik Deutschland und der Union der Sozialistischen Sowjetrepubliken beehrt sich die Regierung der Bundesrepublik Deutschland festzustellen, daß dieser Vertrag nicht im Widerspruch zu dem politischen Ziel der Bundesrepublik Deutschland steht, auf einen Zustand des Friedens in Europa hinzuwirken, in dem das deutsche Volk in freier Selbstbestimmung seine Einheit wiedererlangt.
Genehmigen Sie, Herr Minister, die Versicherung meiner ausgezeichneten Hochachtung.

Walter Scheel

5.4.4 *Note der Bundesrepublik Deutschland an die drei Westmächte*

Den Botschaftern der drei Westmächte in Moskau wurden am 7. August 1970, noch vor Paraphierung des Vertrages zwischen der Bundesrepublik Deutschland und der Union der Sozialistischen Sowjetrepubliken, gleichlautende Verbalnoten übergeben.
Nachstehend der Text der Verbalnote der Botschaft der Bundesrepublik Deutschland an die Botschaft der Vereinigten Staaten von Amerika:

Botschaft
der
Bundesrepublik Deutschland
in Moskau — 7. August 1970

Die Botschaft der Bundesrepublik Deutschland begrüßt die Botschaft der Vereinigten Staaten von Amerika und hat die Ehre, im Auftrag ihrer Regierung folgende Note mit der Bitte zu übergeben, den Inhalt derselben auf dem schnellsten Wege der Regierung der Vereinigten Staaten zur Kenntnis zu bringen:

Die Regierung der Bundesrepublik Deutschland beehrt sich, im Zusammenhang mit der bevorstehenden Unterzeichnung eines Vertrages zwischen der Bundesrepublik Deutschland und der Union der Sozialistischen Sowjetrepubliken folgendes mitzuteilen:
Der Bundesminister des Auswärtigen hat im Zusammenhang mit den Verhandlungen den Standpunkt der Bundesregierung hinsichtlich der Rechte und Verantwortlichkeit der Vier Mächte in bezug auf Deutschland als Ganzes und Berlin dargelegt.
Da eine friedensvertragliche Regelung noch aussteht, sind beide Seiten davon ausgegangen, daß der beabsichtigte Vertrag die Rechte und Verantwortlichkeiten der Französischen Republik, des Vereinigten Königreiches von Großbritannien und Nordirland, der Union der Sozialistischen Sowjetrepubliken und der Vereinigten Staaten von Amerika nicht berührt.
Der Bundesminister des Auswärtigen hat in diesem Zusammenhang dem sowjetischen Außenminister am 6. August 1970 erklärt:

> Die Frage der Rechte der Vier Mächte steht in keinem Zusammenhang mit dem Vertrag, den die Bundesrepublik Deutschland und die Union der Sozialistischen Sowjetrepubliken abzuschließen beabsichtigen und wird von diesem auch nicht berührt.

Der Außenminister der Union der Sozialistischen Sowjetrepubliken hat darauf die folgende Erklärung abgegeben:

> Die Frage der Rechte der Vier Mächte war nicht Gegenstand der Verhandlungen mit der Bundesrepublik Deutschland.
> Die Sowjetregierung ging davon aus, daß die Frage nicht erörtert werden sollte.
> Die Frage der Rechte der Vier Mächte wird auch von dem Vertrag, den die UdSSR und die Bundesrepublik Deutschland abzuschließen beabsichtigen, nicht berührt. Dies ist die Stellungnahme der Sowjetregierung zu dieser Frage.

Die Botschaft der Bundesrepublik Deutschland benutzt auch diesen Anlaß, die Botschaft der Vereinigten Staaten von Amerika ihrer ausgezeichneten Hochachtung zu versichern.
Gleichlautende Noten wurden an die Französische Botschaft in Moskau sowie an die Botschaft des Vereinigten Königreiches von Großbritannien und Nordirland in Moskau gesandt.

5.4.5 *Die Noten der Westmächte*

Die Regierungen der drei Westmächte haben der Bundesregierung am 11. August 1970 in Bonn als Antwort ebenfalls gleichlautende Noten übergeben. Nachstehend folgt die Übersetzung der Note der Regierung der Vereinigten Staaten von Amerika:

Botschaft
der
Vereinigten Staaten von Amerika
Bonn-Bad Godesberg 11. August 1970

Die Regierung der Vereinigten Staaten von Amerika beehrt sich, der Regierung der Bundesrepublik Deutschland mitzuteilen, daß sie die Note der Regierung der Bundesrepublik Deutschland vom 7. August 1970 erhalten hat, die folgenden Wortlaut hat:
Die Regierung der Bundesrepublik Deutschland beehrt sich, im Zusammenhang mit der bevorstehenden Unterzeichnung eines Vertrages zwischen der Bundesrepublik Deutschland und der Union der Sozialistischen Sowjetrepubliken folgendes mitzuteilen:

Der Bundesminister des Auswärtigen hat im Zusammenhang mit den Verhandlungen den Standpunkt der Bundesregierung hinsichtlich der Rechte und Verantwortlichkeiten der Vier Mächte in bezug auf Deutschland als Ganzes und Berlin dargelegt.
Da eine friedensvertragliche Regelung noch aussteht, sind beide Seiten davon ausgegangen, daß der beabsichtigte Vertrag die Rechte und Verantwortlichkeiten der Französischen Republik, des Vereinigten Königreiches von Großbritannien und Nordirland, der Union der Sozialistischen Sowjetrepubliken und der Vereinigten Staaten von Amerika nicht berührt.
Der Bundesminister des Auswärtigen hat in diesem Zusammenhang dem sowjetischen Außenminister am 6. August 1970 erklärt:

> Die Frage der Rechte der Vier Mächte steht in keinem Zusammenhang mit dem Vertrag, den die Bundesrepublik Deutschland und die Union der Sozialistischen Sowjetrepubliken abzuschließen beabsichtigen und wird von diesem auch nicht berührt.

Der Außenminister der Union der Sozialistischen Sowjetrepubliken hat darauf die folgende Erklärung abgegeben:

> Die Frage der Rechte der Vier Mächte war nicht Gegenstand der Verhandlungen mit der Bundesrepublik Deutschland.
> Die Sowjeteregierung ging davon aus, daß die Frage nicht erörtert werden sollte.
> Die Frage der Rechte der Vier Mächte wird auch von dem Vertrag, den die UdSSR und die Bundesrepublik Deutschland abzuschließen beabsichtigen, nicht berührt. Dies ist die Stellungnahme der Sowjetregierung zu dieser Frage.

Die Regierung der Vereinigten Staaten nimmt diese Note einschließlich der Erklärungen, die der Außenminister der Bundesrepublik Deutschland und der Außenminister der Union der Sozialistischen Sowjetrepubliken als Teil der Verhandlungen vor der Paraphierung des zwischen der Bundesrepublik Deutschland und der Sowjetunion zu schließenden Vertrags abgegeben haben, in vollem Umfang zur Kenntnis.
Die Regierung der Vereinigten Staaten ist ihrerseits ebenfalls der Auffassung, daß die Rechte und Verantwortlichkeiten der Vier Mächte in bezug auf Berlin und Deutschland als Ganzes, die sich aus dem Ergebnis des Zweiten Weltkrieges herleiten und die im Londoner Übereinkommen vom 14. November 1944, in der Vierererklärung vom 5. Juni 1945 sowie in anderen Kriegs- und Nachkriegsübereinkünften ihren Niederschlag gefunden haben, durch einen zweiseitigen Vertrag zwischen der Bundesrepublik Deutschland und der Union der Sozialistischen Sowjetrepubliken, einschließlich dieses Vertrages, nicht berührt werden und nicht berührt werden können.

5.4.6 *Bahr-Papier*

1
Die Bundesrepublik Deutschland und die Union der Sozialistischen Sowjetrepubliken betrachten es als wichtiges Ziel ihrer Politik, den internationalen Frieden aufrechtzuerhalten und die Entspannung zu erreichen.
Sie bekunden ihr Bestreben, die Normalisierung der Lage in Europa zu fördern und gehen hierbei von der in diesem Raum bestehenden wirklichen Lage und der Entwicklung friedlicher Beziehungen auf dieser Grundlage zwischen allen europäischen Staaten aus.

2
Die Bundesrepublik Deutschland und die Union der Sozialistischen Sowjetrepubliken werden sich in ihren gegenseitigen Beziehungen sowie in Fragen der Gewährleistung der

europäischen und internationalen Sicherheit von den Zielen und Prinzipien, die in der Satzung der Vereinten Nationen niedergelegt sind, leiten lassen.
Demgemäß werden sie ihre Streitfragen ausschließlich mit friedlichen Mitteln lösen und übernehmen die Verpflichtung, sich in Fragen, die die europäische Sicherheit berühren, sowie in ihren bilateralen Beziehungen gemäß Artikel 2 der Satzung der Vereinten Nationen, der Drohung mit Gewalt oder der Anwendung von Gewalt zu enthalten.

3
Die Bundesrepublik Deutschland und die Union der Sozialistischen Sowjetrepubliken stimmen in der Erkenntnis überein, daß der Friede in Europa nur erhalten werden kann, wenn niemand die gegenwärtigen Grenzen antastet.
Sie verpflichten sich, die territoriale Integrität aller Staaten in Europa in ihren heutigen Grenzen uneingeschränkt zu achten.
Sie erklären, daß sie keine Gebietsansprüche gegen irgend jemand haben und solche in Zukunft auch nicht erheben werden.
Sie betrachten heute und künftig die Grenzen aller Staaten in Europa als unverletzlich, wie sie am Tage der Unterzeichnung dieses Abkommens verlaufen, einschließlich der Oder-Neiße-Linie, die die Westgrenze der Volksrepublik Polen bildet, und der Grenze zwischen der Bundesrepublik Deutschland und der Deutschen Demokratischen Republik.

4
Das Abkommen zwischen der Bundesrepublik Deutschland und der Union der Sozialistischen Sowjetrepubliken berührt nicht die früher geschlossenen zweiseitigen und mehrseitigen Verträge und Abkommen beider Seiten.

5
Zwischen der Regierung der Bundesrepublik Deutschland und der Regierung der Union der Sozialistischen Sowjetrepubliken besteht Einvernehmen darüber, daß das von ihnen zu schließende Abkommen über ... (einzusetzen die offizielle Bezeichnung des Abkommens) und entsprechende Abkommen (Verträge) der Bundesrepublik Deutschland mit anderen sozialistischen Ländern, insbesondere die Abkommen (Verträge) mit der Deutschen Demokratischen Republik (vgl. Ziffer 6), der Volksrepublik Polen und der Tschechoslowakischen Sozialistischen Republik (vgl. Ziffer 8), ein einheitliches Ganzes bilden.

6
Die Regierung der Bundesrepublik Deutschland erklärt ihre Bereitschaft, mit der Regierung der Deutschen Demokratischen Republik ein Abkommen zu schließen, das die zwischen Staaten übliche gleiche verbindliche Kraft haben wird wie andere Abkommen, die die Bundesrepublik Deutschland und die Deutsche Demokratische Republik mit dritten Ländern schließen. Demgemäß will sie ihre Beziehungen zur Deutschen Demokratischen Republik auf der Grundlage der vollen Gleichberechtigung, der Nichtdiskriminierung, der Achtung der Unabhängigkeit und der Selbständigkeit jedes der beiden Staaten in Angelegenheiten, die ihre innere Kompetenz in ihren entsprechenden Grenzen betreffen, gestalten.
Die Regierung der Bundesrepublik Deutschland geht davon aus, daß sich auf dieser Grundlage, nach der keiner der beiden Staaten den anderen im Ausland vertreten oder in seinem Namen handeln kann, die Beziehungen der Deutschen Demokratischen Republik und der Bundesrepublik Deutschland zu dritten Staaten entwickeln werden.

7
Die Regierung der Bundesrepublik Deutschland und die Regierung der Union der Sozialistischen Sowjetrepubliken bekunden ihre Bereitschaft, im Zuge der Entspannung in Europa und im Interesse der Verbesserung der Beziehungen zwischen den europäischen Ländern, insbesondere der Bundesrepublik Deutschland und der Deutschen Demokratischen Republik, Schritte zu unternehmen, die sich aus ihrer entsprechenden Stellung ergeben, um den Beitritt der Bundesrepublik Deutschland und der Deutschen Demokratischen Republik zur Organisation der Vereinten Nationen und zu deren Sonderorganisationen zu fördern.

8
Zwischen der Regierung der Bundesrepublik Deutschland und der Regierung der Union der Sozialitischen Sowjetrepubliken besteht Einvernehmen darüber, daß die mit der Ungültigkeit des Münchener Abkommens verbundenen Fragen in Verhandlungen zwischen der Bundesrepublik Deutschland und der Tschechoslowakischen Sozialistischen Republik in einer für beide Seiten annehmbaren Form geregelt werden sollen.

9
Die Regierung der Bundesrepublik Deutschland und die Regierung der Union der Sozialistischen Sowjetrepubliken werden die wirtschaftlichen, wissenschaftlich-technischen, kulturellen und sonstigen Beziehungen zwischen der Bundesrepublik Deutschland und der Union der Sozialistischen Sowjetrepubliken im Interesse beider Seiten und der Festigung des Friedens in Europa fortentwickeln.

10
Die Regierung der Bundesrepublik Deutschland und die Regierung der Union der Sozialistischen Sowjetrepubliken begrüßen den Plan einer Konferenz über Fragen der Festigung der Sicherheit und Zusammenarbeit in Europa und werden alles von ihnen Abhängende für ihre Vorbereitung und erfolgreiche Durchführung tun.

5.4.7 *Vertrag zwischen der Bundesrepublik Deutschland und der Volksrepublik Polen (Warschauer Vertrag) (7. 12. 1970)*

Die Bundesrepublik Deutschland und die Volksrepublik Polen in der Erwägung, daß mehr als 25 Jahre seit Ende des Zweiten Weltkrieges vergangen sind, dessen erstes Opfer Polen wurde und der über die Völker Europas schweres Leid gebracht hat, eingedenk dessen, daß in beiden Ländern inzwischen eine neue Generation herangewachsen ist, der eine friedliche Zukunft gesichert werden soll,
in dem Wunsche, dauerhafte Grundlagen für ein friedliches Zusammenleben und die Entwicklung normaler und guter Beziehungen zwischen ihnen zu schaffen,
in dem Bestreben, den Frieden und die Sicherheit in Europa zu festigen,
in dem Bewußtsein, daß die Unverletzlichkeit der Grenzen und die Achtung der territorialen Integrität und der Souveränität aller Staaten in Europa in ihren gegenwärtigen Grenzen eine grundlegende Bedingung für den Frieden sind,
sind wie folgt übereingekommen:

Artikel I
(1) Die Bundesrepublik Deutschland und die Volksrepublik Polen stellen übereinstimmend fest, daß die bestehende Grenzlinie, deren Verlauf im Kapitel IX der Beschlüsse der Potsdamer Konferenz vom 2. August 1945 von der Ostsee unmittelbar westlich von

Swinemünde und von dort die Oder entlang bis zur Einmündung der Lausitzer Neiße und die Lausitzer Neiße entlang bis zur Grenze mit der Tschechoslowakei festgelegt worden ist, die westliche Staatsgrenze der Volksrepublik Polen bildet.
(2) Sie bekräftigen die Unverletzlichkeit ihrer bestehenden Grenzen jetzt und in der Zukunft und verpflichten sich gegenseitig zur uneingeschränkten Achtung ihrer territorialen Integrität.
(3) Sie erklären, daß sie gegeneinander keinerlei Gebietsansprüche haben und solche auch in Zukunft nicht erheben werden.

Artikel II
(1) Die Bundesrepublik Deutschland und die Volksrepublik Polen werden sich in ihren gegenseitigen Beziehungen sowie in Fragen der Gewährleistung der Sicherheit in Europa und in der Welt von den Zielen und Grundsätzen, die in der Charta der Vereinten Nationen niedergelegt sind, leiten lassen.
(2) Demgemäß werden sie entsprechend den Artikeln 1 und 2 der Charta der Vereinten Nationen alle ihre Streitfragen ausschließlich mit friedlichen Mitteln lösen und sich in Fragen, die die europäische und internationale Sicherheit berühren, sowie in ihren gegenseitigen Beziehungen der Drohung mit Gewalt oder der Anwendung von Gewalt enthalten.

Artikel III
(1) Die Bundesrepublik Deutschland und die Volksrepublik Polen werden weitere Schritte zur vollen Normalisierung und umfassenden Entwicklung ihrer gegenseitigen Beziehungen unternehmen, deren feste Grundlage dieser Vertrag bildet.
(2) Sie stimmen darin überein, daß eine Erweiterung ihrer Zusammenarbeit im Bereich der wirtschaftlichen, wissenschaftlichen, wissenschaftlich-technischen, kulturellen und sonstigen Beziehungen in ihrem beiderseitigen Interesse liegt.

Artikel IV
Dieser Vertrag berührt nicht die von den Parteien früher geschlossenen oder sie betreffenden zweiseitigen oder mehrseitigen internationalen Vereinbarungen.

Artikel V
Dieser Vertrag bedarf der Ratifikation und tritt am Tage des Austausches der Ratifikationsurkunden in Kraft, der in Bonn stattfinden soll.
ZU URKUND DESSEN haben die Bevollmächtigten der Vertragsparteien diesen Vertrag unterschrieben.
GESCHEHEN zu Warschau am 7. Dezember 1970 in zwei Urschriften, jede in deutscher und polnischer Sprache, wobei jeder Wortlaut gleichermaßen verbindlich ist.

5.4.8 *Note der Bundesrepublik Deutschland an die Regierungen der Westmächte*

Den Botschaftern der drei Westmächte in Bonn wurden am 19. November 1970 nach der am 18. November erfolgten Paraphierung des Vertrages zwischen der Bundesrepublik Deutschland und der Volksrepublik Polen gleichlautende Verbalnoten übermittelt.
Nachstehend der Text der Verbalnote an die Botschaft des Vereinigten Königreiches von Großbritannien und Nordirland:
Das Auswärtige Amt hat die Ehre, der Königlich Britischen Botschaft nachstehend eine Note der Regierung der Bundesrepublik Deutschland vom heutigen Tage an die Regierung des Vereinigten Königreiches Großbritannien und Nordirland zu übermitteln:

Die Regierung der Bundesrepublik Deutschland beehrt sich, der Regierung des Vereinigten Königreiches Großbritannien und Nordirland den anliegenden Wortlaut eines Vertrages über die Grundlagen der Normalisierung ihrer gegenseitigen Beziehungen zwischen der Bundesrepublik Deutschland und der Volksrepublik Polen zur Kenntnis zu bringen, der am 18. November paraphiert worden ist.
Im Laufe der Verhandlungen, die zwischen der Regierung der Bundesrepublik Deutschland und der Regierung der Volksrepublik Polen über diesen Vertrag geführt worden sind, ist von der Bundesregierung klargestellt worden, daß der Vertrag zwischen der Bundesrepublik Deutschland und der Volksrepublik Polen die Rechte und Verantwortlichkeiten der Französischen Republik, des Vereinigten Königreiches Großbritannien und Nordirland, der Union der Sozialistischen Sowjetrepubliken und der Vereinigten Staaten von Amerika, wie sie in den bekannten Verträgen und Vereinbarungen ihren Niederschlag gefunden haben, nicht berührt und nicht beühren kann. Die Bundesregierung hat ferner darauf hingewiesen, daß sie nur im Namen der Bundesrepublik Deutschland handeln kann.
Die Regierung der Französischen Republik und die Regierung der Vereinigten Staaten von Amerika haben gleichlautende Noten erhalten. Das Auswärtige Amt benutzt diesen Anlaß, die Königlich Britische Botschaft erneut seiner ausgezeichneten Hochachtung zu versichern.

5.4.9 *Die Antwortnoten der Westmächte*

Die Regierungen der drei Westmächte haben der Bundesregierung am 19. November 1970 in Bonn als Antwort ebenfalls gleichlautende Noten übergeben.
Nachstehend die Übersetzung der Note der Regierung des Vereinigten Königreiches Großbritannien und Nordirland:
Die Botschaft ihrer Britischen Majestät begrüßt das Auswärtige Amt und beehrt sich, gemäß den Weisungen Ihrer Majestät Minister des Auswärtigen und der Angelegenheiten des Commonwealth die nachstehende Verbalnote zu übermitteln:
»Ihrer Majestät Regierung im Vereinigten Königreich beehrt sich, der Regierung der Bundesrepublik Deutschland mitzuteilen, daß sie die Note der Regierung der Bundesrepublik Deutschland vom 19. November erhalten hat, der der Text des Vertrages über die Grundlagen der Normalisierung ihrer gegenseitigen Beziehungen zwischen der Bundesrepublik Deutschland und der Volksrepublik Polen beigefügt ist, der am 18. November 1970 in Warschau paraphiert wurde, und die folgenden Wortlaut hat ...
Die Regierung Ihrer Majestät nimmt von der Paraphierung des Vertrages zustimmend Kenntnis. Sie teilt die Auffassung, daß der Vertrag die Rechte und Verantwortlichkeiten der Vier Mächte, wie sie in den bekannten Verträgen und Vereinbarungen ihren Niederschlag gefunden haben, nicht berührt und nicht berühren kann.«
Die Botschaft ihrer Britischen Majestät benutzt diese Gelegenheit, das Auswärtige Amt erneut ihrer ausgezeichneten Hochachtung zu versichern.

5.4.10 *Viermächte-Abkommen über Berlin (3. 9. 1971)*

Die Regierungen der Französischen Republik, der Union der Sozialistischen Sowjetrepubliken, des Vereinigten Königreiches von Großbritannien und Nordirland, der Vereinigten Staaten von Amerika,

vertreten durch ihre Botschafter, die in dem früher vom Alliierten Kontrollrat benutzten Gebäude im amerikanischen Sektor Berlins eine Reihe von Sitzungen abgehalten haben,
handelnd auf der Grundlage ihrer Viermächte-Rechte und -Verantwortlichkeiten und der entsprechenden Vereinbarungen und Beschlüsse der Vier Mächte aus der Kriegs- und Nachkriegszeit, die nicht berührt werden,
unter Berücksichtigung der bestehenden Lage in dem betreffenden Gebiet,
von dem Wunsch geleitet, zu praktischen Verbesserungen der Lage beizutragen,
unbeschadet ihrer Rechtspositionen,
haben folgendes vereinbart:

I

Allgemeine Bestimmungen

1. Die Vier Regierungen werden bestrebt sein, die Beseitigung von Spannungen und die Verhütung von Komplikationen in dem betreffenden Gebiet zu fördern.
2. Unter Berücksichtigung ihrer Verpflichtungen nach der Charta der Vereinten Nationen stimmen die Vier Regierungen darin überein, daß in diesem Gebiet keine Anwendung oder Androhung von Gewalt erfolgt und daß Streitigkeiten ausschließlich mit friedlichen Mitteln beizulegen sind.
3. Die Vier Regierungen werden ihre individuellen und gemeinsamen Rechte und Verantwortlichkeiten, die unverändert bleiben, gegenseitig achten.
4. Die Vier Regierungen stimmen darin überein, daß ungeachtet der Unterschiede in den Rechtsauffassungen die Lage, die sich in diesem Gebiet entwickelt hat und wie sie in diesem Abkommen sowie in den anderen in diesem Abkommen genannten Vereinbarungen definiert ist, nicht einseitig verändert wird.

II

Bestimmungen, die die Westsektoren Berlins betreffen

A. Die Regierung der Union der Sozialistischen Sowjetrepubliken erklärt, daß der Transitverkehr von zivilen Personen und Gütern zwischen den Westsektoren Berlins und der Bundesrepublik Deutschland auf Straßen, Schienen- und Wasserwegen durch das Territorium der Deutschen Demokratischen Republik ohne Behinderungen sein wird, daß dieser Verkehr erleichtert werden wird, damit er in der einfachsten und schnellsten Weise vor sich geht und daß er Begünstigung erfahren wird.
   Die diesen zivilen Verkehr betreffenden konkreten Regelungen, wie sie in Anlage I niedergelegt sind, werden von den zuständigen deutschen Behörden vereinbart.
B. Die Regierungen der Französischen Republik, des Vereinigten Königreiches und der Vereinigten Staaten von Amerika erklären, daß die Bindungen zwischen den Westsektoren Berlins und der Bundesrepublik Deutschland aufrechterhalten und entwickelt werden, wobei sie berücksichtigen, daß diese Sektoren so wie bisher kein Bestandteil (konstitutiver Teil) der Bundesrepublik Deutschland sind und auch weiterhin nicht von ihr regiert werden.
   Konkrete Regelungen, die das Verhältnis zwischen den Westsektoren Berlins und der Bundesrepublik Deutschland betreffen, sind in Anlage II niedergelegt.
C. Die Regierung der Union der Sozialistischen Sowjetrepubliken erklärt, daß die Kommunikationen zwischen den Westsektoren Berlins und Gebieten, die an diese Sektoren grenzen, sowie denjenigen Gebieten der Deutschen Demokratischen Republik, die nicht an diese Sektoren grenzen, verbessert werden. Personen mit ständigem Wohnsitz in den Westsektoren Berlins werden aus humanitären, familiären, religiösen, kulturellen oder kommerziellen Gründen oder als Touristen in

diese Gebiete reisen und sie besuchen können, und zwar unter Bedingungen, die denen vergleichbar sind, die für andere in diese Gebiete einreisende Personen gelten. Die Probleme der kleinen Enklaven einschließlich Steinstückens und anderer kleiner Gebiete können durch Gebietsaustausch gelöst werden.
Konkrete Regelungen, die die Reisen, die Kommunikationen und den Gebietsaustausch betreffen, wie in Anlage III niedergelegt, werden zwischen den zuständigen deutschen Behörden vereinbart.

D. Die Vertretung der Interessen der Westsektoren Berlins im Ausland und die konsularische Tätigkeit der Union der Sozialistischen Sowjetrepubliken in den Westsektoren Berlins können wie in Anlage IV niedergelegt ausgeübt werden.

III

Schlußbestimmungen

Dieses Viermächte-Abkommen tritt an dem Tage in Kraft, der in einem Viermächte-Schlußprotokoll festgelegt wird, das abzuschließen ist, sobald die in Teil II dieses Viermächte-Abkommens und in seinen Anlagen vorgesehenen Maßnahmen vereinbart worden sind.
GESCHEHEN in dem früher vom Alliierten Kontrollrat benutzten Gebäude im amerikanischen Sektor Berlins am 3. September 1971, in vier Urschriften, jede in englischer, französischer und russischer Sprache, wobei jeder Wortlaut gleichermaßen verbindlich ist.

Für die Regierung der Französischen Republik
Jean Sauvagnargues
Für die Regierung der Union der Sozialistischen Sowjetrepubliken
Pjotr Abrassimow
Für die Regierung des Vereinigten Königreiches
von Großbritannien und Nordirland
R. W. Jackling
Für die Regierung der Vereinigten Staaten von Amerika
Kenneth Rush

Anlage I

Mitteilung der Regierung der Union der Sozialistischen Sowjetrepubliken an die Regierungen der Französischen Republik, des Vereinigten Königreiches und der Vereinigten Staaten von Amerika

Die Regierung der Union der Sozialistischen Sowjetrepubliken hat die Ehre, unter Bezugnahme auf Teil II Abschnitt A des Viermächte-Abkommens vom heutigen Tage und nach Konsultationen und in Übereinkunft mit der Regierung der Deutschen Demokratischen Republik den Regierungen der Französischen Republik, des Vereinigten Königreiches und der Vereinigten Staaten von Amerika folgendes mitzuteilen:

1. Der Transitverkehr von zivilen Personen und Gütern zwischen den Westsektoren Berlins und der Bundesrepublik Deutschland auf Straßen, Schienen- und Wasserwegen durch das Territorium der Deutschen Demokratischen Republik wird erleichtert werden und ohne Behinderungen sein. Er wird in der einfachsten, schnellsten und günstigsten Weise erfolgen, wie es in der internationalen Praxis vorzufinden ist.
2. In Übereinstimmung damit
   a) können für die Beförderung von zivilen Gütern auf Straßen, Schienen- und Wasserwegen zwischen den Westsektoren Berlins und der Bundesrepublik Deutschland vor der Abfahrt verplombte Transportmittel benutzt werden. Die

Kontrollverfahren werden auf die Prüfung der Plomben und der Begleitdokumente beschränkt werden.

b) werden bei Transportmitteln, die nicht verplombt werden können, wie zum Beispiel offene Lastkraftwagen, die Kontrollverfahren auf die Prüfung der Begleitdokumente beschränkt werden. In besonderen Fällen, in denen hinreichende Verdachtsgründe dafür vorliegen, daß nichtverplombte Transportmittel Materialien enthalten, die zur Verbreitung auf den vorgesehenen Wegen bestimmt sind, oder daß sich in ihnen Personen oder Materialien befinden, die auf diesen Wegen aufgenommen worden sind, kann der Inhalt der nichtverplombten Transportmittel geprüft werden. Die Verfahren zur Behandlung derartiger Fälle werden zwischen den zuständigen deutschen Behörden vereinbart.

c) können für Reisen zwischen den Westsektoren Berlins und der Bundesrepublik Deutschland durchgehende Züge und Autobusse benutzt werden. Die Kontrollverfahren umfassen außer der Identifizierung von Personen keine anderen Formalitäten.

d) werden Personen, die als Transitreisende identifiziert sind und individuelle Transportmittel zwischen den Westsektoren Berlins und der Bundesrepublik Deutschland auf den für den Durchgangsverkehr vorgesehenen Wegen benutzen, zu ihrem Bestimmungsort gelangen können, ohne individuelle Gebühren und Abgaben für die Benutzung der Transitwege zu zahlen. Die Verfahren, die auf solche Reisende Anwendung finden, werden keine Verzögerungen mit sich bringen. Die Reisenden, ihre Transportmittel und ihr persönliches Gepäck werden nicht der Durchsuchung und der Festnahme unterliegen oder von der Benutzung der vorgesehenen Wege,ausgeschlossen werden, außer in besonderen Fällen, wie das zwischen den zuständigen deutschen Behörden vereinbart werden kann, in denen hinreichende Verdachtsgründe bestehen, daß ein Mißbrauch der Transitwege für Zwecke beabsichtigt ist, die nicht mit der direkten Durchreise von und nach den Westsektoren Berlins in Zusammenhang stehen und die den allgemein üblichen Vorschriften bezüglich der öffentlichen Ordnung zuwiderlaufen.

e) kann eine entsprechende Kompensation für Abgaben, Gebühren und andere Kosten, die den Verkehr auf den Verbindungswegen zwischen den Westsektoren Berlins und der Bundesrepublik Deutschland betreffen, einschließlich der Instandhaltung der entsprechenden Wege, Einrichtungen und Anlagen, die für diesen Verkehr benutzt werden, in Form einer jährlichen Pauschalsumme erfolgen, die von der Bundesrepublik Deutschland an die Deutsche Demokratische Republik gezahlt wird.

3. Regelungen zur Durchführung und Ergänzung der in den Absätzen 1 und 2 genannten Bestimmungen werden zwischen den zuständigen deutschen Behörden vereinbart.

Anlage II

Mitteilung der Regierung der Französischen Republik, des Vereinigten Königreiches und der Vereinigten Staaten von Amerika an die Regierung der Union der Sozialistischen Sowjetrepubliken

Die Regierungen der Französischen Republik, des Vereinigten Königreiches und der Vereinigten Staaten von Amerika beehren sich, unter Bezugnahme auf Teil II Abschnitt B des Viermächte-Abkommens vom heutigen Tage und nach Konsultation mit der Regierung der Bundesrepublik Deutschland der Regierung der Union der Sozialistischen Sowjetrepubliken folgendes mitzuteilen:

1. In Ausübung ihrer Rechte und Verantwortlichkeiten erklären sie, daß die Bindungen zwischen den Westsektoren Berlins und der Bundesrepublik Deutschland aufrechterhalten und entwickelt werden, wobei sie berücksichtigen, daß diese Sektoren wie bisher kein Bestandteil (konstitutiver Teil) der Bundesrepublik Deutschland sind und auch weiterhin nicht von ihr regiert werden. Die Bestimmungen des Grundgesetzes der Bundesrepublik Deutschland und der in den Westsektoren Berlins in Kraft befindlichen Verfassung, die zu dem Vorstehenden in Widerspruch stehen, sind suspendiert worden und auch weiterhin nicht in Kraft.
2. Der Bundespräsident, die Bundesregierung, die Bundesversammlung, der Bundesrat und der Bundestag, einschließlich ihrer Ausschüsse und Fraktionen, sowie sonstige staatliche Organe der Bundesrepublik Deutschland werden in den Westsektoren Berlins keine Verfassungs- oder Amtsakte vornehmen, die in Widerspruch zu Absatz 1 stehen.
3. Die Regierung der Bundesrepublik Deutschland wird in den Westsektoren Berlins bei den Behörden der Drei Regierungen und beim Senat durch eine ständige Verbindungsbehörde vertreten sein.

Anlage III
Mitteilung der Regierung der Union der Sozialistischen Sowjetrepubliken an die Regierungen der Französischen Republik, des Vereinigten Königreiches und der Vereinigten Staaten von Amerika
Die Regierung der Union der Sozialistischen Sowjetrepubliken hat die Ehre, unter Bezugnahme auf Teil II Abschnitt C des Viermächte-Abkommens vom heutigen Tage und nach Konsultationen und in Übereinkunft mit der Regierung der Deutschen Demokratischen Republik den Regierungen der Französischen Republik, des Vereinigten Königreiches und der Vereinigten Staaten von Amerika folgendes mitzuteilen:

1. Die Kommunikationen zwischen den Westsektoren Berlins und Gebieten, die an diese Sektoren grenzen, sowie denjenigen Gebieten der Deutschen Demokratischen Republik, die nicht an diese Sektoren grenzen, werden verbessert werden.
2. Personen mit ständigem Wohnsitz in den Westsektoren Berlins werden aus humanitären, familiären, religiösen, kulturellen oder kommerziellen Gründen oder als Touristen in diese Gebiete reisen und sie besuchen können, und zwar unter Bedingungen, die denen vergleichbar sind, die für andere in diese Gebiete einreisende Personen gelten. Zur Erleichterung der oben beschriebenen Besuche und Reisen von Personen mit ständigem Wohnsitz in den Westsektoren Berlins werden zusätzliche Übergangsstellen eröffnet.
3. Die Probleme der kleinen Enklaven einschließlich Steinstückens und anderer kleiner Gebiete können durch Gebietsaustausch gelöst werden.
4. Die Telefon-, Telegrafen-, Transport- und anderen Verbindungen der Westsektoren Berlins nach außen werden erweitert werden.
5. Regelungen zur Durchführung und Ergänzung der Bestimmungen der Absätze 1 bis 4 werden zwischen den zuständigen deutschen Behörden vereinbart.

Anlage IV

A

Mitteilung der Regierungen der Französischen Republik, des Vereinigten Königreiches und der Vereinigten Staaten von Amerika an die Regierung der Union der Sozialistischen Sowjetrepubliken

Die Regierungen der Französischen Republik, des Vereinigten Königreiches und der Vereinigten Staaten von Amerika beehren sich, unter Bezugnahme auf Teil II D des Viermächte-Abkommens vom heutigen Tage und nach Konsultation mit der Regierung der Bundesrepublik Deutschland, der Regierung der Union der Sozialistischen Sowjetrepubliken folgendes mitzuteilen:

1. Die Regierungen der Französischen Republik, des Vereinigten Königreiches und der Vereinigten Staaten von Amerika behalten ihre Rechte und Verantwortlichkeiten hinsichtlich der Vertretung im Ausland der Interessen der Westsektoren Berlins und der Personen mit ständigem Wohnsitz in den Westsektoren einschließlich der Rechte und Verantwortlichkeiten, die Angelegenheiten der Sicherheit und des Status betreffen, sowohl in internationalen Organisationen als auch in Beziehungen zu anderen Ländern bei.
2. Unbeschadet des Vorstehenden und unter der Voraussetzung, daß Angelegenheiten der Sicherheit und des Status nicht berührt werden, haben sie sich einverstanden erklärt, daß
   a) die Bundesrepublik Deutschland die konsularische Betreuung für Personen mit ständigem Wohnsitz in den Westsektoren Berlins ausüben kann;
   b) in Übereinstimmung mit den festgelegten Verfahren völkerrechtliche Vereinbarungen und Abmachungen, die die Bundesrepublik Deutschland schließt, auf die Westsektoren Berlins ausgedehnt werden können, vorausgesetzt, daß die Ausdehnung solcher Vereinbarungen und Abmachungen jeweils ausdrücklich erwähnt wird;
   c) die Bundesrepublik Deutschland die Interessen der Westsektoren Berlins in internationalen Organisationen und auf internationalen Konferenzen vertreten kann;
   d) Personen mit ständigem Wohnsitz in den Westsektoren Berlins gemeinsam mit Teilnehmern aus der Bundesrepublik Deutschland am internationalen Austausch und an internationalen Ausstellungen teilnehmen können. Tagungen internationaler Organisationen und internationale Konferenzen sowie Ausstellungen mit internationaler Beteiligung können in den Westsektoren Berlins durchgeführt werden. Einladungen werden vom Senat oder gemeinsam von der Bundesrepublik Deutschland und dem Senat ausgesprochen.
3. Die Drei Regierungen genehmigen die Errichtung eines Generalkonsulates der Union der Sozialistischen Sowjetrepubliken in den Westsektoren Berlins, das gemäß den üblichen in diesen Sektoren geltenden Verfahren bei den entsprechenden Behörden der drei Regierungen zum Zwecke der Ausübung konsularischer Betreuung nach Maßgabe der in einem gesonderten Dokument vom heutigen Tage niedergelegten Bestimmungen akkreditiert wird.

Anlage IV

B

Mitteilung der Regierung der Union der Sozialistischen Sowjetrepubliken an die Regierungen der Französischen Republik, des Vereinigten Königreiches und der Vereinigten Staaten von Amerika

Die Regierung der Union der Sozialistischen Sowjetrepubliken hat die Ehre, unter Bezugnahme auf Teil II D des Viermächte-Abkommens vom heutigen Tage und auf die Mitteilung der Regierungen der Französischen Republik, des Vereinigten Königreiches und der Vereinigten Staaten von Amerika, die die Vertretung im Ausland der Interessen der Westsektoren Berlins und der Pesonen mit ständigem Wohnsitz in den Westsektoren betreffen, den Regierungen der Französischen Republik, des Vereinigten Königreiches und der Vereinigten Staaten von Amerika folgendes mitzuteilen:

1. Die Regierung der Union der Sozialistischen Sowjetrepubliken nimmt die Tatsache zur Kenntnis, daß die Drei Regierungen ihre Rechte und Verantwortlichkeiten in bezug auf die Vertretung im Ausland der Interessen der Westsektoren Berlins und der Personen mit ständigem Wohnsitz in den Westsektoren einschließlich der Rechte und Verantwortlichkeiten, die Angelegenheiten der Sicherheit und des Status betreffen, sowohl in internationalen Organisationen als auch in Beziehungen zu anderen Ländern beibehalten.
2. Unter der Voraussetzung, daß Angelegenheiten der Sicherheit und des Status nicht berührt werden, wird sie ihrerseits keine Einwände haben gegen
   a) die Ausübung der konsularischen Betreuung für Personen mit ständigem Wohnsitz in den Westsektoren Berlins durch die Bundesrepublik Deutschland;
   b) die Ausdehnung von völkerrechtlichen Vereinbarungen und Abmachungen, die die Bundesrepublik Deutschland schließt, auf die Westsektoren Berlins in Übereinstimmung mit den festgelegten Verfahren, vorausgesetzt, daß die Ausdehnung solcher Vereinbarungen und Abmachungen jeweils ausdrücklich erwähnt wird;
   c) die Vertretung der Interessen der Westsektoren Berlins durch die Bundesrepublik Deutschland in internationalen Organisationen und internationalen Konferenzen;
   d) die Teilnahme von Personen mit ständigem Wohnsitz in den Westsektoren Berlins gemeinsam mit Teilnehmern aus der Bundesrepublik Deutschland am internationalen Austausch und an internationalen Ausstellungen, oder die Abhaltung von Tagungen internationaler Organisationen und von internationalen Konferenzen sowie Ausstellungen mit internationaler Beteiligung in diesen Sektoren, wobei berücksichtigt wird, daß Einladungen durch den Senat oder gemeinsam durch die Bundesrepublik Deutschland und den Senat ausgesprochen werden.
3. Die Regierung der Union der Sozialistischen Sowjetrepubliken nimmt die Tatsache zur Kenntnis, daß die Drei Regierungen der Errichtung eines Generalkonsulates der Union der Sozialistischen Sowjetrepubliken in den Westsektoren Berlins zugestimmt haben. Es wird bei den entsprechenden Behörden der Drei Regierungen für die Zwecke und in Übereinstimmung mit den Bestimmungen akkreditiert, die in ihrer Mitteilung genannt und in einem gesonderten Dokument vom heutigen Tage niedergelegt sind.

Viermächte-Schlußprotokoll

Die Regierungen der Französischen Republik, der Union der Sozialistischen Sowjetrepubliken, des Vereinigten Königreiches von Großbritannien und Nordirland und der Vereinigten Staaten von Amerika,

eingedenk des Teils III des Viermächte-Abkommens vom 3. September 1971 und mit Befriedigung davon Kenntnis nehmend, daß die nachstehend genannten Vereinbarungen und Regelungen getroffen wurden,

sind wie folgt übereingekommen:

1. Die Vier Regierungen setzen mittels dieses Protokolls das Viermächte-Abkommen in Kraft, das ebenso wie dieses Protokoll die Viermächte-Vereinbarungen oder -Beschlüsse, die früher abgeschlossen oder gefaßt wurden, nicht berührt.
2. Die Vier Regierungen gehen davon aus, daß die Vereinbarungen und Regelungen, die zwischen den zuständigen deutschen Behörden getroffen wurden (Aufzählung dieser Vereinbarungen und Regelungen), gleichzeitig mit dem Viermächte-Abkommen in Kraft treten.
3. Das Viermächte-Abkommen und die nachfolgenden Vereinbarungen und Regelungen zwischen den zuständigen deutschen Behörden, die in diesem Protokoll erwähnt werden, regeln wichtige Fragen, die im Verlaufe der Verhandlungen erörtert wurden, und bleiben zusammen in Kraft.
4. Bei Schwierigkeiten in der Anwendung des Viermächte-Abkommens oder einer der oben erwähnten Vereinbarungen oder Regelungen, die eine der Vier Regierungen als ernst ansieht, oder bei Nichtdurchführung eines Teils des Viermächte-Abkommens oder der Vereinbarungen und Regelungen hat diese Regierung das Recht, die drei anderen Regierungen auf die Bestimmungen des Viermächte-Abkommens und dieses Protokolls aufmerksam zu machen und die erforderlichen Viermächte-Konsultationen zu führen, um die Einhaltung der eingegangenen Verpflichtungen sicherzustellen und die Situation mit dem Viermächte-Abkommen und diesem Protokoll in Einklang zu bringen.
5. Dieses Protokoll tritt am Tage der Unterzeichnung in Kraft.

GESCHEHEN in dem früher vom Alliierten Kontrollrat benutzten Gebäude, im amerikanischen Sektor Berlins am 3. Juni 1972 in vier Urschriften, jede in englischer, französischer und in russischer Sprache, wobei jeder Wortlaut gleichermaßen verbindlich ist.

5.4.11 *Note der drei Botschaften an den sowjetischen Botschafter*

Die Botschafter der Französischen Republik, des Vereinigten Königreiches von Großbritannien und Nordirland und der Vereinigten Staaten von Amerika beehren sich, unter Bezugnahme auf die Erklärungen bezüglich des Verhältnisses zwischen der Bundesrepublik Deutschland und den Westsektoren Berlins, die in der Anlage II des am heutigen Tage zu unterzeichnenden Viermächte-Abkommens enthalten sind, den Botschafter der Union der Sozialistischen Sowjetrepubliken von ihrer Absicht zu unterrichten, dem Bundeskanzler der Bundesrepublik Deutschland unmittelbar nach Unterzeichnung des Viermächte-Abkommens einen Brief zu senden, der Klarstellungen und Interpretationen enthält, die das wiedergeben, was ihre Regierungen unter den in Anlage II des Viermächte-Abkommens enthaltenen Erklärungen verstehen. Ein Doppel des Briefes, der an den Bundeskanzler der Bundesrepublik Deutschland gesandt werden wird, ist dieser Note beigefügt. (Schlußformel).

5.4.12 *Sowjetische Antwortnote*

Der Botschafter der Union der Sozialistischen Sowjetrepubliken beehrt sich, den Empfang der Note der Botschafter der Französischen Republik, des Vereinigten Königreiches von Großbritannien und Nordirland und der Vereinigten Staaten von Amerika vom 3. September 1971 zu bestätigen, und nimmt von der Mitteilung der drei Botschafter Kenntnis.
(Schlußformel).

5.4.13 *Brief der drei Botschafter an den Bundeskanzler*

Seiner Exzellenz
dem Bundeskanzler der Bundesrepublik Deutschland
Bonn
Exzellenz,
unter Bezugnahme auf das am 3. September 1971 unterzeichnete Viermächte-Abkommen möchten unsere Regierungen mit diesem Brief die Regierung der Bundesrepublik Deutschland von folgenden Klarstellungen und Interpretationen der Erklärungen unterrichten, welche in Anlage II enthalten sind, die während der Viermächte-Verhandlungen Gegenstand von Konsultationen mit der Regierung der Bundesrepublik Deutschland waren.
Diese Klarstellungen und Interpretationen geben das wieder, was unsere Regierungen unter dem Teil des Viermächte-Abkommens verstehen, nämlich:

a) Der Satz in Anlage II Absatz 2 des Viermächte-Abkommens, der lautet »... werden in den Westsektoren Berlins keine Verfassungs- oder Amtsakte vornehmen, die den Bestimmungen von Absatz 1 widersprechen«, ist so auszulegen, daß darunter Akte in Ausübung unmittelbarer Staatsgewalt über die Westsektoren Berlins verstanden werden.
b) In den Westsektoren Berlins werden keine Sitzungen der Bundesversammlung und weiterhin keine Plenarsitzungen des Bundesrats und des Bundestags stattfinden. Einzelne Ausschüsse des Bundesrats und des Bundestags können in den Westsektoren Berlins im Zusammenhang mit der Aufrechterhaltung und Entwicklung der Bindungen zwischen diesen Sektoren und der Bundesrepublik Deutschland tagen. Im Falle der Fraktionen werden Sitzungen nicht gleichzeitig abgehalten werden.
c) Die Verbindungsbehörde der Bundesregierung in den Westsektoren Berlins umfaßt Abteilungen, denen in ihren jeweiligen Bereichen Verbindungsfunktionen obliegen.
d) Geltende Verfahren bezüglich der Anwendbarkeit der Gesetzgebung der Bundesrepublik Deutschland auf die Westsektoren Berlins bleiben unverändert.
e) Der Ausdruck »staatliche Organe« in Anlage II Absatz 2 bedeutet: der Bundespräsident, der Bundeskanzler, das Bundeskabinett, die Bundesminister und die Bundesministerien sowie die Zweigstellen dieser Ministerien, der Bundesrat und der Bundestag sowie alle Bundesgerichte.

Genehmigen Sie, Exzellenz, die erneute Versicherung unserer ausgezeichneten Hochachtung.

Für die Regierung der Französischen Republik
Jean Sauvagnargues
Für die Regierung des Vereinigten Königreiches von Großbritannien und Nordirland
R. W. Jackling
Für die Regierung der Vereinigten Staaten von Amerika
Kenneth Rush

5.4.14 *Abkommen zwischen der Regierung der Bundesrepublik Deutschland un der Regierung der Deutschen Demokratischen Republik über den Transitverkehr von zivilen Personen und Gütern zwischen der Bundesrepublik Deutschland und Berlin (West) (Transitabkommen) (17.12.1971)*

(ohne Anlagen, Protokollvermerke, Informationen und den begleitenden Briefwechsel)
Die Regierung der Bundesrepublik Deutschland und die Regierung der Deutschen Demokratischen Republik
sind,
in dem Bestreben, einen Beitrag zur Entspannung in Europa zu leisten,
und
in Übereinstimmung mit den Regelungen des Abkommens zwischen den Regierungen der Französischen Republik, der Union der Sozialistischen Sowjetrepubliken, des Vereinigten Königreiches von Großbritannien und Nordirland und der Vereinigten Staaten von Amerika vom 3. September 1971
übereingekommen,
dieses Abkommen abzuschließen:

Artikel 1
Gegenstand dieses Abkommens ist der Transitverkehr von zivilen Personen und Gütern auf Straßen, Schienen- und Wasserwegen zwischen der Bundesrepublik Deutschland und den Westsektoren Berlins – Berlin (West) – durch das Hoheitsgebiet der Deutschen Demokratischen Republik – im folgenden Transitverkehr genannt.

Artikel 2
1. Der Transitverkehr wird erleichtert werden und ohne Behinderung sein. Er wird in der einfachsten, schnellsten und günstigsten Weise erfolgen, wie es in der internationalen Praxis vorzufinden ist.
2. Im Transitverkehr finden die allgemein üblichen Vorschriften der Deutschen Demokratischen Republik bezüglich der öffentlichen Ordnung Anwendung, soweit dieses Abkommen nichts anderes bestimmt.

Artikel 3
Der Transitverkehr erfolgt über die vorgesehenen Grenzübergangsstellen und Transitstrecken.

Artikel 4
Für Transitreisende werden Visa an den Grenzübergangsstellen der Deutschen Demokratischen Republik erteilt.
Dies geschieht im Interesse der schnellstmöglichen Durchführung des Transitverkehrs, von Ausnahmen abgesehen, die sich aus der Anwendung der Bestimmungen dieses Abkommens ergeben, am Fahrzeug beziehungsweise bei durchgehenden Autobussen und durchgehenden Zügen im Transportmittel. Für Transitreisende in durchgehenden Autobussen können Sammelvisa erteilt werden, wenn von den jeweiligen Autobusunternehmen oder ihren Beauftragten die erforderlichen Sammelreiselisten vorgelegt werden.

Artikel 5
1. Beim Transitverkehr von Gütern sind die erforderlichen amtlichen Begleitdokumente sowie die bei bestimmten Gütern vorgesehenen amtlichen Zeugnisse, Bescheinigungen und Erlaubnisse vorzulegen.

2. Die Kontrollverfahren der zuständigen Organe der Deutschen Demokratischen Republik für Gütertransportmittel sowie für die Güter selbst erfolgen, von Ausnahmen abgesehen, die sich aus der Anwendung der Bestimmungen dieses Abkommens ergeben, am Transportmittel.
3. Gütertransporte können von den zuständigen Organen der Deutschen Demokratischen Republik in den Fällen, in denen das in den allgemein üblichen Vorschriften der Deutschen Demokratischen Republik bezüglich der öffentlichen Ordnung vorgesehen ist, auf Kosten des Transportunternehmens begleitet werden, wenn das wegen der besonderen Beschaffenheit des Transportmittels oder der Ladung zur Gewährleistung der öffentlichen Sicherheit auf den Transitstrecken erforderlich ist.
4. Die zuständigen Abgangszollstellen prüfen bei Gütertransporten in dem Umfange und in der Weise, wie es in den allgemein üblichen Vorschriften der Bundesrepublik Deutschland vorgesehen ist, ob die Güter mit den Angaben in den Begleitdokumenten übereinstimmen. Mit der Anbringung des Dienststempelabdruckes bestätigt die Abgangszollstelle, daß dieser Verpflichtung Genüge getan ist.
Bei mehreren Begleitdokumenten genügt die Anbringung des Dienststempelabdruckes auf einem Begleitdokument, wenn auf diesem die Anzahl der übrigen Begleitdokumente vermerkt wird.
Werden Verschlüsse durch ein nach Artikel 6 Ziffer 2 ermächtigtes Unternehmen angelegt, so steht der Abdruck des diesem Unternehmen amtlich zur Verfügung gestellten Stempels dem Dienststempelabdruck der Abgangszollstelle gleich.

Artikel 6
1. Für die Beförderung von zivilen Gütern im Transitverkehr können Transportmittel (Straßengüterfahrzeuge, Eisenbahngüterwagen, Binnenfrachtschiffe, Behälter) benutzt werden, die vor der Abfahrt mit Zollverschlüssen, Bahn- oder Postplomben oder mit zur Verfügung gestellten amtlichen Verschlüssen (im folgenden Verschlüsse genannt) versehen worden sind.
Die Beförderung unter Verschluß ist insbesondere für den Transport solcher Güter bestimmt, deren Transit erlaubnispflichtig oder deren Einfuhr in die Deutsche Demokratische Republik verboten ist.
Transportmittel, die keine Güter enthalten, können ebenfalls mit Verschlüssen versehen werden.
Im Interesse der einfachsten, schnellsten und sichersten Abwicklung des Transitverkehrs werden die zuständigen Behörden der Bundesrepublik Deutschland darauf hinwirken, daß die Transportmittel, die nach ihrem Bautyp zollverschlußsicher eingerichtet werden können, in größtmöglichem Umfange zollverschlußsicher und, soweit ihr Verwendungszweck das im Einzelfalle nicht ausschließt, mit Verschlüssen versehen werden.
Die zuständigen Organe der Deutschen Demokratischen Republik sehen für diese Transportmittel ein besonders günstiges Abfertigungsverfahren vor.
2. Die Verschlüsse werden an allen nach den technischen Bedingungen vorgesehenen Stellen in der erforderlichen Anzahl angelegt durch:
a) die Abgangszollstellen;
b) die Deutsche Bundesbahn und die Deutsche Bundespost im Schienenverkehr;
c) bestimmte Unternehmen, die von den zuständigen Zollbehörden dazu ermächtigt werden. Die zuständigen Zollbehörden erteilen den ermächtigten Unternehmen die erforderlichen Auflagen zur ordnungsgemäßen Durchführung des Verfahrens und der Bestimmungen dieses Abkommens und überwachen die ordnungsgemäße Verwendung der den Unternehmen zugeteilten amtlichen Verschlüsse.

Die zuständigen Zolldienststellen übernehmen die sich aus diesem Abkommen ergebenden Vorpflichtungen in den Fällen, in denen die Verschlüsse von der Deutschen Bundesbahn, der Deutschen Bundespost oder den ermächtigten Unternehmen angelegt werden, in gleicher Weise, wie wenn sie die Verschlüsse selbst angelegt hätten.

3. Die nach Ziffer 2 zur Anlegung von Verschlüssen Berechtigten (außer der Deutschen Bundespost) vermerken Anzahl und Merkmale der angelegten Verschlüsse mit Unterschrift, Datum und Abdruck eines amtlichen oder amtlich zur Verfügung gestellten Stempels auf dem Begleitdokument.

Bei mehreren Begleitdokumenten genügt ein Vermerk auf einem Begleitdokument, wenn auf diesem die Anzahl der übrigen Begleitdokumente vermerkt wird.

4. Als zollverschlußsicher werden Transportmittel anerkannt, die entsprechend der allgemein üblichen internationalen Praxis zum Transport von Gütern unter Zollverschluß zugelassen sind.

Als Nachweis der Verschlußsicherheit werden bei Straßenfahrzeugen und Binnenschiffen die Zollverschlußanerkenntnisse, bei Behältern auch die Zulassungstafeln anerkannt.

Die zur Anlegung von Verschlüssen Berechtigten überwachen im Rahmen ihrer Möglichkeiten, daß das Transportmittel zollverschlußsicher eingerichtet ist. Sie achten dabei darauf, daß keine Zollverschlußanerkenntnisse benutzt werden, deren Gültigkeit abgelaufen ist, und daß das Transportmittel noch den für seine Verschlußsicherheit maßgebenden Vorschriften entspricht.

5. Die Kontrollverfahren der zuständigen Organe der Deutschen Demokratischen Republik beschränken sich auf die Prüfung der Verschlüsse und der Begleitdokumente.

6. Die zuständigen Organe der Deutschen Demokratischen Republik können in Fällen, in denen es zur zusätzlichen Sicherung gegen Mißbrauch notwendig erscheint, auch eigene Verschlüsse anlegen. Dadurch wird die Abwicklung des Transitverkehrs nicht verzögert werden.

7. Die Verletzung angelegter Verschlüsse oder die Beeinträchtigung der Verschlußsicherheit in anderer Weise ist vom Transportführer unverzüglich den zuständigen Organen der Deutschen Demokratischen Republik zu melden.

Wird bei einem Unfall oder aus anderen dringenden Gründen das Umladen der Güter auf ein anderes Transportmittel erforderlich, so ist das den zuständigen Organen der Deutschen Demokratischen Republik zu melden. Die Umladung darf nur in ihrer Gegenwart erfolgen.

Zwingt eine drohende Gefahr zum sofortigen Entladen oder zum Betreten des Laderaumes, so hat der Transportführer unverzüglich nach Vornahme der dringlichsten Sicherungsmaßnahmen und ohne die Fahrt fortzusetzen, die zuständigen Organe der Deutschen Demokratischen Republik zu unterrichten.

In den vorgenannten Fällen fertigen die zuständigen Organe der Deutschen Demokratischen Republik ein Protokoll, in dem die Personalien des Transportführers, das Transportmittel, der Sachverhalt, die getroffenen Maßnahmen sowie eventuell angelegte Verschlüsse aufgeführt werden. Der Transportführer erhält ein Exemplar des Protokolls. Im übrigen gilt Artikel 7 entsprechend.

Artikel 7

1. Bei Transportmitteln, die nicht nach Artikel 6 Ziffer 1 unter Verschluß genommen werden können, wie zum Beispiel offene Lastkraftwagen, werden die Kontrollverfahren auf die Prüfung der Begleitdokumente beschränkt.

2. In besonderen Fällen, in denen hinreichende Verdachtsgründe dafür vorliegen, daß Transportmittel nach Ziffer 1 Materialien enthalten, die zur Verbreitung auf den

vorgesehenen Wegen bestimmt sind, oder daß sich in ihnen Personen oder Materialien befinden, die auf diesen Wegen aufgenommen worden sind, kann der Inhalt der nicht verplombten Transportmittel geprüft werden. Die Prüfung erfolgt im erforderlichen Umfang durch die zuständigen Organe der Deutschen Demokratischen Republik nach den allgemein üblichen Vorschriften der Deutschen Demokratischen Republik bezüglich der öffentlichen Ordnung. Die entsprechenden Bestimmungen des Artikels 16 finden Anwendung.

Artikel 8

1. Die auf den Transitwegen verkehrenden Kraftfahrzeuge müssen haftpflichtversichert sein.
2. Die Zulassungen für Kraftfahrzeuge und Anhänger sowie Fahrerlaubnisse für Kraftfahrer werden gegenseitig anerkannt.
3. Soweit Bau und Ausrüstung der Fahrzeuge den am Zulassungsort geltenden Vorschriften entsprechen, werden sie als ausreichend anerkannt. Kraftfahrzeuge und Anhänger, die einschließlich ihrer Ladung die in der Deutschen Demokratischen Republik vorgeschriebenen Maße oder Gewichte überschreiten, bedürfen einer Ausnahmegenehmigung der zuständigen Organe der Deutschen Demokratischen Republik.

Artikel 9

1. Im Transitverkehr können individuelle Transportmittel benutzt werden.
2. Individuelle Transportmittel im Sinne dieses Abkommens sind ordnungsgemäß zugelassene Kraftfahrzeuge, die nicht zum Transport von Gütern bestimmt oder nicht durchgehende Autobusse sind. Individuellen Transportmitteln gleichgestellt sind die nicht zur Aufnahme von Gütern bestimmten Teile von Gütertransportmitteln auf Straßen, Schienen- und Wasserwegen sowie die nicht zur Beförderung von Personen bestimmten Teile von durchgehenden Autobussen.
3. Die Verfahren für Reisende in individuellen Transportmitteln werden keine Verzögerungen mit sich bringen und erfolgen, von Ausnahmen abgesehen, die sich aus der Anwendung der Bestimmungen dieses Abkommens ergeben, am Fahrzeug.
4. Die Reisenden, ihre Transportmittel und ihr persönliches Gepäck werden nicht der Durchsuchung und der Festnahme unterliegen oder von der Benutzung der vorgesehenen Wege ausgeschlossen werden, außer in besonderen Fällen, wie in Artikel 16 niedergelegt, in denen hinreichende Verdachtsgründe bestehen, daß ein Mißbrauch der Transitwege für Zwecke beabsichtigt ist, begangen wird oder begangen worden ist, die nicht mit der direkten Durchreise nach und von Berlin (West) im Zusammenhang stehen und die den allgemein üblichen Vorschriften bezüglich der öffentlichen Ordnung zuwiderlaufen. Dieser Grundsatz wird im Einzelfall und individuell angewandt.
5. Die Verfahren für Reisende in individuellen Transportmitteln werden auch auf das Fahrpersonal von Gütertransportmitteln und ihr persönliches Gepäck angewandt.

Artikel 10

1. Im Transitverkehr können durchgehende Autobusse benutzt werden. Autobusse im Sinne dieses Abkommens sind Kraftfahrzeuge, die nach ihrer Bauart und Ausstattung zur Beförderung von mehr als 9 Personen – einschließlich Fahrer – geeignet und bestimmt sind. Durchgehende Autobusse verkehren auf dem Gebiet der Deutschen Demokratischen Republik zwischen den Grenzübergängen mit Ausnahme der in Ziffer 4 genannten Fälle ohne Fahrtunterbrechung.
2. Die Kontrollverfahren durch die zuständigen Organe der Deutschen Demokratischen Republik umfassen außer der Identifizierung von Personen keine anderen Formalitäten.

Die Abfertigung der Insassen erfolgt, von Ausnahmen abgesehen, die sich aus der Anwendung der Bestimmungen dieses Abkommens ergeben, in diesen Autobussen.

3. Bei langen Transitstrecken werden die zuständigen Organe der Deutschen Demokratischen Republik für durchgehende Autobusse bestimmte Rastplätze vorsehen und die zuständigen Behörden der Bundesrepublik Deutschland hierüber sowie über die auf diesen Rastplätzen einzuhaltende Ordnung unterrichten.

4. Das Fahrpersonal und die Reisenden dürfen durchgehende Autobusse nur nach Aufforderung oder mit Genehmigung der zuständigen Organe der Deutschen Demokratischen Republik, bei Fahrtunterbrechungen wegen außergewöhnlicher Ereignisse wie Unfälle, Betriebsstörungen oder Naturkatastrophen oder an den dafür gekennzeichneten Rastplätzen verlassen. Der Autobusführer hat die zuständigen Organe der Deutschen Demokratischen Republik über eine Fahrtunterbrechung wegen außergewöhnlicher Ereignisse und die dafür maßgebenden Gründe zu unterrichten. Die zuständigen Organe der Deutschen Demokratischen Republik sind berechtigt, in diesen Fällen das Vorliegen der für eine Fahrtunterbrechung maßgebenden Gründe und die Identität der Reisenden und des Fahrpersonals nachzuprüfen.

5. Hält ein durchgehender Autobus aus anderen als in Ziffer 4 genannten Gründen, so unterliegen die Insassen, ihr Gepäck und der Autobus ebenfalls den entsprechenden Bestimmungen des Artikels 16 dieses Abkommens.

Artikel 11

1. Im Eisenbahnverkehr werden die Fahrpläne der Regel- und Bedarfszüge unter Berücksichtigung des Verkehrsaufkommens zwischen den zuständigen zentralen Stellen der Abkommenspartner vereinbart.

2. Bei außergewöhnlich umfangreichem Verkehrsaufkommen wird im Rahmen der betrieblichen Möglichkeiten der Eisenbahnen der Einsatz zusätzlicher Züge vereinbart.

3. Für die Durchführung des Eisenbahnverkehrs zwischen den Grenzbahnhöfen der Bundesrepublik Deutschland und der Deutschen Demokratischen Republik werden die entsprechenden Betriebsvorschriften zwischen den zuständigen zentralen Stellen der Abkommenspartner vereinbart.

4. Die Abkommenspartner erkennen auf der Basis der Gegenseitigkeit die Ausweise für das Fahr- und Zugbegleitpersonal der Eisenbahnzüge an.

Artikel 12

1, Im Transitverkehr können durchgehende Züge benutzt werden. Diese Reisezüge – einschließlich der Autoreisezüge – verkehren auf dem Gebiet der Deutschen Demokratischen Republik zwischen den Grenzübergängen ohne Verkehrshalt; auf bestimmten, in den öffentlichen Fahrplänen kenntlich gemachten Grenzbahnhöfen der Deutschen Demokratischen Republik kann das Zu- beziehungsweise Aussteigen von Reisenden, die nicht Transitreisende sind, gestattet werden. Die Halte an den Grenzübergängen sowie eventuelle Betriebshalte werden auf das notwendige Maß beschränkt.

2. Die Kontrollverfahren durch die zuständigen Organe der Deutschen Demokratischen Republik umfassen außer der Identifizierung von Personen keine anderen Formalitäten. Die Kontrolle der Reisenden erfolgt, von Ausnahmen abgesehen, die sich aus der Anwendung der Bestimmungen dieses Abkommens ergeben, im Zuge.

3. Die Transitreisenden dürfen durchgehende Züge nur nach Aufforderung oder mit Genehmigung der zuständigen Organe der Deutschen Demokratischen Republik sowie bei außergewöhnlichen Ereignissen wie Unfällen, Betriebsstörungen oder Naturkatastrophen verlassen. Die zuständigen Organe der Deutschen Demokratischen Republik sind berechtigt, in diesen Fällen die Identität der Reisenden nachzuprüfen.

4. Verläßt ein Transitreisender den durchgehenden Zug aus anderen als in Ziffer 3 genannten Gründen, so unterliegen dieser Reisende und sein Gepäck ebenfalls den entsprechenden Bestimmungen des Artikels 16 dieses Abkommens.

Artikel 13
1. Für den Gütertransport können Binnenschiffe eingesetzt werden. Im Transit verkehrende Binnenschiffe müssen den in der Binnenwasserstraßen-Verkehrsordnung der Deutschen Demokratischen Republik festgelegten technischen Anforderungen entsprechen. Das trifft auch für Spezialfahrzeuge, schwimmende Geräte sowie für Überführungen von Schiffsneubauten zu. Sportboote, Rennboote und andere individuelle Wasserfahrzeuge können als Deckladung oder im Schlepp befördert werden.
2. Die Schiffsdokumente sowie die für Elbe und Mittellandkanal ausgestellten Befähigungszeugnisse und die Dokumente über die personelle Besetzung der Binnenschiffe werden anerkannt.
3. Binnenschiffe gemäß Ziffer 1 können an den von den zuständigen Organen der Deutschen Demokratischen Republik festgelegten Liegeplätzen Feierabend machen.
An besonders hierfür zugelassenen Liegeplätzen wird den Besatzungen der Binnenschiffe Landgang gewährt.
Bei außergewöhnlichen Ereignissen wie Unfällen, Betriebsstörungen, Erkrankungen oder Naturkatastrophen sowie nach Aufforderung oder mit Genehmigung der zuständigen Organe der Deutschen Demokratischen Republik sind Fahrtunterbrechung und Landgang auch an anderen geeigneten Plätzen gestattet. Der Schiffsführer hat die zuständigen Organe der Deutschen Demokratischen Republik über die Fahrtunterbrechung bei außergewöhnlichen Ereignissen und die dafür maßgebenden Gründe zu unterrichten.
4. Für die Benutzung der Wasserstraßen einschließlich der Schleusen, Schiffshebewerke sowie Schiffsliegeplätze werden entsprechend den Vorschriften der Deutschen Demokratischen Republik Abgaben und Gebühren erhoben.

Artikel 14
1. Die Deutsche Demokratische Republik gewährleistet, daß bei Unfällen, Betriebsstörungen und Havarien auf ihrem Gebiet, an denen Transitreisende und ihre Transportmittel beteiligt sind, die notwendige Hilfe einschließlich Pannen- und Abschleppdienste, medizinischer Betreuung sowie Werft- und Werkstatthilfe geleistet wird.
2. Bei Havarien und Unfällen gelten für deren Untersuchung sowie für die Ausfertigung der erforderlichen Protokolle die Vorschriften der Deutschen Demokratischen Republik. Die zuständigen Organe der Deutschen Demokratischen Republik übermitteln die Protokolle, die für die Schadensregulierung erforderlich sind, den zuständigen Behörden der Bundesrepublik Deutschland.

Artikel 15
Die zuständigen Organe der Deutschen Demokratischen Republik werden den zuständigen Behörden der Bundesrepublik Deutschland übliche Informationen über den Straßenzustand, über Tauchtiefen, Pegelstände, Schleusenbetriebszeiten, Schiffahrtssperren sowie andere Nachrichten, die den Verkehrsablauf betreffen, einschließlich entsprechender Umleitungen, übermitteln.

Artikel 16
1. Ein Mißbrauch im Sinne dieses Abkommens liegt vor, wenn ein Transitreisender nach Inkrafttreten dieses Abkommens während der jeweiligen Benutzung der Transitwege

rechtswidrig und schuldhaft gegen die allgemein üblichen Vorschriften der Deutschen Demokratischen Republik bezüglich der öffentlichen Ordnung verstößt, indem er

a) Materialien verbreitet oder aufnimmt;
b) Personen aufnimmt;
c) die vorgesehenen Transitwege verläßt, ohne durch besondere Umstände, wie Unfall oder Krankheit, oder durch Erlaubnis der zuständigen Organe der Deutschen Demokratischen Republik dazu veranlaßt zu sein;
d) andere Straftaten begeht oder
e) durch Verletzung von Straßenverkehrsvorschriften Ordnungswidrigkeiten begeht.

Ein Mißbrauch liegt auch dann vor, wenn eine Person an der Mißbrauchshandlung eines Transitreisenden, die dieser nach Inkrafttreten dieses Abkommens während der jeweiligen Benutzung der Transitwege rechtswidrig und schuldhaft begeht oder begangen hat, als Mittäter, Anstifter oder Gehilfe teilnimmt.

2. Hinreichende Verdachtsgründe im Sinne dieses Abkommens liegen vor, wenn im gegebenen Falle auf Grund bestimmter Tatsachen oder konkreter Anhaltspunkte eine gewisse Wahrscheinlichkeit besteht, daß ein Mißbrauch der Transitwege für die obengenannten Zwecke beabsichtigt ist, begangen wird oder begangen worden ist.

Im Falle hinreichenden Verdachts eines Mißbrauchs werden die zuständigen Organe der Deutschen Demokratischen Republik die Durchsuchung von Reisenden, der von ihnen benutzten Transportmittel sowie ihres persönlichen Gepäcks nach den allgemein üblichen Vorschriften der Deutschen Demokratischen Republik bezüglich der öffentlichen Ordnung durchführen oder die Reisenden zurückweisen.

3. Bestätigt sich der Verdacht, so werden die zuständigen Organe der Deutschen Demokratischen Republik im angemessenen Verhältnis zur Schwere der Mißbrauchshandlung entsprechend den allgemein üblichen Vorschriften der Deutschen Demokratischen Republik bezüglich der öffentlichen Ordnung

a) einen Verweis oder eine Ordnungsstrafe oder eine Verwarnung mit Ordnungsgeld aussprechen oder Gegenstände einziehen;
b) Gegenstände sicherstellen oder beschlagnahmen;
c) Personen zurückweisen oder zeitweilig von der Benutzung der Transitwege ausschließen oder
d) Personen festnehmen.

4. Bei Straftaten können die in Ziffer 3 genannten Maßnahmen auch dann getroffen werden, wenn die Straftaten bei einer früheren Benutzung der Transitwege begangen wurden.

5. Über Maßnahmen im Sinne der Ziffer 3 werden dem Betroffenen die nach den allgemein üblichen Vorschriften der Deutschen Demokratischen Republik bezüglich der öffentlichen Ordnung vorgesehenen Dokumente ausgehändigt. Sind Gegenstände beschlagnahmt, sichergestellt oder eingezogen worden, so ist dem Betroffenen ein Verzeichnis der Gegenstände zu übergeben.

Über Festnahmen, den Ausschluß von Personen von der Benutzung der Transitwege und Zurückweisungen sowie über die dafür maßgebenden Gründe werden die zuständigen Organe der Deutschen Demokratischen Republik alsbald die zuständigen Behörden der Bundesrepublik Deutschland unterrichten.

6. Wenn eine Mißbrauchshandlung entdeckt worden ist, nachdem der dafür verantwortliche Reisende die Transitstrecken der Deutschen Demokratischen Republik verlassen hat, so können die zuständigen Organe der Deutschen Demokratischen Republik die zuständigen Behörden der Bundesrepublik Deutschland über die Mißbrauchshandlung, die Beweismittel und die Person des Beschuldigten unterrichten. Die zuständigen

Behörden der Bundesrepublik Deutschland werden die den allgemein üblichen Vorschriften der Bundesrepublik Deutschland bezüglich der öffentlichen Ordnung entsprechenden Maßnahmen treffen und können die zuständigen Organe der Deutschen Demokratischen Republik darüber unterrichten.

Artikel 17
Die Regierung der Bundesrepublik Deutschland wird im Rahmen ihrer Möglichkeiten die erforderlichen Vorkehrungen treffen, damit ein Mißbrauch der Transitwege im Sinne von Artikel 16 dieses Abkommens verhindert wird.
Die Regierung der Bundesrepublik Deutschland wird insbesondere Sorge dafür tragen, daß

a) die am Transitverkehr beteiligten Personen und Unternehmen in geeigneter Weise über die Bestimmungen dieses Abkommens informiert werden;
b) die zuständigen Behörden der Bundesrepublik Deutschland, wenn sie von einem beabsichtigten Mißbrauch der Transitwege Kenntnis erhalten, im Rahmen der allgemein üblichen Vorschriften der Bundesrepublik Deutschland bezüglich der öffentlichen Ordnung geeignete Maßnahmen zur Verhinderung des Mißbrauchs treffen werden;
c) der Grenzübertritt von Transportmitteln dann nicht gestattet wird, wenn die Transportmittel offensichtlich nicht betriebs- oder verkehrssicher sind.

Artikel 18
1. Abgaben, Gebühren und andere Kosten, die den Verkehr auf den Transitwegen betreffen, einschließlich der Instandhaltung der entsprechenden Wege, Einrichtungen und Anlagen, die für diesen Verkehr benutzt werden, werden von der Bundesrepublik Deutschland an die Deutsche Demokratische Republik in Form einer jährlichen Pauschalsumme gezahlt.
2. Die von der Bundesrepublik Deutschland zu zahlende Pauschalsumme umfaßt:

a) die Straßenbenutzungsgebühren;
b) die Steuerausgleichsabgabe;
c) die Visagebühren;
d) den Ausgleich der finanziellen Nachteile der Deutschen Demokratischen Republik durch den Wegfall der Lizenzen im Linienverkehr mit Autobussen und der Erlaubniserteilung im Binnenschiffahrtsverkehr sowie entsprechender weiterer finanzieller Nachteile.

Die Pauschalsumme wird für die Jahre 1972 bis 1975 auf 234,9 Millionen DM pro Jahr festgelegt.
3. Die Bundesrepublik Deutschland überweist die Pauschalsumme jährlich bis zum 31. März, erstmalig bis zum 31. März 1972, auf ein Konto bei einer von der Deutschen Demokratischen Republik zu bestimmenden Außenhandelsbank AG in Berlin.
4. Die Höhe der ab 1976 zu zahlenden Pauschalsumme und die Bestimmung des Zeitraumes, für den diese Pauschalsumme gültig sein soll, werden im zweiten Halbjahr 1975 unter Berücksichtigung der Entwicklung des Transitverkehrs festgelegt.*

Artikel 19
1. Die Abkommenspartner bilden eine Kommission zur Klärung von Schwierigkeiten und Meinungsverschiedenheiten bei der Anwendung der Auslegung dieses Abkommens.

* Neufestlegung gemäß Bekanntmachung vom 3. Februar 1976, BAnz 40/76.

2. Die Delegation jedes Abkommenspartners wird in der Kommission durch einen bevollmächtigten Vertreter des Bundesministers für Verkehr der Bundesrepublik Deutschland beziehungsweise des Ministers für Verkehrswesen der Deutschen Demokratischen Republik geleitet.
3. Die Kommission tritt auf Ersuchen eines der beiden Abkommenspartner zusammen.
4. Einzelheiten des Verfahrens werden durch die Kommission festgelegt.
5. Kann die Kommission eine ihr zur Behandlung vorgelegte Meinungsverschiedenheit nicht regeln, wird diese Frage von beiden Seiten ihren Regierungen unterbreitet, die sie auf dem Verhandlungswege beilegen.

Artikel 20
Auf Transportmittel, die noch nicht unter Verschluß genommen worden sind, obwohl sie verschlußsicher eingerichtet und unter Verschluß genommen werden können, finden die Bestimmungen des Artikels 7 keine Anwendung.

Artikel 21
Dieses Abkommen tritt gleichzeitig mit dem Abkommen zwischen den Regierungen der Französischen Republik, der Union der Sozialistischen Sowjetrepubliken, des Vereinigten Königreiches von Großbritannien und Nordirland und der Vereinigten Staaten von Amerika vom 3. September 1971 in Kraft und bleibt zusammen mit ihm in Kraft.
GESCHEHEN in Bonn am 17. Dezember 1971 in zwei Urschriften in deutscher Sprache.

Für die Regierung
der
Bundesrepublik Deutschland
Egon Bahr

Für die Regierung
der Deutschen
Demokratischen Republik
Dr. Michael Kohl

5.4.15 *Vertrag zwischen der Bundesrepublik Deutschland und der Deutschen Demokratischen Republik über Fragen des Verkehrs (Verkehrsvertrag) (26. 5. 1972)*

Die Bundesrepublik Deutschland
und
die Deutsche Demokratische Republik
sind,
in dem Bestreben, einen Beitrag zur Entspannung in Europa zu leisten und normale gutnachbarliche Beziehungen beider Staaten zueinander zu entwickeln, wie sie zwischen voneinander unabhängigen Staaten üblich sind,
geleitet von dem Wunsch, Fragen des grenzüberschreitenden Personen- und Güterverkehrs beider Vertragsstaaten in und durch ihre Hoheitsgebiete zu regeln,
übereingekommen,
diesen Vertrag abzuschließen:

I. Allgemeine Bestimmungen

Artikel 1

1. Gegenstand des Vertrages ist der gegenseitige Wechsel- und Transitverkehr auf Straßen, Schienen- und Wasserwegen mit Transportmitteln, die im Geltungsbereich dieses Vertrages zugelassen oder registriert sind – im folgenden Verkehr genannt.
Die innerstaatlichen Rechtsvorschriften über die Benutzung bestimmter Transportmittel bleiben unberührt.
2. Die Vertragsstaaten verpflichten sich, den Verkehr in und durch ihre Hoheitsgebiete entsprechend der üblichen internationalen Praxis auf der Grundlage der Gegenseitigkeit und Nichtdiskriminierung in größtmöglichem Umfang zu gewähren, zu erleichtern und möglichst zweckmäßig zu gestalten.

Artikel 2

Der Verkehr unterliegt dem Recht desjenigen Staates, in dessen Gebiet er durchgeführt wird, soweit dieser Vertrag nichts anderes bestimmt.

Artikel 3

1. Die Verkehrsteilnehmer können die im anderen Vertragsstaat für den öffentlichen Verkehr zugelassenen Verkehrseinrichtungen benutzen.
2. Soweit ein Vertragsstaat bestimmte Verkehrswege festlegt, auf denen der Transitverkehr durch sein Gebiet zu erfolgen hat, wird er sich dabei von dem Gesichtspunkt einer möglichst zweckmäßigen Gestaltung dieses Verkehrs leiten lassen.

Artikel 4

Der Verkehr erfolgt über die vorgesehenen Grenzübergangsstellen. Über Veränderungen werden sich das Bundesministerium für Verkehr der Bundesrepublik Deutschland und das Ministerium für Verkehrswesen der Deutschen Demokratischen Republik vorher ins Benehmen setzen.

Artikel 5

Die vom anderen Vertragsstaat ausgestellten amtlichen Dokumente, die zum Führen von Transportmitteln berechtigen, sowie die amtlichen Dokumente für die auf dessen Gebiet zugelassenen oder registrierten Transportmittel werden gegenseitig anerkannt, soweit in Artikel 20 nichts anderes vereinbart ist.
Die Verkehrsteilnehmer weisen sich durch von den zuständigen Behörden beziehungsweise Organen der Vertragsstaaten ausgestellte amtliche Personaldokumente, die zum Grenzübertritt berechtigen, aus.

Artikel 6

1. Für bestimmte im Zusammenhang mit dem Verkehr erhobenen Abgaben und Gebühren kann eine Pauschalabgeltung vereinbart werden.
2. Reisegebrauchs- und -verbrauchsgegenstände, die Verkehrsteilnehmer mit sich führen, bleiben frei von Ein- und Ausgangsabgaben sowie ähnlichen Gebühren.
Für die in üblicher Menge in Transportmitteln mitgeführten Treibstoff- und Schmiermittelvorräte sowie Ausrüstungs-, Ersatz- und Zubehörteile werden keine Ein- und Ausgangsabgaben sowie ähnliche Gebühren erhoben.

Artikel 7

1. Jeder Vertragsstaat sorgt dafür, daß bei Unfällen und Havarien auf seinem Gebiet die notwendige Hilfe einschließlich Pannen- und Abschleppdienst, medizinischer Betreuung sowie Werft- und Werkstatthilfe geleistet wird.

2. Bei Havarien und Unfällen gelten für deren Untersuchung sowie für die Ausfertigung der erforderlichen Protokolle die Rechtsvorschriften am Unfallort. Die Protokolle, die für die Schadensregulierung erforderlich sind, werden gegenseitig übermittelt.

Artikel 8
Es erfolgt eine gegenseitige Information über den Straßenzustand, Umleitungen größeren Ausmaßes auf Autobahnen und wichtigen Fernstraßen, über Tauchtiefen, Pegelstände, Schleusenbetriebszeiten, Schiffahrtssperren sowie andere Nachrichten, die den Verkehrsablauf betreffen.

Artikel 9
Im Interesse einer möglichst einfachen und zweckmäßigen Gestaltung des Verkehrs werden sich die Vertragsstaaten bei der Planung und Durchführung von Bauvorhaben, die Auswirkungen auf den grenzüberschreitenden Verkehr des anderen Vertragsstaates haben, informieren und entsprechend den Erfordernissen einen Meinungsaustausch führen.

II. Eisenbahnverkehr

Artikel 10
1. Im Eisenbahnverkehr werden die Fahrpläne der Regel- und Bedarfszüge, die Zugbildung und die Wagengestellung für Reisezüge unter Berücksichtigung des Verkehrsaufkommens auf den internationalen Fahrplankonferenzen oder zwischen den zuständigen zentralen Stellen der Vertragsstaaten vereinbart.
2. Bei außergewöhnlich umfangreichen Verkehrsaufkommen wird im Rahmen der betrieblichen Möglichkeiten der Eisenbahnen der Einsatz zusätzlicher Züge vereinbart.

Artikel 11
1. Für die Beförderung von Reisenden und Gepäck gelten das Internationale Übereinkommen über den Eisenbahn-Personen- und -Gepäckverkehr (CIV) und seine Zusatzabkommen.
2. Für die Beförderung von Frachtgut gelten das Internationale Übereinkommen über den Eisenbahnfrachtverkehr (CIM) und seine Zusatzabkommen.

Artikel 12
1. Grenzstrecke im Sinne dieses Vertrages ist der Abschnitt einer durchgehenden Bahnlinie – einschließlich an ihr liegender Betriebsdienststellen von untergeordneter Bedeutung – zwischen den jeweiligen Grenzbahnhöfen der Vertragsstaaten. Auf diesen Strecken gelten im Gebiet jedes Vertragsstaates dessen Rechtsvorschriften. Das gilt auch für die Betriebsvorschriften der Eisenbahnen. Ausnahmen können vereinbart werden.
2. Jede Eisenbahnverwaltung unterhält, wartet und erneuert die Eisenbahnanlagen und -einrichtungen auf ihren Strecken. Soweit Ausnahmen nicht in diesem Vertrag geregelt sind, können sie vereinbart werden.
3. Die zuständigen zentralen Stellen der Vertragsstaaten informieren sich gegenseitig über beabsichtigte Veränderungen an den Anlagen und in der Technologie auf den Grenzstrecken und Grenzbahnhöfen, soweit diese Auswirkungen auf die Abwicklung des Verkehrs haben.
4. Die Eisenbahnverwaltungen stimmen den Zeitpunkt von Unterhaltungs-, Wartungs- oder Erneuerungsarbeiten auf den Grenzstrecken ab, wenn sich Auswirkungen auf den Verkehr ergeben können.

5. Die Eisenbahnverwaltungen vereinbaren die Unterhaltung, Wartung oder Erneuerung ihrer Sicherungs- und Fernmeldeanlagen, die sich auf dem Gebiet des anderen Vertragsstaates befinden.
6. Die zwischen den Betriebsstellen der Eisenbahnen beider Vertragsstaaten bestehenden Fernmeldeleitungen dürfen nur für eisenbahndienstliche Mitteilungen benutzt werden. Diese Leitungen dürfen nicht mit dem bahneigenen oder öffentlichen Netz verbunden sein.
7. Einzelfragen der Durchführung des Eisenbahnverkehrs auf den Grenzstrecken werden gesondert vereinbart.

Artikel 13

1. Die Ausweise für das Fahr- und Zugbegleitpersonal werden gegenseitig anerkannt.
2. Die Beschäftigten der Eisenbahnverwaltungen, die auf dem Gebiete des anderen Vertragsstaates eingesetzt sind, müssen ihre Dienstuniform tragen. Sie haben die Dienstvorschriften der anderen Eisenbahnverwaltung einzuhalten. Sie sind berechtigt, die für die Ausübung ihrer Tätigkeit erforderlichen Ge- und Verbrauchsgegenstände abgaben- und gebührenfrei mit sich zu führen. Auf den Grenzbahnhöfen werden ihnen Ruheräume zur Verfügung gestellt. Erforderlichenfalls wird ihnen medizinische Hilfe geleistet.

Artikel 14

1. Die Deutsche Demokratische Republik gestattet die Durchführung des Güterverkehrs der Deutschen Bundesbahnen nach und von Heringen/Werra (Bundesrepublik Deutschland) durch ihr Gebiet auf den Strecken der Deutschen Reichsbahn zwischen Gerstungen und Dankmarshausen, soweit dieser Verkehr die Kaliproduktion in diesem Raum betrifft. Die kommerziellen und betriebstechnischen Bedingungen für diesen Verkehr werden gesondert vereinbart.
2. Kalitransporte aus Heringen/Werra für die Deutsche Demokratische Republik oder im Transit durch deren Gebiet in dritte Staaten werden auf direktem Wege dem Grenzbahnhof Gerstungen zugeführt. Die Grenzabfertigung in Gerstungen erfolgt in der gleichen Weise wie bei Sendungen, die die Grenzübergänge Bebra (Bundesrepublik Deutschland)/Gerstungen (Deutsche Demokratische Republik) passieren.

Artikel 15

1. Die Deutsche Demokratische Republik gestattet die Durchführung des Eisenbahnverkehrs der Deutschen Bundesbahn nach und von dem Bahnhof Obersuhl (Bundesrepublik Deutschland) über einen Grenzstreckenabschnitt durch ihr Gebiet. Die Gestattung umfaßt die unentgeltliche Nutzung des für die Strecke, die Hochbauten und Nebeneinrichtungen erforderlichen Geländes. Dieser Streckenabschnitt der Deutschen Reichsbahn wird von der Deutschen Bundesbahn auf ihre Kosten gewartet und unterhalten. Der Verkehr über die Grenzübergänge Bebra/Gerstungen darf dadurch nicht beeinträchtigt werden.
2. Die Deutsche Demokratische Republik gestattet die Durchführung des Eisenbahnverkehrs der Deutschen Bundesbahn zwischen den Bahnhöfen Schwebda (Bundesrepublik Deutschland) und Heldra (Bundesrepublik Deutschland) über einen Grenzstreckenabschnitt durch ihr Gebiet zu den gleichen Bedingungen, die in Ziffer 1 vereinbart sind.

Artikel 16

Die Bundesrepubik Deutschland gestattet die Durchführung des Eisenbahnverkehrs der Deutschen Reichsbahn auf dem zweigleisigen Abschnitt der Strecke Wartha/Werra (Deutsche Demokratische Republik)–Gerstungen durch ihr Gebiet. Dieser Streckenabschnitt wird von der Deutschen Reichsbahn auf ihre Kosten und mit ihren Beschäftigten betrieben, gewartet und unterhalten. Die Gestattung umfaßt die unentgeltliche Nutzung des für die Strecke, die Hochbauten und Nebeneinrichtungen erforderlichen Geländes.

III. Binnenschiffsverkehr

Artikel 17
1. Die Vertragsstaaten wirken in ihrem Gebiet darauf hin, daß die Voraussetzungen für einen schnellen und wirtschaftlichen Schiffsumlauf gegeben sind.
2. Auf der Basis der Gegenseitigkeit wird eine Erlaubnis zum Befahren der Wasserstraßen nicht verlangt.

Artikel 18
1. Die Beförderung von Gütern zwischen Häfen und Ladestellen des anderen Vertragsstaates (Kabotage) bedarf einer besonderen Genehmigung seiner zuständigen Behörden beziehungsweise Organe.
2. Einer Genehmigung bedarf es nicht, wenn auf dem Rückweg von einer Transitfahrt Güter in das Gebiet des anderen Vertragsstaates befördert werden (Anschlußkabotage).

Artikel 19
1. Werden Liegeplätze vorgeschrieben, so gilt Artikel 17 Ziffer 1 entsprechend. An besonders hierfür zugelassenen Liegeplätzen wird den Besatzungen der Binnenschiffe Landgang gewährt.
2. Soweit Liegeplätze vorgeschrieben werden, sind bei außergewöhnlichen Ereignissen wie Unfällen, Betriebsstörungen, Erkrankungen oder Naturkatastrophen sowie nach Aufforderung oder mit Genehmigung der zuständigen Behörden beziehungsweise Organe des betreffenden Vertragsstaates Fahrtunterbrechungen und Landgang auch an anderen geeigneten Plätzen gestattet. Der Schiffsführer hat die zuständigen Behörden beziehungsweise Organe über die Fahrtunterbrechung bei außergewöhnlichen Ereignissen und die dafür maßgebenden Gründe zu unterrichten.
3. Sofern eine Weiterfahrt infolge Hoch- oder Niedrigwasser, Vereisung oder Havarie nicht mehr oder nur mit Einschränkungen möglich ist, wird gegenseitig die Möglichkeit des Umschlags von Gütern oder die Leichterung von Binnenschiffen gewährt. Der vorgesehene Umschlag oder die Leichterung ist den zuständigen Behörden beziehungsweise Organen zu melden und darf nur in ihrer Gegenwart erfolgen.

Artikel 20
1. Die gegenseitige Anerkennung von Dokumenten gemäß Artikel 5 gilt in der Binnenschiffahrt nur für die Befähigungszeugnisse, die für Elbe und Mittellandkanal ausgestellt sind. Schiffszeugnisse (-atteste) der Deutschen Demokratischen Republik werden nur für die Wasserstraßen anerkannt, die zum Geltungsbereich der Binnenschifffahrtsstraßen-Ordnung der Bundesrepublik Deutschland gehören. Schiffszeugnisse (-atteste) der Bundesrepublik Deutschland werden auf den Wasserstraßen der Deutschen Demokratischen Republik anerkannt.
2. Das Befahren der Binnenwasserstraßen des einen Vertragsstaates durch übermäßige Einzelfahrzeuge und Schiffsverbände des anderen Vertragsstaates bedarf der Zustimmung seiner zuständigen Behörden beziehungsweise Organe.
Übermäßig sind solche Einzelfahrzeuge oder Schiffsverbände, die die in den Rechtsvorschriften des jeweiligen Vertragsstaates für die Benutzung seiner Wasserstraßen festgelegten Abmessungen überschreiten.

3. Schwimmende Geräte und Schwimmkörper können transportiert, Schiffsneubauten überführt werden. Sportboote, Rennboote und andere individuelle Wasserfahrzeuge können als Deckladung oder im Schlepp befördert werden.
4. Soweit Fahrtrouten vorgeschrieben sind, bedarf das Abweichen von ihnen der Genehmigung der zuständigen Behörden beziehungsweise Organe.

Artikel 21
Binnenschiffe werden dann als zollverschlußsicher anerkannt, wenn sie entsprechend der allgemein üblichen internationalen Praxis zum Transport von Gütern unter Zollverschluß zugelassen sind.
Als Nachweis der zollverschlußsicheren Einrichtung werden Zollverschlußanerkenntnisse anerkannt.

Artikel 22
Für die Benutzung der Wasserstraßen einschließlich der Schleusen, Schiffshebewerke sowie Schiffsliegeplätze werden entsprechend den dort geltenden Rechtsvorschriften Abgaben und Gebühren erhoben.

Artikel 23
Die Vertragsstaaten gewährleisten einen reibungslosen Binnenschiffsverkehr auf dem Abschnitt zwischen Kilometer 472,6 bis Kilometer 566,3 der Elbe.

IV. Kraftverkehr

Artikel 24
1. Gewerbliche Personenbeförderung im Sinne dieses Vertrages ist die entgeltliche oder geschäftsmäßige Beförderung von Personen mit Kraftfahrzeugen und Anhängern.
2. Gütertransporte mit Kraftfahrzeugen im Sinne dieses Vertrages sind der gewerbliche Güterkraftverkehr und der Werkverkehr mit Kraftfahrzeugen und Anhängern.

Artikel 25
1. Jeder Vertragsstaat wird das Recht auf die Anwendung des Genehmigungsverfahrens für die gewerbliche Beförderung von Personen im Gelegenheitsverkehr und für Gütertransporte mit Kraftfahrzeugen in oder durch sein Gebiet auf der Grundlage der Gegenseitigkeit nicht ausüben.
2. Unternehmen aus dem einen Vertragsstaat bedürfen für die gewerbliche Beförderung von Personen im Kraftomnibus-Linienverkehr in oder durch das Gebiet des anderen Vertragsstaates einer Beförderungsgenehmigung dieses Staates.
3. Jeder Vertragsstaat behält sich das Recht der Genehmigung für die gewerbliche Beförderung von Personen, die auf seinem Gebiet aufgenommen werden sollen, sowie für den Transport von Gütern vor, wenn dieser ausschließlich auf seinem Gebiet durchgeführt werden soll.

Artikel 26
Soweit Bau und Ausrüstung der Fahrzeuge den am Zulassungsort geltenden Vorschriften entsprechen, werden sie gegenseitig als ausreichend anerkannt. Kraftfahrzeuge und Anhänger, die einschließlich ihrer Ladung, die im Gebiet des anderen Vertragsstaates vorgeschriebenen Maße oder Gewichte überschreiten, bedürfen für die Fahrt in oder durch diesen Vertragsstaat einer Ausnahmegenehmigung seiner zuständigen Behörden beziehungsweise Organe.

Artikel 27
Die im Verkehr eingesetzten Kraftfahrzeuge müssen haftpflichtversichert sein. Der Ausgleich von Schäden aus Kraftfahrzeugunfällen ist Gegenstand gesonderter Regelungen.

Artikel 28
Für Gütertransporte im Straßenverkehr gelten:
- das Zollübereinkommen vom 15. Januar 1959 über den internationalen Warentransport mit Carnets TIR,
- das Europäische Übereinkommen vom 30. September 1957 über die internationale Beförderung gefährlicher Güter auf der Straße (ADR).

V. Seeverkehr

Artikel 29
1. Die Vertragsstaaten kommen überein, sich gegenseitig die Benutzung von Seehäfen und anderen Einrichtungen des Seeverkehrs für den Transport und Umschlag von Gütern zu ermöglichen. Sie gewährleisten in ihren Seehäfen den Schiffen des anderen Vertragsstaates die gleiche Behandlung wie den Schiffen anderer Staaten; das gilt insbesondere für die Abfertigung, die Erhebung von Gebühren und Hafenabgaben, den freien Zugang zu ihren Seehäfen und deren Benutzung.
2. Seeschiffen, die die Flagge des einen Vertragsstaates führen, wird der Transport von Gütern aus und nach dem anderen Vertragsstaat ermöglicht. Die Beförderung von Gütern zwischen Häfen und Ladestellen des anderen Vertragsstaates (Kabotage) bedarf einer besonderen Genehmigung seiner zuständigen Behörden beziehungsweise Organe.

Artikel 30
1. Schiffe unter der Flagge eines der Vertragsstaaten, welche die nach seinem Recht zum Nachweis der Staatszugehörigkeit vorgeschriebenen Dokumente mit sich führen, gelten als Schiffe dieses Vertragsstaates.
2. Schiffe, die mit ordnungsgemäß ausgestellten Schiffsmeßbriefen versehen sind, werden von einer nochmaligen Ausmessung beziehungsweise Nachmessung befreit.
3. Der Berechnung der Hafengebühren wird das in den Schiffsmeßbriefen angegebene Volumen des Schiffes zugrunde gelegt.

Artikel 31
In den Hoheitsgewässern des einen Vertragsstaates unterliegen die Schiffe des anderen Vertragsstaates den Vorschriften über die Besatzung, Ausrüstung, Einrichtungen, Schiffssicherheitsmittel, Vermessung und Seetüchtigkeit, die in dem Staat gelten, unter dessen Flagge das Schiff fährt.

VI. Schlußbestimmungen

Artikel 32
1. Eventuell auftretende Meinungsverschiedenheiten über die Anwendung oder Auslegung dieses Vertrages werden durch eine Kommission beider Vertragsstaaten geklärt.
2. Die Delegationen werden in der Kommission durch bevollmächtigte Vertreter des Bundesministers für Verkehr der Bundesrepublik Deutschland beziehungsweise des Ministers für Verkehrswesen der Deutschen Demokratischen Republik geleitet.
3. Die Kommission tritt auf Ersuchen eines der beiden Vertragsstaaten zusammen.

4. Einzelheiten des Verfahrens werden durch die Kommission festgelegt.
5. Kann die Kommission eine zur Behandlung vorgelegte Meinungsverschiedenheit nicht regeln, wird diese Frage den Regierungen unterbreitet, die sie auf dem Verhandlungswege beilegen.

Artikel 33
Dieser Vertrag wird auf unbestimmte Zeit geschlossen. Er kann fünf Jahre nach seinem Inkrafttreten mit einer Frist von drei Monaten zum Ende des jeweiligen Kalenderjahres gekündigt werden.
Dieser Vertrag tritt an dem Tage in Kraft, an dem die beiden Regierungen sich gegenseitig durch Notenwechsel mitteilen, daß die innerstaatlichen Voraussetzungen für das Inkrafttreten dieses Vertrages erfüllt sind.
ZU URKUND DESSEN haben die Bevollmächtigten der Vertragsstaaten diesen Vertrag unterzeichnet.
GESCHEHEN in Berlin am 26. Mai 1972
in zwei Urschriften in deutsche Sprache.

Für die Bundesrepublik
Deutschland
Egon Bahr

Für die Deutsche
Demokratische Republik
Dr. Michael Kohl

Protokollvermerke

zum Vertrag zwischen der Bundesrepublik Deutschland
und der Deutschen Demokratischen Republik
über Fragen des Verkehrs

Protokollvermerk zu Artikel 1:
Ein Personenverkehr mit Seepassagierschiffen und Binnenschiffen besteht zur Zeit nicht. Beide Seiten stimmen überein, bei Vorliegen der Voraussetzungen Verhandlungen über die Möglichkeit der Regelung dieser Fragen aufzunehmen.

Protokollvermerk zu Artikel 12:
Die beiden Eisenbahnverwaltungen werden die Einrichtung weiterer Fernsprechverbindungen für eisenbahndienstliche Mitteilungen prüfen.

Protokollvermerk zu Artikel 17:
Die Regierung der Deutschen Demokratischen Republik erklärt, daß sie bei Wiedereinführung des Permit-Verfahrens für Binnenschiffe der Deutschen Demokratischen Republik das Erlaubnisverfahren für Binnenschiffe der Bundesrepublik Deutschland wieder in Kraft setzen wird.

Protokollvermerk zu Artikel 21:
Die Vertragsstaaten erklären, daß sie die gegenwärtige Praxis bei der Sicherheitsleistung für die Binnenschiffe und deren Ladung nicht ändern werden.

Protokollvermerk zu Artikel 23:
1. Zwischen der Bundesrepublik Deutschland und der Deutschen Demokratischen Republik besteht Übereinstimmung, daß sich ihre zuständigen Behörden beziehungsweise

Organe über Arbeiten zur Erhaltung eines ordnungsgemäßen Zustandes für den Wasserabfluß und die Erhaltung der Schiffahrt auf der Elbe zwischen Kilometer 472,6 und Kilometer 566,3, wie zum Beispiel Längs- und Querpeilungen, Abflußmessungen, Baggerungen zur Beseitigung von Untiefen und die Beseitigung von Schiffahrtshindernissen, rechtzeitig vorher informieren. Eisaufbruch sowie die Kennzeichnung des Fahrwassers werden in beiderseitiger Abstimmung durchgeführt.

2. Das Fahrwasser, die Strombauwerke und Hafeneinfahrten auf diesem Abschnitt der Elbe werden entsprechend der bisherigen Praxis gekennzeichnet. Dabei gehen beide Seiten von dem Zustand im Zeitpunkt der Unterzeichnung dieses Vertrages aus. Eine Änderung der Bezeichnung bedarf der Abstimmung zwischen ihren zuständigen Behörden beziehungsweise Organen.

3. Bei Unfällen und Havarien in diesem Abschnitt der Elbe werden die Untersuchung und die Ausfertigung der Protokolle von den zuständigen Behörden beziehungsweise Aufsichts- und Kontrollorganen desjenigen Vertragsstaates vorgenommen, dessen Binnenschiff am Unfall oder an der Havarie beteiligt ist. Sind Binnenschiffe beider Vertragsstaaten am Unfall oder an der Havarie beteiligt, werden ihre zuständigen Behörden beziehungsweise Organe die Untersuchung gesondert vornehmen und die Protokolle austauschen.

4. Binnenschiffe der Deutschen Demokratischen Republik, die auf diesem Grenzstreckenabschnitt der Elbe im Binnenverkehr zwischen Häfen der Deutschen Demokratischen Republik eingesetzt sind, werden mit einer besonderen Flagge gekennzeichnet und unterliegen nicht der Grenzabfertigung durch Behörden der Bundesrepublik Deutschland.

Protokollvermerk zu Artikel 25:
Der Antrag auf Genehmigung eines grenzüberschreitenden Kraftomnibus-Linien- oder -Transitlinienverkehrs ist bei der zuständigen Behörde beziehungsweise dem zuständigen Organ des Vertragsstaates zu stellen, in dem das Unternehmen seinen Sitz hat. Falls keine Bedenken gegen diesen Antrag bestehen, übersendet das Verkehrsministerium des Vertragsstaates, in dem das Unternehmen seinen Sitz hat, den Antrag mit einer Stellungnahme dem Verkehrsministerium des anderen Vertragsstaates.
Die Antragstellung und Erteilung der Genehmigung für den Teil der Strecke, der auf dem Gebiet des jeweiligen Vertragsstaates verläuft, erfolgt nach dessen Rechtsvorschriften.
An der Durchführung des Kraftomnibus-Linien- oder -Transitlinienverkehrs in oder durch das Gebiet des anderen Vertragsstaates sind auf dessen Verlangen seine Unternehmen zu beteiligen.

Protokollvermerk zu Artikel 28:
Bis zu der notwendigen gleichberechtigten Mitgliedschaft beider Staaten in dem
- Zollübereinkommen vom 15. Januar 1959 über den internationalen Warentransport mit Carnets TIR und dem
- Europäischen Übereinkommen vom 30. September 1957 über die internationale Beförderung gefährlicher Güter auf der Straße (ADR)

bleibt Artikel 28 des Verkehrsvertrages suspendiert.

Protokollvermerk zu Artikel 32:
Die entsprechend Artikel 32 zu bildende Kommission kann zu gegebener Zeit auch Fragen der weiteren Erleichterung und zweckmäßigen Gestaltung des Personen- und Güterverkehrs beraten. Entsprechende Vorschläge bedürfen der Entscheidung durch die Regierungen oder deren zuständige Behörden beziehungsweise Organe.

Protokollvermerk zum Luftverkehr:
Die Bundesrepublik Deutschland und die Deutsche Demokratische Republik stimmen darin überein, zu gegebener Zeit Verhandlungen über ein Luftverkehrsabkommen aufzunehmen, um die Zusammenarbeit auf dem Gebiet des Luftverkehrs zu entwickeln.

5.4.16 *Vertrag über die Grundlagen der Beziehungen zwischen der Bundesrepublik Deutschland und der Deutschen Demokratischen Republik (Grundvertrag) (21. 12. 1972)*

Die Hohen Vertragsschließenden Seiten
eingedenk ihrer Verantwortung für die Erhaltung des Friedens,
in dem Bestreben, einen Beitrag zur Entspannung und Sicherheit in Europa zu leisten,
in dem Bewußtsein, daß die Unverletzlichkeit der Grenzen und die Achtung der territorialen Integrität und der Souveränität aller Staaten in Europa in ihren gegenwärtigen Grenzen eine grundlegende Bedingung für den Frieden sind,
in der Erkenntnis, daß sich daher die beiden deutschen Staaten in ihren Beziehungen der Androhung oder Anwendung von Gewalt zu enthalten haben,
ausgehend von den historischen Gegebenheiten und unbeschadet der unterschiedlichen Auffassungen der Bundesrepublik Deutschland und der Deutschen Demokratischen Republik zu grundsätzlichen Fragen, darunter zur nationalen Frage,
geleitet von dem Wunsch, zum Wohle der Menschen in den beiden deutschen Staaten die Voraussetzungen für die Zusammenarbeit zwischen der Bundesrepublik Deutschland und der Deutschen Demokratischen Republik zu schaffen,
sind wie folgt übereingekommen:

Artikel 1
Die Bundesrepublik Deutschland und die Deutsche Demokratische Republik entwickeln normale gutnachbarliche Beziehungen zueinander auf der Grundlage der Gleichberechtigung.

Artikel 2
Die Bundesrepublik Deutschland und die Deutsche Demokratische Republik werden sich von den Zielen und Prinzipien leiten lassen, die in der Charta der Vereinten Nationen niedergelegt sind, insbesondere der souveränen Gleichheit aller Staaten, der Achtung der Unabhängigkeit, Selbständigkeit und territorialen Integrität, dem Selbstbestimmungsrecht, der Wahrung der Menschenrechte und der Nichtdiskriminierung.

Artikel 3
Entsprechend der Charta der Vereinten Nationen werden die Bundesrepublik Deutschland und die Deutsche Demokratische Republik ihre Streitfragen ausschließlich mit friedlichen Mitteln lösen und sich der Drohung mit Gewalt oder der Anwendung von Gewalt enthalten. Sie bekräftigen die Unverletzlichkeit der zwischen ihnen bestehenden Grenze jetzt und in der Zukunft und verpflichten sich zur uneingeschränkten Achtung ihrer territorialen Integrität.

Artikel 4
Die Bundesrepublik Deutschland und die Deutsche Demokratische Republik gehen davon aus, daß keiner der beiden Staaten den anderen international vertreten oder in seinem Namen handeln kann.

Artikel 5

Die Bundesrepublik Deutschland und die Deutsche Demokratische Republik werden friedliche Beziehungen zwischen den europäischen Staaten fördern und zur Sicherheit und Zusammenarbeit in Europa beitragen.

Sie unterstützen die Bemühungen um eine Verminderung der Streitkräfte und Rüstungen in Europa, ohne daß dadurch Nachteile für die Sicherheit der Beteiligten entstehen dürfen.

Die Bundesrepublik Deutschland und die Deutsche Demokratische Republik werden mit dem Ziel einer allgemeinen und vollständigen Abrüstung unter wirksamer internationaler Kontrolle der internationalen Sicherheit dienende Bemühungen um Rüstungsbegrenzung und Absrüstung, insbesondere auf dem Gebiet der Kernwaffen und anderen Massenvernichtungswaffen unterstützen.

Artikel 6

Die Bundesrepublik Deutschland und die Deutsche Demokratische Republik gehen von dem Grundsatz aus, daß die Hoheitsgewalt jedes der beiden Staaten sich auf sein Staatsgebiet beschränkt. Sie respektieren die Unabhängigkeit und Selbständigkeit jedes der beiden Staaten in seinen inneren und äußeren Angelegenheiten.

Artikel 7

Die Bundesrepublik Deutschland und die Deutsche Demokratische Republik erklären ihre Bereitschaft, im Zuge der Normalisierung ihre Beziehungen praktische und humanitäre Fragen zu regeln. Sie werden Abkommen schließen, um auf der Grundlage dieses Vertrages und zum beiderseitigen Vorteil die Zusammenarbeit auf dem Gebiet der Wirtschaft, der Wissenschaft und Technik, des Verkehrs, des Rechtsverkehrs, des Post- und Fernmeldewesens, des Gesundheitswesens, der Kultur, des Sports, des Umweltschutzes und auf anderen Gebieten zu entwickeln und zu fördern. Einzelheiten sind in dem Zusatzprotokoll geregelt.

Artikel 8

Die Bundesrepublik Deutschland und die Deutsche Demokratische Republik werden ständige Vertretungen austauschen. Sie werden am Sitz der jeweiligen Regierung errichtet.

Die praktischen Fragen, die mit der Einrichtung der Vertretungen zusammenhängen, werden zusätzlich geregelt.

Artikel 9

Die Bundesrepublik Deutschland und die Deutsche Demokratische Republik stimmen darin überein, daß durch diesen Vertrag die von ihnen früher abgeschlossenen oder sie betreffenden zweiseitigen und mehrseitigen internationalen Verträge und Vereinbarungen nicht berührt werden.

Artikel 10

Dieser Vertrag bedarf der Ratifikation und tritt am Tage nach dem Austausch entsprechender Noten in Kraft.

ZU URKUND DESSEN haben die Bevollmächtigten der Hohen Vertragschließenden Seiten diesen Vertrag unterzeichnet.

GESCHEHEN in Berlin, am 21. Dezember 1972, in zwei Urschriften in deutscher Sprache.

Für die Bundesrepublik Deutschland	Für die Deutsche Demokratische Republik
Egon Bahr	Dr. Michael Kohl

Zusatzprotokoll zum Vertrag über die Grundlagen der Beziehungen zwischen der Bundesrepublik Deutschland und der Deutschen Demokratischen Republik

I

Zu Artikel 3:

Die Bundesrepublik Deutschland und die Deutsche Demokratische Republik kommen überein, eine Kommission aus Beauftragten der Regierungen beider Staaten zu bilden. Sie wird die Markierung der zwischen den beiden Staaten bestehenden Grenze überprüfen und, soweit erforderlich, erneuern oder ergänzen sowie die erforderlichen Dokumentationen über den Grenzverlauf erarbeiten. Gleichermaßen wird sie zur Regelung sonstiger mit dem Grenzverlauf im Zusammenhang stehender Probleme, zum Beispiel der Wasserwirtschaft, der Energieversorgung und der Schadensbekämpfung, beitragen.

Die Kommission nimmt nach Unterzeichnung des Vertrages ihre Arbeit auf.

II

Zu Artikel 7:

1. Der Handel zwischen der Bundesrepublik Deutschland und der Deutschen Demokratischen Republik wird auf der Grundlage der bestehenden Abkommen entwickelt.

Die Bundesrepublik Deutschland und die Deutsche Demokratische Republik werden langfristige Vereinbarungen mit dem Ziel abschließen, eine kontinuierliche Entwicklung der wirtschaftlichen Beziehungen zu fördern, überholte Regelungen anzupassen und die Struktur des Handels zu verbessern.

2. Die Bundesrepublik Deutschland und die Deutsche Demokratische Republik bekunden ihren Willen, zum beiderseitigen Nutzen die Zusammenarbeit auf den Gebieten der Wissenschaft und Technik zu entwickeln und die hierzu erforderlichen Verträge abzuschließen.

3. Die mit dem Vertrag vom 26. Mai 1972 begonnene Zusammenarbeit auf dem Gebiet des Verkehrs wird erweitert und vertieft.

4. Die Bundesrepublik Deutschland und die Deutsche Demokratische Republik erklären ihre Bereitschaft, im Interesse der Rechtsuchenden den Rechtsverkehr, insbesondere in den Bereichen des Zivil- und des Strafrechts, vertraglich so einfach und zweckmäßig wie möglich zu regeln.

5. Die Bundesrepublik Deutschland und die Deutsche Demokratische Republik stimmen überein, auf der Grundlage der Satzung des Weltpostvereins und des Internationalen Fernmeldevertrages ein Post- und Fernmeldeabkommen abzuschließen. Sie werden dieses Abkommen dem Weltpostverein (UPU) und der Internationalen Fernmelde-Union (UIT) notifizieren.

In diesem Abkommen werden die bestehenden Vereinbarungen und die für beide Seiten vorteilhaften Verfahren übernommen werden.

6. Die Bundesrepublik Deutschland und die Deutsche Demokratische Republik erklären ihr Interesse an einer Zusammenarbeit auf dem Gebiet des Gesundheitswesens. Sie stimmen überein, daß in dem entsprechenden Vertrag auch der Austausch von Medikamenten sowie die Behandlung in Spezialkliniken und Kuranstalten im Rahmen der gegebenen Möglichkeiten geregelt werden.

7. Die Bundesrepublik Deutschland und die Deutsche Demokratische Republik beabsichtigen, die kulturelle Zusammenarbeit zu entwickeln. Zu diesem Zweck werden sie Verhandlungen über den Abschluß von Regierungsabkommen aufnehmen.

8. Die Bundesrepublik Deutschland und die Deutsche Demokratische Republik bekräftigen ihre Bereitschaft, nach Unterzeichnung des Vertrages die zuständigen Sportorganisationen bei den Absprachen zur Förderung der Sportbeziehungen zu unterstützen.
9. Auf dem Gebiet des Umweltschutzes sollen zwischen der Bundesrepublik Deutschland und der Deutschen Demokratischen Republik Vereinbarungen geschlossen werden, um zur Abwendung von Schäden und Gefahren für die jeweils andere Seite beizutragen.
10. Die Bundesrepublik Deutschland und die Deutsche Demokratische Republik werden Verhandlungen mit dem Ziel führen, den gegenseitigen Bezug von Büchern, Zeitschriften, Rundfunk- und Fernsehproduktionen zu erweitern.
11. Die Bundesrepublik Deutschland und die Deutsche Demokratische Republik werden im Interesse der beteiligten Menschen Verhandlungen zur Regelung des nichtkommerziellen Zahlungs- und Verrechnungsverkehrs aufnehmen. Dabei werden sie im gegenseitigen Interesse vorrangig für den kurzfristigen Abschluß von Vereinbarungen unter sozialen Gesichtspunkten Sorge tragen.

Protokollvermerk
Wegen der unterschiedlichen Rechtspositionen zu Vermögensfragen konnten diese durch den Vertrag nicht geregelt werden.

Erklärungen zu Protokoll
Die Bundesrepublik Deutschland erklärt zu Protokoll:
»Staatsangehörigkeitsfragen sind durch den Vertrag nicht geregelt worden.«
Die Deutsche Demokratische Republik erklärt zu Protokoll:
»Die Deutsche Demokratische Republik geht davon aus, daß der Vertrag eine Regelung der Staatsangehörigkeitsfragen erleichtern wird.«

5.4.17 *Hinweis betreffend Schreiben an die DDR zur nationalen Frage*

Die Bundesregierung wird vor der Unterzeichnung des Vertrages an die Regierung der Deutschen Demokratischen Republik ein Schreiben richten, in dem sie ihre Ziele in der nationalen Frage darlegt.

5.4.18 *Erklärungen beider Seiten in bezug auf Berlin (West)*

Es besteht Einvernehmen, daß die Ausdehnung von Abkommen und Regelungen, die im Zusatzprotokoll zu Artikel 7 vorgesehen sind, in Übereinstimmung mit dem Viermächte-Abkommen vom 3. September 1971 auf Berlin (West) im jeweiligen Fall vereinbart werden kann.
Die ständige Vertretung der Bundesrepublik Deutschland in der Deutschen Demokratischen Republik wird in Übereinstimmung mit dem Viermächte-Abkommen vom 3. September 1971 die Interessen von Berlin (West) vertreten.
Vereinbarungen zwischen der Deutschen Demokratischen Republik und dem Senat bleiben unberührt.

5.4.19 *Brief zur Deutschen Einheit der Regierung der Bundesrepublik Deutschland an die Regierung der Deutschen Demokratischen Republik*

Bundesminister für besondere Aufgaben
beim Bundeskanzler

Bonn, den 21. Dezember 1972

An den
Staatssekretär beim Ministerrat
der Deutschen Demokratischen Republik
Herrn Dr. Michael Kohl
Berlin

Sehr geehrter Herr Kohl!
Im Zusammenhang mit der heutigen Unterzeichnung des Vertrages über die Grundlagen der Beziehungen zwischen der Bundesrepublik Deutschland und der Deutschen Demokratischen Republik beehrt sich die Regierung der Bundesrepublik Deutschland festzustellen, daß dieser Vertrag nicht im Widerspruch zu dem politischen Ziel der Bundesrepublik Deutschland steht, auf einen Zustand des Friedens in Europa hinzuwirken, in dem das deutsche Volk in freier Selbstbestimmung seine Einheit wiedererlangt.

Mit vorzüglicher Hochachtung
Bahr

5.4.20 *Urteil des Bundesverfassungsgerichts zum Grundvertrag (31. 7. 1973) – Auszug –*

a) Leitsätze zum Urteil des Zweiten Senats vom 31. Juli 1973 – 2 BvF 1/73 –

1. Art. 59 Abs. 2 GG verlangt für alle Verträge, die die politischen Beziehungen des Bundes regeln oder sich auf Gegenstände der Bundesgesetzgebung beziehen, die parlamentarische Kontrolle in der Form des Zustimmungsgesetzes, gleichgültig, ob der als Vertragspartner beteiligte Staat nach dem Recht des Grundgesetzes Ausland ist oder nicht.
2. Der Grundsatz des judicial self-restraint zielt darauf ab, den von der Verfassung für die anderen Verfassungsorgane garantierten Raum freier politischer Gestaltung offenzuhalten.
3. Mit der Entscheidung des Grundgesetzes für eine umfassende Verfassungsgerichtsbarkeit ist es unvereinbar, daß die Exekutive ein beim Bundesverfassungsgericht anhängiges Verfahren überspielt.
Ergibt sich, wie in diesem Fall, ausnahmsweise einmal eine Lage, in der das Inkrafttreten eines Vertrages vor Abschluß des verfassungsgerichtlichen Verfahrens nach Auffassung der Exekutive unabweisbar geboten erscheint, so haben die dafür verantwortlichen Verfassungsorgane für die sich daraus möglicherweise ergebenden Folgen einzustehen.
4. Aus dem Wiedervereinigungsgebot folgt: Kein Verfassungsorgan der Bundesrepublik Deutschland darf die Wiederherstellung der staatlichen Einheit als politisches Ziel aufgeben, alle Verfassungsorgane sind verpflichtet, in ihrer Politik auf die Erreichung dieses Zieles hinzuwirken – das schließt die Forderung ein, den Wiedervereinigungsanspruch im Inneren wachzuhalten und nach außen beharrlich zu vertreten – und alles zu unterlassen, was die Wiedervereinigung vereiteln würde.

5. Die Verfassung verbietet, daß die Bundesrepublik Deutschland auf einen Rechtstitel aus dem Grundgesetz verzichtet, mittels dessen sie in Richtung auf Verwirklichung der Wiedervereinigung und der Selbstbestimmung wirken kann, oder einen mit dem Grundgesetz unvereinbaren Rechtstitel schafft oder sich an der Begründung eines solchen Rechtstitels beteiligt, der ihr bei ihrem Streben nach diesem Ziel entgegengehalten werden kann.
6. Der Vertrag hat einen Doppelcharakter; er ist seiner Art nach ein völkerrechtlicher Vertrag, seinem spezifischen Inhalt nach ein Vertrag, der vor allem inter-se-Beziehungen regelt.
7. Art. 23 GG verbietet, daß sich die Bundesregierung vertraglich in eine Abhängigkeit begibt, nach der sie rechtlich nicht mehr allein, sondern nur noch im Einverständnis mit dem Vertragspartner die Aufnahme anderer Teile Deutschlands verwirklichen kann.
8. Art. 16 GG geht davon aus, daß die »deutsche Staatsangehörigkeit«, die auch in Art. 116 Abs. 1 GG in Bezug genommen ist, zugleich die Staatsangehörigkeit der Bundesrepublik Deutschland ist. Deutscher Staatsangehöriger im Sinne des Grundgesetzes ist also nicht nur der Bürger der Bundesrepublik Deutschland.
9. Ein Deutscher hat, wann immer er in den Schutzbereich der staatlichen Ordnung der Bundesrepublik Deutschland gelangt, einen Anspruch auf den vollen Schutz der Gerichte der Bundesrepublik Deutschland und alle Garantien der Grundrechte des Grundgesetzes.

b) Urteil

Bundesverfassungsgericht – 2 BvF 1/73 –
IM NAMEN DES VOLKES
In dem Verfahren
zur verfassungsrechtlichen Prüfung des Gesetzes zum Vertrag vom 21. Dezember 1972 zwischen der Bundesrepublik Deutschland und der Deutschen Demokratischen Republik über die Grundlagen der Beziehungen zwischen der Bundesrepublik Deutschland und der Deutschen Demokratischen Republik vom 6. Juni 1973 (BGBl. II S. 421)

Antragsteller:	Die Bayerische Staatsregierung, vertreten durch den Ministerpräsidenten, München, Staatskanzlei
Bevollmächtigter:	Professor Dr. Dieter Blumenwitz, 8011 Zorneding, Herzog-Albrecht-Straße 26
Beteiligter:	Die Bundesregierung, vertreten durch den Bundesminister der Justiz, Bonn, Rosenburg
Bevollmächtigte:	Professor Dr. Martin Kriele, Köln, Rechtsanwalt Dr. Bernhard Leverenz, Karlsruhe

hat das Bundesverfassungsgericht – Zweiter Senat – unter Mitwirkung der Richter
Vizepräsident Seuffert als Vorsitzender,
Dr. v. Schlabrendorff,
Dr. Rupp,
Dr. Geiger,
Hirsch,
Dr. Rinck,
Wand
auf Grund der mündlichen Verhandlung vom 19. Juni 1973 durch

Urteil

für Recht erkannt:

Das Gesetz zu dem Vertrag vom 21. Dezember 1972 zwischen der Bundesrepublik Deutschland und der Deutschen Demokratischen Republik über die Grundlagen der Beziehungen zwischen der Bundesrepublik Deutschland und der Deutschen Demokratischen Republik vom 6. Juni 1973 (Bundesgesetzbl. Teil II S. 421) ist in der sich aus den Gründen ergebenden Auslegung mit dem Grundgesetz vereinbar.
Gründe:

A. – I.
Am 8. November 1972 wurde der zwischen der Bundesrepublik Deutschland und der Deutschen Demokratischen Republik ausgehandelte Vertrag über die Grundlagen der Beziehungen zwischen der Bundesrepublik Deutschland und der Deutschen Demokratischen Republik – im folgenden: der Vertrag – paraphiert. Er wurde am selben Tag zusammen mit einer Reihe ergänzender Texte im Bulletin Nr. 155, S. 1841 ff. veröffentlicht mit dem Hinweis (a. a. O. S. 1853), die Bundesregierung werde »vor der Unterzeichnung des Vertrages an die Regierung der Deutschen Demokratischen Republik ein Schreiben richten, in dem sie ihre Ziele in der nationalen Frage darlegt«.

Der Vertrag lautet:

.....

II.

.....

III.
Der Vertrag regelt die *Grundlagen* der Beziehungen zwischen der Bundesrepublik Deutschland und der Deutschen Demokratischen Republik. Seine Beurteilung macht erforderlich, sich mit den Aussagen des Grundgesetzes über den Rechtsstatus Deutschlands auseinanderzusetzen:

1. Das Grundgesetz – nicht nur eine These der Völkerrechtslehre und der Staatsrechtslehre! – geht davon aus, daß das Deutsche Reich den Zusammenbruch 1945 überdauert hat und weder mit der Kapitulation noch durch Ausübung fremder Staatsgewalt in Deutschland durch die alliierten Okkupationsmächte noch später untergegangen ist; das ergibt sich aus der Präambel, aus Art. 16, Art. 23, Art. 116 und Art. 146 GG. Das entspricht auch der ständigen Rechtsprechung des Bundesverfassungsgerichts, an der der Senat festhält. Das Deutsche Reich existiert fort (BVerfGE 2, 266 [277]; 3, 288 [319 f.]; 5, 85 [126]; 6, 309 [336, 363], besitzt nach wie vor Rechtsfähigkeit, ist allerdings als Gesamtstaat mangels Organisation, insbesondere mangels institutionalisierter Organe selbst nicht handlungsfähig. Im Grundgesetz ist auch die Auffassung vom gesamtdeutschen Staatsvolk und von der gesamtdeutschen Staatsgewalt »verankert« (BVerfGE 2, 266 [277]). Verantwortung für »Deutschland als Ganzes« tragen – auch – die Vier Mächte (BVerfGE 1, 351 [362 f., 367]).
Mit der Errichtung der Bundesrepublik Deutschland wurde nicht ein neuer westdeutscher Staat gegründet, sondern ein Teil Deutschlands neu organisiert (vgl. Carlo Schmid in der 6. Sitzung des Parlamentarischen Rates – StenBer. S. 70). Die Bundesrepublik Deutschland ist also nicht »Rechtsnachfolger« des Deutschen Reiches, sondern als Staat identisch mit dem Staat »Deutsches Reich«, – in bezug auf seine räumliche Ausdehnung allerdings »teilidentisch«, so daß insoweit die Identität keine Ausschließlichkeit beansprucht. Die Bundesrepublik umfaßt also, was ihr Staatsvolk und ihr Staatsgebiet anlangt, nicht das ganze Deutschland, unbeschadet dessen, daß sie ein einheitliches Staatsvolk des Völkerrechtssubjektes »Deutschland« (Deutsches Reich), zu dem die eigene Bevölkerung als untrennbarer Teil gehört, und ein einheitliches Staatsgebiet »Deutschland« (Deutsches

Reich), zu dem ihr eigenes Staatsgebiet als ebenfalls nicht abtrennbarer Teil gehört, anerkennt. Sie beschränkt staatsrechtlich ihre Hoheitsgewalt auf den »Geltungsbereich des Grundgesetzes« (vgl. BVerfGE 3, 288 [319 f.]; 6, 309 [338, 363]), fühlt sich aber auch verantwortlich für das ganze Deutschland (vgl. Präambel des Grundgesetzes). Derzeit besteht die Bundesrepublik aus den in Art. 23 GG genannten Ländern, einschließlich Berlin; der Status des Landes Berlin der Bundesrepublik Deutschland ist nur gemindert und belastet durch den sog. Vorbehalt der Gouverneure der Westmächte (BVerfGE 7, 1 [7 ff.]; 19, 377 [388]; 20, 257 [266]). Die Deutsche Demokratische Republik gehört zu Deutschland und kann im Verhältnis zur Bundesrepublik Deutschland nicht als Ausland angesehen werden (BVerfGE 11, 150 [158]). Deshalb war z. B. der Interzonenhandel und ist der ihm entsprechende innerdeutsche Handel nicht Außenhandel (BVerfGE 18, 353 [354]).

2. Zum Wiedervereinigungsgebot und Selbstbestimmungsrecht, das im Grundgesetz enthalten ist, hat das Bundesverfassungsgericht bisher erkannt und daran hält der Senat fest: Dem Vorspruch des Grundgesetzes kommt nicht nur politische Bedeutung zu, er hat auch rechtlichen Gehalt. Die Wiedervereinigung ist ein verfassungsrechtliches Gebot. Es muß jedoch den zu politischem Handeln berufenen Organen der Bundesrepublik überlassen bleiben zu entscheiden, welche Wege sie zur Herbeiführung der Wiedervereinigung als politisch richtig und zweckmäßig ansehen. Die Verfassungsorgane, denen im Grundgesetz auch der Schutz der freiheitlich-demokratischen Grundordnung und ihrer Institutionen zur Pflicht gemacht ist, haben zu entscheiden, ob eine bestimmte, sonst verfassungsmäßige Maßnahme die Wiedervereinigung rechtlich hindern oder faktisch unmöglich machen würde und aus diesem Grunde unterbleiben müßte. Ein breiter Raum politischen Ermessens besteht hier besonders für die Gesetzgebungsorgane. Das Bundesverfassungsgericht kann dem Gesetzgeber erst entgegentreten, wenn er die Grenzen dieses Ermessens eindeutig überschreitet, wenn seine Maßnahme also rechtlich oder tatsächlich einer Wiedervereinigung in Freiheit offensichtlich entgegensteht (BVerfGE 5, 85 [126 ff.]; 12, 45 [51 f.]).

Das bedarf in folgender Richtung hier noch einer näheren Präzisierung: Aus dem Wiedervereinigungsgebot folgt zunächst: Kein Verfassungsorgan der Bundesrepublik Deutschland darf die Wiederherstellung der staatlichen Einheit als politisches Ziel aufgeben, alle Verfassungsorgane sind verpflichtet, in ihrer Politik auf die Erreichung dieses Zieles hinzuwirken – das schließt die Forderung ein, den Wiedervereinigungsanspruch im Innern wachzuhalten und nach außen beharrlich zu vertreten – und alles zu unterlassen, was die Wiedervereinigung vereiteln würde. Die Bundesregierung hat allerdings in eigener Verantwortung zu entscheiden, mit welchen politischen Mitteln und auf welchen politischen Wegen sie das nach dem Grundgesetz rechtlich gebotene Ziel der Wiedervereinigung zu erreichen oder ihm wenigstens näherzukommen versucht. Die Abschätzung der Chancen ihrer Politik ist ihre und der sie tragenden parlamentarischen Mehrheit Sache. Hier hat das Gericht weder Kritik zu üben noch seine Auffassung über die Aussichten der Politik zu äußern. Die politische Verantwortung dafür liegt allein bei den politischen Instanzen. Eine Grenze, die allerdings das Bundesverfassungsgericht deutlich zu machen, zu bestimmen und u. U. durchzusetzen hat, liegt im Rechts- und Verfassungsstaat der Bundesrepublik Deutschland darin, daß die Verfassung verbietet, daß die Bundesrepublik auf einen *Rechtstitel* (eine Rechtsposition) aus dem Grundgesetz verzichtet, mittels dessen sie in Richtung auf Verwirklichung der Wiedervereinigung und der Selbstbestimmung wirken kann, oder einen mit dem Grundgesetz unvereinbaren Rechtstitel schafft oder sich an der Begründung eines solchen Rechtstitels beteiligt, der ihr bei ihrem Streben nach diesem Ziel entgegengehalten werden kann. Es ist ein Unterschied, ob man – solange daraus nicht die Gefahr der Verwirkung des Rechtstitels erwächst – *politisch* von einem Rechtstitel keinen Gebrauch macht oder ihn derzeit oder für absehbare Zeit nicht als politisches Instrument für tauglich hält, sich also damit abfindet, daß mit ihm kein politischer Erfolg erzielt werden kann, oder ob man auf ihn im Rechtssinn verzichtet. Man kann sich in diesem Sinne also politisch mit Realitäten abfinden. Das Grundgesetz verlangt aber, daß insoweit kein in ihm begründeter Rechtstitel preisgegeben wird, der jetzt oder später ein Argument zur Förderung des Bestrebens nach Wiedervereinigung bieten kann. Und Entsprechendes gilt für den umgekehrten Fall: *Politisches* Verhalten mag sich später als »falsch kalkuliert« herausstellen und der Bundesregierung von anderen in ihrem Bemühen um Wiedervereinigung politisch entgegengehalten werden können; dieser – vom Verfassungsgericht mit keinem Wort zu kommentierende – Tatbestand unterschiedet sich wesentlich von dem anderen, daß die Bundesrepublik Deutschland mitwirkt bei einem *Rechtsinstrument*, das ihr von anderen in ihrem Bemühen um Wiedervereinigung entgegengehalten werden kann. Daraus ergibt sich beispielsweise: Die klare Rechtsposition jeder Regierung der Bundesrepublik Deutschland ist: Wir haben von der im Grundgesetz vorausgesetzten, in ihm »verankerten« Existenz Gesamtdeutschlands mit einem deutschen (Gesamt-)Staatsvolk und einer (gesamt-)deutschen Staatsgewalt auszugehen. Wenn heute von der »deutschen Nation« gesprochen wird, die eine Klammer für Gesamtdeutschland sei, so ist dagegen nichts einzuwenden, wenn darunter auch ein Synonym für das »deutsche Staatsvolk« verstanden wird, an jener Rechtsposition also festgehalten wird und nur aus politischen Rücksichten eine andere Formel verwandt wird. Versteckte sich dagegen hinter dieser neuen Formel »deutsche Nation« *nur* noch der Begriff einer im Bewußtsein der Bevölkerung vorhandenen Sprach- und Kultureinheit, dann wäre das *rechtlich* die Aufgabe einer unverzichtbaren Rechtsposition. Letzteres stünde in Widerspruch zum Gebot der Wiedervereinigung als Ziel, das von der Bundesregierung mit allen erlaubten Mitteln anzustreben ist. Ebenso verhielte es sich, wenn die Verweisung auf die Viermächte-Verantwortung für Gesamtdeutschland bedeuten würde, künftig sei sie *allein* noch eine (letzte) rechtliche Klammer für die Fortexistenz Gesamtdeutschlands; verfassungsgemäß ist nur – wie es auch die Bundesregierung selbst versteht –, daß sie eine weitere Rechtsgrundlage für das Bemühen der Bundesregierung um Wiedervereinigung bildet, nämlich eine »völkerrechtliche« *neben* der staatsrechtlichen.

Zur *politischen* These vom »Alleinvertretungsanspruch« hat sich das Bundesverfassungsgericht niemals geäußert. Es hatte und hat auch jetzt keinen Anlaß zu prüfen und zu entscheiden, ob sich aus dem Grundgesetz rechtlich ein *Allein*vertretungsanspruch der Bundesrepublik Deutschland für Gesamtdeutschland begründen läßt.

3. Der Vertrag kann so interpretiert werden, daß er mit keiner der dargelegten Aussagen des Grundgesetzes in Widerspruch gerät. Keine amtliche Äußerung innerhalb der Bundesrepublik Deutschland kann dahin verstanden werden, daß sie bei der Interpretation des Vertrages diesen verfassungsrechtlichen Boden verlassen hat oder verläßt.

IV.

1.....

2. Der Vertrag ist eingebettet in umgreifendere und speziellere Rechtsverhältnisse, die ebenfalls bei seiner rechtlichen Würdigung zu beachten sind: Das wird besonders deutlich durch die Bezugnahme auf die Charta der Vereinten Nationen in Art. 2 und Art. 3 des Vertrages und durch die Regelung in Artikel 9, wonach »durch diesen Vertrag« die von den Vertragspartnern »früher abgeschlossenen oder sie betreffenden zweiseitigen und

mehrseitigen internationalen Verträge und Vereinbarungen nicht berührt werden«; das sind insbesondere die von der Bundesrepublik abgeschlossenen »Westverträge« – es bleibt also vor allem auch unberührt Art. 7 des Deutschlandsvertrags, nach dem die Bundesrepublik und die Drei Mächte nach wie vor vertraglich verpflichtet bleiben (Abs. 2), zusammenzuwirken, »um mit friedlichen Mitteln ihr gemeinsames Ziel zu verwirklichen: ein wiedervereinigtes Deutschland, das eine freiheitlich-demokratische Verfassung ähnlich wie die Bundesrepublik besitzt und das in die europäische Gemeinschaft integriert ist« – sowie die Verträge von Moskau und Warschau und die Deutschland als Ganzes betreffenden Viermächte-Vereinbarungen, aber auch beispielsweise der zwischen der Deutschen Demokratischen Republik und der Volksrepublik Polen abgeschlossene Grenz- und Freundschaftsvertrag, soweit er Deutschland (als Ganzes) berührt. Die Bedeutung der Klausel des Art. 9 des Vertrages wird auch sichtbar in dem Briefwechsel zwischen den beiden Unterhändlern, in dem sie sich wechselseitig unterrichten über die Noten an die Botschafter Frankreichs, Englands und der Vereinigten Staaten sowie an den Botschafter der Sowjetunion, und in den »Erklärungen beider Seiten in bezug auf Berlin (West)«, in denen auf das Viermächte-Abkommen vom 3. September 1971, das Berlin betrifft, Bezug genommen wird.

3. Berücksichtigt man die dargelegten Zusammenhänge, so wird deutlich, welche Bedeutung den in der politischen Diskussion verwendeten Formeln »zwischen den beiden Staaten bestehende besondere Beziehungen« und »der Vertrag besitze einen diesen besonderen Verhältnissen entsprechenden besonderen Charakter« zukommt: Die Deutsche Demokratische Republik ist im Sinne des Völkerrechts ein Staat und als solcher Völkerrechtssubjekt. Diese Feststellung ist unabhängig von einer völkerrechtlichen Anerkennung der Deutschen Demokratischen Republik durch die Bundesrepublik Deutschland. Eine solche Anerkennung hat die Bundesrepublik Deutschland nicht nur nie förmlich ausgesprochen, sondern im Gegenteil wiederholt ausdrücklich abgelehnt. Würdigt man das Verhalten der Bundesrepublik Deutschland gegenüber der Deutschen Demokratischen Republik im Zuge ihrer Entspannungspolitik, insbesondere das Abschließen des Vertrages als faktische Anerkennung, so kann sie nur als eine faktische Anerkennung besonderer Art verstanden werden.

Das Besondere dieses Vertrages ist, daß er zwar ein bilateraler Vertrag zwischen zwei Staaten ist, für den die Regeln des Völkerrechts gelten und der die Geltungskraft wie jeder andere völkerrechtliche Vertrag besitzt, aber zwischen zwei Staaten, die Teile eines noch immer existierenden, wenn auch handlungsunfähigen, weil noch nicht reorganisierten umfassenden Staates Gesamtdeutschland mit einem einheitlichen Staatsvolk sind, dessen Grenzen genauer zu bestimmen hier nicht nötig ist. Daraus ergibt sich die besondere rechtliche Nähe, in der die beiden Staaten zueinander stehen, daraus ergibt sich folgerichtig die Regelung in Artikel 8, wonach beide Staaten nicht Botschafter, sondern ständige Vertretungen am Sitz der jeweiligen Regierung austauschen, daraus ergibt sich die Besonderheit des Ratifikationsverfahrens, das nicht endet mit dem Austausch von Ratifikationsurkunden auf Grund Vollmacht des Bundespräsidenten, sondern mit dem Austausch »entsprechender Noten«, von denen die eine auf Seite der Bundesrepublik Deutschland von der Bundesregierung ausgefertigt wird, und ergibt sich schließlich die Gesamttendenz des Vertrags, zu einer möglichst engen Zusammenarbeit zwischen den Vertragspartnern mit dem Ziele einer Verbesserung der menschlichen Beziehungen über die gemeinsame Grenze hinweg zu gelangen (6. Absatz der Präambel, Art. 7 des Vertrags und Zusatzprotokoll). Die Erklärung in Nr. 1 des Zusatzprotokolls zu Artikel 7, daß der Handel zwischen der Bundesrepublik Deutschland und der Deutschen Demokratischen

Republik auf der Grundlage der bestehenden Abkommen entwickelt wird, macht außerdem deutlich, daß dieser Handel von den Vertragspartnern übereinstimmend nicht als Außenhandel betrachtet wird. Insofern läßt sich das Besondere dieses Vertrages auch durch die Formel verdeutlichen, daß er »inter-se-Beziehungen« regelt. Er regelt aber nicht ausschließlich solche Beziehungen und fällt deshalb nicht aus der Ordnung des allgemeinen Völkerrechts heraus, gehört also nicht zu einer spezifischen, erst durch ihn geschaffenen, gegenständlich beschränkten Sonderrechtsordnung an. Diese Deutung verbietet sich durch die Regelungen in Art. 2 und Art. 3 des Vertrages, die als für das Verhältnis zwischen den Partnern wesentlich ausdrücklich die Charta der Vereinten Nationen nennen. Der Vertrag hat also einen *Doppel*charakter; er ist seiner Art nach ein völkerrechtlicher Vertrag, seinem spezifischen Inhalt nach ein Vertrag, der vor allem inter-se-Beziehungen regelt. Inter-se-Beziehungen in einem völkerrechtlichen Vertrag zu regeln, kann vor allem dann nötig sein, wenn eine staatsrechtliche Ordnung, wie hier wegen der Desorganisation des Gesamtstaates, fehlt. Selbst im Bundesstaat bemessen sich, falls eine Regelung in der Bundesverfassung fehlt, die Beziehungen zwischen den Gliedstaaten nach den Regeln des Völkerrechts (vgl. die Entscheidung des Staatsgerichtshofs für das Deutsche Reich, Lammers-Simons, I, 178 ff., 207 ff.; dazu die Fortentwicklung nach dem Recht des Grundgesetzes: BVerfGE 1, 14 [51]; 34, 216 [230 ff]). Unrichtig ist also die Auffassung, *jedes* »Zwei-Staaten-Modell« sei mit der grundgesetzlichen Ordnung unvereinbar.

V.

Im einzelnen ist zur verfassungsrechtlichen Beurteilung des Vertrags noch folgendes auszuführen:

1. Wie oben dargelegt, setzt das Wiedervereinigungsgebot des Grundgesetzes der Gestaltungsfreiheit der Staatsorgane verfassungsrechtliche Grenzen: Es darf keine Rechtsposition aus dem Grundgesetz, die der Wiedervereinigung auf der Grundlage der freien Selbstbestimmung des deutschen Volkes dienlich ist, aufgegeben werden und es darf andererseits kein mit dem Grundgesetz unvereinbares Rechtsinstrument unter Beteiligung der Verfassungsorgane der Bundesrepublik Deutschland geschaffen werden, das der Bemühung der Bundesregierung um Wiedervereinigung entgegengehalten werden kann.
In diesem Zusammenhang hat der Brief der Bundesregierung zur deutschen Einheit an die Regierung der Deutschen Demokratischen Republik seine Bedeutung: Nach dem Ergebnis der mündlichen Verhandlung vom 19. Juni 1973 steht fest, daß der wesentliche Inhalt des Briefes vor Abschluß der Verhandlungen angekündigt und der Brief der Gegenseite unmittelbar vor Unterzeichnung des Vertrags zugestellt worden ist. In ihm ist festgehalten, daß der Vertrag nicht in Widerspruch steht »zu dem politischen Ziel der Bundesrepublik Deutschland, auf einen Zustand des Friedens in Europa hinzuwirken, in dem das deutsche Volk in freier Selbstbestimmung seine Einheit wiedererlangt«.
Dieser Brief, der im Lichte der oben dargelegten Verfassungslage und der früher eingegangenen, oben zitierten vertraglichen Verpflichtung aus Art. 7 des Deutschlandvertrags zu verstehen ist, bestätigt nur, was sich aus der Interpretation des Vertrags selbst ergibt:
In der Präambel des Vertrags heißt es: »unbeschadet der unterschiedlichen Auffassungen der Bundesrepublik Deutschland und der Deutschen Demokratischen Republik zu grundsätzlichen Fragen, darunter zur nationalen Frage«. Die »nationale Frage« ist für die Bundesrepublik Deutschland konkreter das Wiedervereinigungsgebot des Grundgesetzes, das auf die »Wahrung der staatlichen Einheit des deutschen Volkes« geht. Die Präambel, so gelesen, ist ein entscheidender Satz zur Auslegung des ganzen Vertrags: Er steht mit

dem grundgesetzlichen Wiedervereinigungsgebot nicht in Widerspruch. Die Bundesregierung verliert durch den Vertrag nicht den Rechtstitel, überall im internationalen Verkehr, auch gegenüber der Deutschen Demokratischen Republik, nach wie vor die staatliche Einheit des deutschen Volkes im Wege seiner freien Selbstbestimmung fordern zu können und in ihrer Politik dieses Ziel mit friedlichen Mitteln und in Übereinstimmung mit den allgemeinen Grundsätzen des Völkerrechts anzustreben. Der Vertrag ist kein Teilungsvertrag, sondern ein Vertrag, der weder heute noch für die Zukunft ausschließt, daß die Bundesregierung jederzeit alles ihr Mögliche dafür tut, daß das deutsche Volk seine staatliche Einheit wieder organisieren kann. Er kann ein erster Schritt sein in einem längeren Prozeß, der zunächst in einem der dem Völkerrecht bekannten verschiedenen Varianten einer Konföderation endet, also ein Schritt in Richtung auf die Verwirklichung der Wiedervereinigung des deutschen Volkes in einem Staat, also auf die Reorganisation Deutschlands.

2. In Art. 3 Abs. 2 des Vertrags bekräftigen die vertragschließenden Teile »die Unverletzlichkeit der zwischen ihnen bestehenden Grenze jetzt und in der Zukunft und verpflichten sich zur uneingeschränkten Achtung ihrer territorialen Integrität«. Es gibt Grenzen verschiedener rechtlicher Qualität: Verwaltungsgrenzen, Demarkationsgrenzen, Grenzen von Interessensphären, eine Grenze des Geltungsbereichs des Grundgesetzes, die Grenzen des Deutschen Reiches nach dem Stand vom 31. Dezember 1937, staatsrechtliche Grenzen und hier wiederum solche, die den Gesamtstaat einschließen, und solche, die innerhalb eines Gesamtstaates Gliedstaaten (z. B. die Länder der Bundesrepublik Deutschland) voneinander trennen. Daß in Artikel 3 Abs. 2 eine *staatsrechtliche* Grenze gemeint ist, ergibt sich unzweideutig aus dem übrigen Inhalt des Vertrags (Art. 1, 2, 3 Abs. 1, 4, 6). Für die Frage, ob die Anerkennung der Grenze zwischen den beiden Staaten als *Staats*grenze mit dem Grundgesetz vereinbar ist, ist entscheidend die Qualifizierung als staatsrechtliche Grenze zwischen zwei Staaten, deren »Besonderheit« ist, daß sie auf dem Fundament des noch existierenden Staates »Deutschland als Ganzes« existieren, daß es sich also um eine staatsrechtliche Grenze handelt ähnlich denen, die zwischen den Ländern der Bundesrepublik Deutschland verlaufen. Mit dieser Qualifizierung der Grenze ist einerseits vereinbar die Abrede, daß die beiden Staaten »normale gutnachbarliche Beziehungen zueinander auf der Grundlage der Gleichberechtigung« entwickeln (Art. 1 des Vertrags), die Abrede, wonach beide Staaten sich von dem Prinzip der »souveränen Gleichheit aller Staaten«, das in der Charta der Vereinten Nationen niedergelegt ist, leiten lassen (Art. 2 des Vertrags) und die Abrede, daß beide Staaten von dem Grundsatz ausgehen, daß die Hoheitsgewalt jedes der beiden Staaten sich auf sein Staatsgebiet beschränkt und daß sie die Unabhängigkeit und Selbständigkeit jedes der beiden Staaten in seinen inneren und äußeren Angelegenheiten respektieren (Art. 6 des Vertrags). Andererseits trägt diese Qualifizierung der Staatsgrenze in Art. 3 Abs. 2 des Vertrags dem Anspruch des Grundgesetzes Rechnung, daß die nationale Frage, das ist die Forderung nach Erreichung der staatlichen Einheit des deutschen Volkes, offenbleibt.

Wenn Art. 3 Abs. 2 des Vertrags das Wort »bekräftigt« verwendet, so läßt sich daraus nicht herleiten, daß hier nur eine anderweit – im Moskauer Vertrag – getroffene Regelung, die der Grenze den Charakter der staatsrechtlichen Grenze verliehen hat, in Bezug genommen wird, der Vertragsbestimmung also keinerlei *konstitutive* Bedeutung zukommt. Man kann Grenzen als Staatsgrenzen *mehrfach* vertraglich anerkennen und garantieren. Und das hat rechtliche Bedeutung, weil das Schicksal der verschiedenen vertraglichen Anerkennungen verschieden sein kann. Ohne daß es also nötig wäre zu untersuchen, welche rechtliche Bedeutung der entsprechenden Regelung im Moskauer Vertrag zukommt, ist davon auszugehen, daß Art. 3 Abs. 2 des Vertrags eine *neue* und zusätzliche vertragliche

Anerkennung der Grenze zwischen der Bundesrepublik Deutschland und der Deutschen Demokratischen Republik enthält und diese Grenze konstitutiv garantiert. Sie ist in der oben gegebenen Qualifizierung (und nur in dieser Qualifizierung) mit dem Grundgesetz vereinbar.

Daß nach den auf den Vertrag anzuwendenden Regeln des Völkerrechts auch die Vereinbarung in Art. 3 Abs. 2 des Vertrags über Bestand und Verlauf der Grenze einer einvernehmlichen Änderung in Zukunft nicht entgegensteht, versteht sich von selbst.

3. In Artikel 6 kommen die Vertragsteile dahin überein, daß sie von dem Grundsatz ausgehen, daß die Hoheitsgewalt jedes der beiden Staaten sich auf sein Staatsgebiet beschränkt und daß sie die Unabhängigkeit und Selbständigkeit jedes der beiden Staaten in seinen inneren und äußeren Angelegenheiten respektieren. Auch diese Vereinbarung ist nur mit dem Grundgesetz vereinbar, wenn man sie dahin auslegt, daß für die Bundesrepublik Deutschland die Basis dieses Vertrags der von ihr nach dem Grundgesetz anzuerkennende Fortbestand Deutschlands als (zwar nicht organisierter und deswegen handlungsunfähiger) Staat ist und daß deshalb die wechselseitige Beschränkung der Hoheitsgewalt auf je das eigene Staatsgebiet und die Respektierung der Unabhängigkeit und Selbständigkeit jedes der beiden Staaten in seinen inneren und äußeren Angelegenheiten ihren Bezug auf das *besondere* Verhältnis haben, in dem beide Staaten als Teilstaaten Gesamtdeutschlands zueinander stehen.

4. Art. 23 GG bestimmt: »Dieses Grundgesetz gilt *zunächst* im Gebiet der Länder ... *In anderen Teilen Deutschlands* ist es nach deren Beitritt in Kraft zu setzen.« Daß diese Bestimmung in einem inneren Zusammenhang mit dem Wiedervereinigungsgebot steht, liegt auf der Hand. Doch darauf kommt es hier nicht an. Die Bestimmung hat ihre *eigene* Bedeutung und gehört nach ihrem Inhalt zu den zentralen Vorschriften, die dem Grundgesetz sein besonderes Gepräge geben. Sie besagt, daß sich diese Bundesrepublik Deutschland als gebietlich unvollständig versteht, daß sie, sobald es möglich ist und die Bereitschaft anderer Teile Deutschlands zum Beitritt vorliegt, von sich aus kraft dieser Verfassungsbestimmung das dazu Nötige zu tun verpflichtet ist, und daß sie erst »vollständig« das ist, was sie sein will, wenn die anderen Teile Deutschlands ihr angehören. Dieses »rechtlich Offensein« gegenüber dem erstrebten Zuwachs liegt spezifisch darin, daß sie, die Bundesrepublik, rechtlich *allein* Herr der Entschließung über die Aufnahme der anderen Teile ist, sobald diese sich dafür entschieden haben beizutreten. Diese Vorschrift verbietet also, daß sich die Bundesregierung *vertraglich in eine Abhängigkeit begibt,* nach der sie rechtlich nicht mehr *allein,* sondern nur noch im Einverständnis mit dem Vertragspartner die Aufnahme verwirklichen kann. Das ist etwas anderes als die *politische,* die faktische Abhängigkeit jeder Bundesregierung, derzeit Gelegenheit zur Aufnahme eines weiteren Teils Deutschlands nur zu haben, wenn die inzwischen anderweit staatlich organisierten Teile Deutschlands nach deren Verfassungsrecht die Voraussetzung für eine »Aufnahme« schaffen.

Art. 23 GG ist weder durch die politische Entwicklung überholt, noch sonst aus irgendeinem Grund rechtlich obsolet geworden. Er gilt unverändert fort.

»Andere Teile Deutschlands« haben allerdings mittlerweile in der Deutschen Demokratischen Republik ihre Staatlichkeit gefunden. In dieser Weise organisiert, können sie ihren Willen zur Vereinigung mit der Bundesrepublik (ihren »Beitritt«) nur in der Form äußern, die ihre Verfassung zuläßt. Die Voraussetzung für die Realisierung des Beitritts ist also ein staatsrechtlicher Vorgang in der Deutschen Demokratischen Republik, der einem rechtlichen Einfluß durch die Bundesrepublik nicht zugänglich ist. Das berührt jedoch nicht die beschriebene in Art. 23 GG enthaltene Verfassungspflicht, den anderen Teilen Deutschlands den Beitritt offenzuhalten. Und daran hat auch der Vertrag nichts geändert.

Anders ausgedrückt: Die im Vertrag hingenommene Abhängigkeit vom Rechtswillen der Deutschen Demokratischen Republik bei der Realisierung der Aufnahme anderer Teile Deutschlands ist nichts weiter als eine Bestätigung dessen, was ohnehin rechtens ist, nachdem andere Teile Deutschlands sich in einem Staat Deutsche Demokratische Republik organisiert haben. Das heißt dann allerdings zugleich, daß keine der Vertragsbestimmungen dahin ausgelegt werden kann, daß die Bereitschaft (und Aufforderung) der Bundesregierung, das ihr gemäß Art. 23 GG zur Pflicht Gemachte zu verwirklichen, ein vertragswidriges Verhalten wäre. Diese Aufnahme der anderen Teile Deutschlands in *einen* freien deutschen Staat, der rechtlich auch nach Inkrafttreten des Vertrags möglich bleiben muß, ist die grundgesetzlich gebotene Rechtsauffassung, die der politischen Vorstellung der Deutschen Demokratischen Republik entgegenzusetzen ist, daß es eine Vereinigung nur in einem kommunistischen deutschen Staat der Zukunft geben dürfe.

5. Was die Vereinbarkeit des Vertrags mit den grundgesetzlichen Regelungen der Staatsangehörigkeit in Art. 16 und 116 Abs. 1 GG angeht, so gilt folgendes: Die Bundesrepublik hat zu Protokoll erklärt: »Staatsangehörigkeitsfragen sind durch den Vertrag nicht geregelt worden.« Aber damit, daß eine *Regelung* der Staatsangehörigkeitsfragen nicht getroffen worden ist, ist die Frage nicht ausgeräumt, ob der Vertrag nicht *Auswirkungen* auf die Staatsangehörigkeit im Sinne des Art. 16 und des Art. 116 Abs. 1 GG hat und welche dieser Auswirkungen im Widerspruch mit den genannten und grundgesetzlichen Vorschriften steht.

Art. 16 GG geht davon aus, daß die »deutsche Staatsangehörigkeit«, die auch in Art. 116 Abs. 1 GG in Bezug genommen ist, zugleich die Staatsangehörigkeit der Bundesrepublik Deutschland ist. Deutscher Staatsangehöriger im Sinne des Grundgesetzes ist also nicht nur der Bürger der Bundesrepublik Deutschland. Für die Bundesrepublik Deutschland verliert ein Deutscher diese deutsche Staatsangehörigkeit nicht dadurch, daß sie ein *anderer* Staat aberkennt. Eine solche Aberkennung darf die Bundesrepublik Deutschland nicht rechtlich anerkennen; sie ist für sie ohne Wirkung.

Der Status des Deutschen im Sinne des Grundgesetzes, der die in diesem Grundgesetz statuierte deutsche Staatsangehörigkeit besitzt, darf durch keine Maßnahme, die der Bundesrepublik Deutschland zuzurechnen ist, gemindert oder verkürzt werden. Das folgt aus der mit dem Status des Staatsangehörigen verbundenen Schutzpflicht des Heimatstaates. Dazu gehört insbesondere, daß ein Deutscher, wann immer er in den Schutzbereich der staatlichen Ordnung der Bundesrepublik Deutschland gelangt, – solange er nicht darauf verzichtet – einen Anspruch darauf hat, nach dem Recht der Bundesrepublik Deutschland vor deren Gerichten sein Recht zu suchen. Deshalb hat das Bundesverfassungsgericht auch gegenüber Urteilen von Gerichten der Deutschen Demokratischen Republik, die kein Ausland ist, den ordre public durchgreifen lassen (BVerfGE 11, 150 [160f.]). Die weiteren Konsequenzen können hier auf sich beruhen. Jedenfalls: Müßte der Vertrag dahin verstanden werden, daß die Bürger der Deutschen Demokratischen Republik im Geltungsbereich des Grundgesetzes nicht mehr als Deutsche im Sinne des Art. 16 und des Art. 116 Abs. 1 GG behandelt werden dürften, so stünde er eindeutig im Widerspruch zum Grundgesetz. Der Vertrag bedarf daher, um verfassungskonform zu sein, der Auslegung, daß die Deutsche Demokratische Republik auch in dieser Beziehung nach dem Inkrafttreten des Vertrags für die Bundesrepublik Deutschland nicht Ausland geworden ist. Der Vertrag bedarf weiter der Auslegung, daß – unbeschadet jeder Regelung des Staatsangehörigkeitsrechts in der Deutschen Demokratischen Republik – die Bundesrepublik Deutschland jeden Bürger der Deutschen Demokratischen Republik, der in den Schutzbereich der Bundesrepublik und ihrer Verfassung gerät, gemäß Art. 116 Abs. 1 und 16 GG als Deutschen wie jeden Bürger der Bundesrepublik behandelt. Er genießt deshalb, soweit er in den Geltungsbereich des Grundgesetzes gerät, auch den vollen Schutz der Gerichte der Bundesrepublik und alle Garantien der Grundrechte des Grundgesetzes, einschließlich des Grundrechts aus Art. 14 GG. Jede Verkürzung des verfassungsrechtlichen Schutzes, den das Grundgesetz gewährt, durch den Vertrag oder eine Vereinbarung zur Ausfüllung des Vertrags, wäre grundgesetzwidrig.

6. Entsprechendes gilt für die Interpretation des Protokollvermerks »Wegen der unterschiedlichen Rechtspositionen zu Vermögensfragen konnten diese durch den Vertrag nicht geregelt werden«.

7. Aus der dargelegten besonderen Natur des Vertrags folgt, daß der Vertrag auch nicht unvereinbar ist mit der nach dem Grundgesetz der Bundesregierung aufgegebenen Pflicht, allen Deutschen im Sinne des Art. 116 Abs. 1 GG Schutz und Fürsorge angedeihen zu lassen. Sie ist nach wie vor befugt, innerhalb des Geltungsbereichs des Grundgesetzes, durch alle ihre diplomatischen Vertretungen und in allen internationalen Gremien, deren Mitglied sie ist, ihre Stimme zu erheben, ihren Einfluß geltend zu machen und einzutreten für die Interessen der deutschen Nation, zum Schutz der Deutschen im Sinne des Art. 116 Abs. 1 GG und Hilfe zu leisten auch jedem Einzelnen von ihnen, der sich an eine Dienststelle der Bundesrepublik Deutschland wendet mit der Bitte um wirksame Unterstützung in der Verteidigung seiner Rechte, insbesondere seiner Grundrechte. Hier gibt es für die Bundesrepubik Deutschland auch künftig keinen rechtlichen Unterschied zwischen den Bürgern der Bundesrepublik Deutschland und »den anderen Deutschen«. Das Eigentümliche dieses Vertrags liegt gerade darin, daß er *selbst* als »Grundlagenvertrag« *neben* den Rechtsgrundlagen, die schon vorher das rechtlich besondere Verhältnis zwischen Bundesrepublik Deutschland und Deutscher Demokratischer Republik begründet haben – die Rechtslage des nicht untergegangenen, aber nicht organisierten Gesamtdeutschlands und die Viermächte-Verantwortung für dieses Deutschland als Ganzes –, eine zusätzliche neue Rechtsgrundlage bildet, die die beiden Staaten in Deutschland enger als normale völkerrechtliche Verträge zwischen zwei Staaten aneinander binden.

8. Der Vertrag ändert nichts an der Rechtslage Berlins, wie sie seit je von Bundestag, Bundesrat und Bundesregierung, den Ländern der Bundesrepublik und dem Bundesverfassungsgericht gemeinsam unter Berufung auf das Grundgesetz verteidigt worden ist. Das Grundgesetz verpflichtet auch für die Zukunft alle Verfassungsorgane in Bund und Ländern, diese Rechtsposition ohne Einschränkung geltend zu machen und dafür einzutreten. Nur in diesem Kontext dürfen die Erklärungen beider Seiten in bezug auf Berlin (West) ausgelegt und verstanden werden.
Das bedeutet u. a., das Einvernehmen in Absatz 1 der Erklärungen, wonach die Ausdehnung von Abkommen und Regelungen, die im Zusatzprotokoll zu Artikel 7 vorgesehen sind, in Übereinstimmung mit dem Viermächte-Abkommen vom 3. September 1971 auf Berlin (West) im jeweiligen Fall vereinbart werden *kann*, schränkt in keiner Weise die grundgesetzliche Pflicht der für die Bundesrepublik Deutschland handelnden Organe ein, bei *jedem* Abkommen und bei *jeder* Vereinbarung mit der Deutschen Demokratischen Republik, die ihrem Inhalt nach auf das Land Berlin und seine Bürger ausgedehnt werden können, auf der Ausdehnung auf Berlin zu bestehen und nur abzuschließen, wenn der Rechtsstand Berlins und seiner Bürger gegenüber dem für den Geltungsbereich des Grundgesetzes geltenden Rechtsstand – vorbehaltlich des für Berlin geltenden alliierten Vorbehalts und »in Übereinstimmung mit dem Viermächte-Abkommen vom 3. September 1971« – nicht verkürzt wird.

Entsprechendes gilt für die Vereinbarung in Absatz 2, wonach die ständige Vertretung der Bundesrepublik Deutschland in der Deutschen Demokratischen Republik die »Interessen« von Berlin (West) vertreten wird.
Schließlich ist festzuhalten, daß die in Absatz 3 vorgesehene Möglichkeit von »Vereinbarungen zwischen der Deutschen Demokratischen Republik und dem Senat« das Land Berlin nicht von der Beachtung der grundgesetzlichen Ordnung befreit.

9. Alles, was bisher zur Auslegung des Vertragswerks ausgeführt worden ist, gilt sinngemäß auch für den Abschluß der im Zusatzprotokoll zu Artikel 7 vorgesehenen und der sonst zur Ausfüllung des Vertrags noch denkbaren Folgeverträge und -vereinbarungen mit der Deutschen Demokratischen Republik. Das bedeutet beispielsweise:

a) Das im Zusatzprotokoll zu Artikel 7 Nr. 5 vorgesehene Post- und Fernmeldeabkommen darf weder für die Deutschen in der Bundesrepublik Deutschland noch für die Deutschen in der Deutschen Demokratischen Republik eine Verkürzung oder Lockerung der Garantie des Brief-, Post- und Fernmeldegeheimnisses (Art. 10 GG) noch eine in Art. 5 GG nicht vorgesehene Einschränkung des freien Austausches von Meinungen und Informationen enthalten. Auch der im Zusatzprotokoll zu Artikel 7 Nr. 1 in Bezug genommene Handel zwischen der Bundesrepublik Deutschland und der Deutschen Demokratischen Republik auf der Grundlage der bestehenden Abkommen darf im Zuge der Fortentwicklung kein Außenhandel werden; d. h. es darf in diesem Bereich keine Zollgrenze vereinbart werden.

b) Was Fernsehen und Rundfunk angeht, die in der Programmgestaltung staatsunabhängig sind, ist klarzustellen, daß sich daran auch nach dem Vertrag nichts ändert, daß insbesondere der Vertrag keine Rechtsgrundlage dafür abgibt, durch entsprechende gesetzliche oder verwaltungsmäßige Maßnahmen Sendungen, die der Deutschen Demokratischen Republik unerwünscht sind, zu unterbinden. Was immer in der Bundesrepublik Deutschland innerhalb der allgemeinen anstaltseigenen Richtlinien und im Rahmen der bestehenden Anstaltsorganisationsgesetze ausgestrahlt wird, kann nicht als mit dem Vertrag unvereinbar angesehen werden; erst recht nicht darf die Bundesrepublik Deutschland sich in eine Vereinbarung einlassen, durch die diese Freiheit der Anstalten eingeschränkt wird. Mit anderen Worten: Das Grundrecht aus Art. 5 GG kann unter Berufung auf den Vertrag auch dann nicht eingeschränkt werden, wenn die andere Seite mit der Behauptung arbeitet, gewisse Sendungen widersprächen dem Inhalt und Geist des Vertrags, weil sie eine Einmischung in die inneren Angelegenheiten des Vertragspartners seien, und müßten deshalb in Erfüllung der vertraglich übernommenen Pflicht unterbunden werden.

c) Entsprechendes gilt für das Grundrecht der Vereinigungsfreiheit. Auch die Bildung von Vereinigungen, die der anderen Seite wegen ihres Programms unerwünscht sind, kann, solange sie sich an die grundgesetzliche Ordnung halten, nicht an die Zügel genommen werden, wenn der Vertragspartner ihre Ziele und Propaganda als mit dem Inhalt und Geist der Verträge unvereinbar angreift und verlangt, daß sie wegen angeblicher Einmischung in innere Verhältnisse der Deutschen Demokratischen Republik verboten werden.

d) Ebensowenig darf der Vertrag dahin verstanden werden, daß er die Bundesregierung und alle übrigen Organe in Bund und Ländern von der verfassungsmäßigen Pflicht entbinde, das öffentliche Bewußtsein nicht nur für die bestehenden Gemeinsamkeiten, sondern auch dafür wachzuhalten, welche weltanschaulichen, politischen und sozialen Unterschiede zwischen der Lebens- und Rechtsordnung der Bundesrepublik Deutschland und der Lebens- und Rechtsordnung der Deutschen Demokratischen Republik bestehen. Jeder Versuch, die Bundesregierung in diesem Bereich in ihrer Freiheit und verfassunsmäßigen Vertretung der Interessen der freiheitlich-demokratischen Grundordnung zu beschränken mit der Behauptung, sie verstoße gegen den Inhalt und Geist des Vertrags und mische sich in die inneren Angelegenheiten der Deutschen Demokratischen Republik ein, handle also vertragswidrig, stellt seinerseits eine Vertragswidrigkeit dar.

e) Schließlich muß klar sein, daß mit dem Vertrag schlechthin unvereinbar ist die gegenwärtige Praxis an der Grenze zwischen der Bundesrepublik Deutschland und der Deutschen Demokratischen Republik, also Mauer, Stacheldraht, Todesstreifen und Schießbefehl. Insoweit gibt der Vertrag eine zusätzliche Rechtsgrundlage dafür ab, daß die Bundesregierung in Wahrnehmung ihrer grundgesetzlichen Pflicht alles ihr Mögliche tut, um diese unmenschlichen Verhältnisse zu ändern und abzubauen.

VI.

Abschließend bedarf es zur Klarstellung der Bedeutung dieser Begründung des Urteils noch folgender Bemerkungen:

1. Die vorstehende Begründung behandelt den Vertrag wie ein vom Bundesgesetzgeber erlassenes Gesetz, läßt also beiseite, daß es auch spezifische Grenzen für die *Vertrags*auslegung gibt. Ihnen ist Rechnung getragen durch die Überlegung: Alle Ausführungen zur verfassungskonformen Auslegung des Vertrages lassen sich zurückführen auf den *einen* Grunddissens, den der Vertrag selbst in der Präambel offenlegt; die Vertragschließenden sind sich einig, daß sie über die »nationale Frage« nicht einig sind; wörtlich heißt es: »unbeschadet der unterschiedlichen Auffassungen der Bundesrepublik Deutschland und der Deutschen Demokratischen Republik zu grundsätzlichen Fragen, darunter zur nationalen Frage«. Es entspricht also in diesem Fall den besonderen Regeln über die Auslegung von Verträgen, wenn das Urteil aus diesem Dissens für die Auslegung des Vertrags alle Konsequenzen zieht, die die Bundesrepublik Deutschland als Vertragspartner nach dem Recht des Grundgesetzes für sich in Anspruch nehmen muß.

2. Aus dem bisher Dargelegten ergibt sich, daß der Vertrag als ein Vertrag, der auf Ausfüllung angelegt ist, rechtlich außerordentlich bedeutsam ist nicht nur durch seine Existenz und durch seinen Inhalt, sondern vor allem auch als Rahmen für die künftigen Folgeverträge. Alle Ausführungen der Urteilsbegründung, auch die, die sich nicht ausschließlich auf den Inhalt des Vertrags selbst beziehen, sind nötig, also im Sinne der Rechtsprechung des Bundesverfassungsgerichts Teil der die Entscheidung tragenden Gründe.

3. Die Deutsche Demokratische Republik hatte vor Inkrafttreten des Vertrags (20. Juni 1973) volle Kenntnis von dem beim Bundesverfassungsgericht anhängigen Verfahren, von der Kompetenz des Bundesveùasungsgeùichts, von der Bindung der Bundesreirung und aller Verfassungsorgane, Gerichte und Behörden des Bundes und der Länder an die Entscheidungen des Bundesverfassungsgerichts, kannte die rechtlichen Darlegungen der Bundesregierung im Gesetzgebungsverfahren, die in der Substanz mit der durch dieses Urteil verbindlich gewordenen Rechtsauffassung nicht in Widerspruch stehen, und den vollen, im Bundesgesetzblatt veröffentlichten Text des Vertragsgesetzes einschließlich des schon bei der Paraphierung des Vertrags angekündigten Briefes zur deutschen Einheit und war von der Bundesregierung – ohne daß ihr von der anderen Seite widersprochen wurde – immer wieder darauf hingewiesen worden, daß sie den Vertrag nur abschließen könne so, wie er mit dem Grundgesetz vereinbar sei. Diese Umstände sind geeignet, auch in der völkerrechtlichen Auseinandersetzung, insbesondere auch gegenüber dem Vertragspartner dem Vertrag die Auslegung zu geben, die nach dem Grundgesetz erforderlich ist. Das steht im Einklang mit einemSatz des allgemeinen Völkergewohnheitsrechts, der in der Staatenpraxis Bedeutung hat, wenn es darum geht, ob ausnahmsweise ein Vertragsteil sich dem anderen gegenüber darauf berufen kann, dieser

hätte erkennen können und müssen, daß dem Vertrag in einer bestimmten Auslegung das innerstaatliche Verfassungsrecht entgegensteht.

VII.
Diese Entscheidung ist einstimmig ergangen.

(gez.) Seuffert
Dr. Geiger
Dr. v. Schlabrendorff
Hirsch
Wand
Dr. Rupp
Dr. Rinck

5.5. *Dokumente zur »Westpolitik« der DDR*

5.5.1 *Verassungsänderung der DDR (7.10.1974)**– *Auszug –*

Fassung vom 6. 4. 1968	unverändert geblieben	Fassung vom 7. 10. 1974
Getragen von der Verantwortung, der ganzen deutschen Nation den Weg in eine Zukunft des Friedens und des Sozialismus zu weisen, in Ansehung der geschichtlichen Tatsache, daß der Imperialismus unter Führung der USA im Einvernehmen mit Kreisen des westdeutschen Monopolkapitals Deutschland gespalten hat, um Westdeutschland zu einer Basis des Imperialismus und des Kampfes gegen den Sozialismus aufzubauen, was den Lebensinteressen der Nation widerspricht. hat sich das Volk der Deutschen Demokratischen Republik, fest gegründet auf den Errungenschaften der antifaschistisch-demokratischen und der sozialistischen Umwälzung der gesellschaftlichen Ordnung, einig in seinen werktätigen Klassen und Schichten das Werk der Verfassung vom 7. Oktober 1949 in ihrem Geiste weiterführend,		In Fortsetzung der revolutionären Traditionen der deutschen Arbeiterklasse und gestützt auf die Befreiung vom Faschismus hat das Volk der Deutschen Demokratischen Republik in Übereinstimmung mit den Prozessen der geschichtlichen Entwicklung unserer Epoche sein Recht auf sozial-ökonomische, staatliche und nationale Selbstbestimmung verwirklicht und gestaltet die entwickelte sozialistische Gesellschaft. Erfüllt von dem Willen, seine Geschicke frei zu bestimmen, unbeirrt auch weiter den Weg des Sozialismus und Kommunismus, des Friedens, der Demokratie und Völkerfreundschaft zu gehen, hat sich das Volk der Deutschen Demokratischen Republik diese sozialistische Verfassung gegeben.

* Quelle: Seminarmaterial des Gesantdeutschen Instituts

und von dem Willen erfüllt, den Weg des Friedens, der sozialen Gerechtigkeit, der Demokratie, des Sozialismus und der Völkerfreundschaft in freier Entscheidung unbeirrt weiterzugehen,
diese sozialistische Verfassung gegeben.

Artikel 1
Die Deutsche Demokratische Republik ist ein sozialistischer Staat deutscher Nation. Sie ist die politische Organisation der Werktätigen in Stadt und Land, die gemeinsam unter Führung der Arbeiterklasse und ihrer marxistisch-leninistischen Partei den Sozialismus verwirklichen.

Artikel 1
Die Deutsche Demokratische Republik ist ein sozialistischer Staat der Arbeiter und Bauern. Sie ist die politische Organisation der Werktätigen in Stadt und Land unter Führung der Arbeiterklasse und ihrer marxistisch-leninistischen Partei.

Die Hauptstadt der Deutschen Demokratischen Republik ist Berlin.
Die Staatsflagge der Deutschen Demokratischen Republik besteht aus den Farben Schwarz-Rot-Gold und trägt auf beiden Seiten in der Mitte das Staatswappen der Deutschen Demokratischen Republik.
Das Staatswappen de Deutschen Demokratischen Republik besteht aus Hammer und Zirkel, umgeben von einem Ährenkranz, der im unteren Teil von einem schwarzrotgoldenen Band umschlungen ist.

. . .

Artikel 6
(1) Die Deutsche Demokratische Republik hat getreu den Interessen des deutschen Volkes und der internationalen Verpflichtung aller Deutschen auf ihrem Gebiet den deutschen Militarismus und Nazismus ausgerottet und betreibt eine dem Frieden und dem Sozialismus, der Völkerverständigung und der Sicherheit dienende Außenpolitik.
(2) Die Deutsche Demokratische Republik pflegt und entwickelt entsprechend den Prinzipien des sozialistischen Internationalismus die allseitige Zusammenarbeit und Freundschaft mit der Union der Sozialistischen Sowjetrepubliken und den anderen sozialistischen Staaten.

Artikel 6
(1) Die Deutsche Demokratische Republik hat getreu den Interessen des Volkes und den internationalen Verpflichtungen auf ihrem Gebiet den deutschen Militarismus und Nazismus ausgerottet. Sie betreibt eine dem Sozialismus und dem Frieden, der Völkerverständigung und der Sicherheit dienende Außenpolitik.
(2) Die Deutsche Demokratische Republik ist für immer und unwiderruflich mit der Union der Sozialistischen Sowjetrepubliken verbündet. Das enge und brüderliche Bündnis mit ihr garantiert dem Volk der Deutschen Demokratischen Republik das weitere Voranschrei-

ten auf dem Wege des Sozialismus und des Friedens.
Die Deutsche Demokratische Republik ist untrennbarer Bestandteil der sozialistischen Staatengemeinschaft. Sie trägt getreu den Prinzipien des sozialistischen Internationalismus zu ihrer Stärkung bei, pflegt und entwickelt die Freundschaft, die allseitige Zusammenarbeit und den gegenseitigen Beistand mit allen Staaten der sozialistischen Gemeinschaft.

(3) Die Deutsche Demokratische Republik unterstützt die Bestrebungen der Völker nach Freiheit und Unabhängigkeit und pflegt auf der Grundlage der Gleichberechtigung und gegenseitigen Achtung die Zusammenarbeit mit allen Staaten.

(3) Die Deutsche Demokratische Republik unterstützt die Staaten und Völker, die gegen den Imperialismus und sein Kolonialregime, für nationale Freiheit und Unabhängigkeit kämpfen, in ihrem Ringen um gesellschaftlichen Fortschritt. Die Deutsche Demokratische Republik tritt für die Verwirklichung der Prinzipien der friedlichen Koexistenz von Staaten unterschiedlicher Gesellschaftsordnung ein und pflegt auf der Grundlage der Gleichberechtigung und gegenseitigen Achtung die Zusammenarbeit mit allen Staaten.

(4) Die Deutsche Demokratische Republik erstrebt ein System der kollektiven Sicherheit in Europa und eine stabile Friedensordnung in der Welt. Sie setzt sich für die allgemeine Abrüstung ein.

(4) Die Deutsche Demokratische Republik setzt sich für Sicherheit und Zusammenarbeit in Europa, für eine stabile Friedensordnung in der Welt und für die allgemeine Abrüstung ein.

(5) Militaristische und revanchistische Propaganda in jeder Form, Kriegshetze und Bekundung von Glaubens-, Rassen- und Völkerhaß werden als Verbrechen geahndet.

Artikel 7
(1) Die Staatsorgane gewährleisten die Unantastbarkeit des Staatsgebietes der Deutschen Demokratischen Republik einschließlich des Luftraums und der Territorialgewässer sowie den Schutz und die Nutzung des Festlandsockels.

Artikel 7
(1) Die Staatsorgane gewährleisten die territoriale Integrität der Deutschen Demokratischen Republik und die Unverletzlichkeit ihrer Staatsgrenzen einschließlich ihres Luftraumes und ihrer Territorialgewässer sowie den Schutz und die Nutzung ihres Festlandsockels.

(2) Die Deutsche Demokratische Republik organisiert die Landesverteidigung sowie den Schutz der sozialistischen Ordnung und des friedlichen Lebens der Bürger. Die Nationale Volksarmee und

die anderen Organe der Landesverteidigung schützen die sozialistischen Errungenschaften des Volkes gegen alle Angriffe von außen. Die Nationale Volksarmee pflegt im Interesse der Wahrung des Friedens und der Sicherung des sozialistischen Staates enge Waffenbrüderschaft mit den Armeen der Sowjetunion und anderer sozialistischer Staaten.

Artikel 8

(1) Die allgemein anerkannten, dem Frieden und der friedlichen Zusammenarbeit der Völker dienenden Regeln des Völkerrechts sind für die Staatsmacht und jeden Bürger verbindlich. Die Deutsche Demokratische Republik wird niemals einen Eroberungskrieg unternehmen oder ihre Streitkräfte gegen die Freiheit eines anderen Volkes einsetzen.

(2) Die Herstellung und Pflege normaler Beziehungen und die Zusammenarbeit der beiden deutschen Staaten auf der Grundlage der Gleichberechtigung sind nationales Anliegen der Deutschen Demokratischen Republik. Die Deutsche Demokratische Republik und ihre Bürger erstreben darüber hinaus die Überwindung der vom Imperialismus der deutschen Nation aufgezwungenen Spaltung Deutschlands, die schrittweise Annäherung der beiden deutschen Staaten bis zu ihrer Vereinigung auf der Grundlage der Demokratie und des Sozialismus.

Artikel 8

(1) Die allgemein anerkannten, dem Frieden und der friedlichen Zusammenarbeit der Völker dienenden Regeln des Völkerrechts sind für die Staatsmacht und jeden Bürger verbindlich.

(2) Die Deutsche Demokratische Republik wird niemals einen Eroberungskrieg unternehmen oder ihre Streitkräfte gegen die Freiheit eines anderen Volkes einsetzen.

...

5.5.2 *Gesetz über die Staatsbürgerschaft der Deutschen Demokratischen Republik (Staatsbürgerschaftsgesetz) (20. 2. 1967)*

Mit der Gründung der Deutschen Demokratischen Republik entstand in Übereinstimmung mit dem Völkerrecht die Staatsbürgerschaft der Deutschen Demokratischen Republik. Sie ist Ausdruck der Souveränität der Deutschen Demokratischen Republik und trägt zur weiteren allseitigen Stärkung des sozialistischen Staates bei.

Die Staatsbürgerschaft der Deutschen Demokratischen Republik ist die Zugehörigkeit ihrer Bürger zum ersten friedliebenden, demokratischen und sozialistischen deutschen Staat, in dem die Arbeiterklasse die politische Macht im Bündnis mit der Klasse der Genossenschaftsbauern, der sozialistischen Intelligenz und den anderen werktätigen Schichten ausübt.

I. Die Staatsburgerschaft der Deutschen Demokratischen Republik

§ 1

Staatsbürger der Deutschen Demokratischen Republik ist, wer

a) zum Zeitpunktder Grünungder Deutschen Demokratischen Republik deutscher Staatsangehöriger war, in der Deutschen Demokratischen Republik seinen Wohnsitz oder ständigen Aufenthalt hatte und die Staatsbürgerschaft der Deutschen Demokratischen Republik seitdem nicht verlorenhat;

b) zum Zeitpunkt der Grüdung der Deutschen Demokratischen Republik deutscher Staatsangehöriger war, seinen Wohnsitz oder ständigen Aufenthalt außerhalb der DeutschnDemokratischen Republik hatte, danach keine andere Staatsbürgerschaft erworben hat und entsprechend seinem Willen durch Registrierung bei einem dafür zuständigen Organ der Deutschen Demokraticen Republik als Bürger der Deutschen Demokratischen Republik geführt wird;

c) nach den geltenden Bestimmungen die Staatsbürgerschaft der Deutschen Demokratischen Republik erworben und sie seitdem nicht verloren hat.

§ 2

(1) Die Staatsbürgerschaft der Deutschen Demokratischen Republik garantiert den Bürgern der Deutschen Demokratischen Republik die Wahrnehmung der verfassungsmäßigen Rechte und fordert von ihnen die Erfüllung der verfassungsmäßigen Pflichten.

(2) Die Deutsche Demokratische Republik gewährt ihren Bürgern Schutz und unterstutzt sie bei der Wahrnehmung ihrer Rechte außerhalb der Deutschen Demokratischen Republik.

§ 3

(1) Staatsbürger der Deutschen Demokratischen Republik können nach allgemein anerkanntem Völkerrecht gegenüber der Deutschen Demokratischen Republik keine Rechte oder Pflichten aus einer anderen Staatsbürgerschaft geltend machen.

(2) Ein Staatsbürger der Deutschen Demokratischen Republik, der die Staatsbürgerschaft eines anderen Staates zu erwerben beabsichtigt, bedarf dazu der Zustimmung der zuständigen staatlichen Organe der Deutschen Demokratischen Republik.

(3) Regelungen zu Fragen der Staatsbürgerschaft, die in zwischenstaatlichen Vereinbarungen der Deutschen Demokratischen Republik mit anderen Staaten getroffen werden, finden Anwendung.

II. Erwerb und Verlust der Staatsbürgerschaft der Deutschen Demokratischen Republik

Erwerb

§ 4

Die Staatsbürgerschaft der Deutschen Demokratischen Republik wird erworben durch

a) Abstammung;

b) Geburt auf dem Territorium der Deutschen Demokratischen Republik;

c) Verleihung.

§ 5

Ein Kind erwirbt mit seiner Geburt die Staatsbürgerschaft der Deutschen Demokratischen Republik, wenn die Eltern oder ein Elternteil Staatsbürger der Deutschen Demokratischen Republik sind.

§ 6

(1) Ein auf dem Territorium der Deutschen Demokratischen Republik geborenes Kind erwirbt die Staatsbürgerschaft der Deutschen Demokratischen Republik, wenn es durch seine Geburt eine andere Staatsbürgerschaft nicht erworben hat.

(2) Ein Kind, das auf dem Territorium der Deutschen Demokratischen Republik aufgefunden wird (Findelkind), ist Staatsbürger der Deutschen Demokratischen Republik, sofern der Besitz einer anderen Staatsbürgerschaft nicht nachgewiesen wird.

§ 7

(1) Einem Bürger eines anderes Staates oder einem Staatenlosen kann auf seinen Antrag die Staatsbürgerschaft der Deutschen Demokratischen Republik verliehen werden, wenn er sich durch sein persönliches Verhalten und seine Einstellung zur Staats- und Gesellschaftsordnung der Deutschen Demokratischen Republik der Verleihung der Staatsbürgerschaft der Deutschen Demokratischen Republik würdig erweist und der Verleihung keine zwingenden Gründe entgegenstehen.

(2) Der Antragsteller soll in der Regel seinen Wohnsitz oder ständigen Aufenthalt in der Deutschen Demokratischen Republik haben.

(3) Über die Verleihung der Staatsbürgerschaft der Deutschen Demokratischen Republik wird eine Urkunde ausgehändig.

§ 8

(1) Minderjährige erwerben mit Verleihung der Staatsbürgerschaft der Deutschen Demokratischen Republik an die Eltern die Staatsbürgerschaft der Deutschen Demokratischen Republik, wenn der Antrag auch für sie gestellt ist. Das gilt auch, wenn nur ein Elternteil durch Verleihung Staatsbürger der Deutschen Demokratischen Republik wird.

(2) Hat der Minderjährige das 14. Lebensjahr vollendet, ist seine Einwilligung erforderlich.

Verlust

§ 9

Die Staatsbürgerschaft der Deutschen Demokratischen Republik geht verloren durch

a) Entlassung;
b) Widerruf der Verleihung;
c) Aberkennung.

§ 10

(1) Ein Staatsbürger der Deutschen Demokratischen Republik kann auf seinen Antrag aus der Staatsbürgerschaft der Deutschen Demokratischen Republik entlassen werden, wenn er seinen Wohnsitz mit Genehmigung der zuständigen Organe der Deutschen Demokratischen Republik außerhalb der Deutschen Demokratischen Republik hat oder nehmen will, er eine andere Staatsbürgerschaft besitzt oder zu erwerben beabsichtigt und der Entlassung aus der Staatsbürgerschaft der Deutschen Demokratischen Republik keine zwingenden Gründe entgegenstehen.

(2) Über die Entlassung aus der Staatsbürgerschaft der Deutschen Demokratischen Republik wird eine Urkunde ausgehändigt.

§ 11

(1) Werden Eltern aus der Staatsbürgerschaft der Deutschen Demokratischen Republik entlassen, so erstreckt sich die Entlassung auf ihre minderjährigen Kinder, wenn der Antrag auch für sie gestellt ist. Wird der Antrag nur von einem Elternteil gestellt, ist der andere Elternteil zu hören.

(2) Hat der Minderjährige das 14. Lebensjahr vollendet, ist seine Einwilligung erforderlich.

§ 12

(1) Die Verleihung der Staatsbürgerschaft der Deutschen Demokratischen Republik kann widerrufen werden, wenn

a) der Bürger bei der Antragstellung falsche Angaben gemacht oder Tatsachen verschwiegen hat, die die Verleihung der Staatsbürgerschaft der Deutschen Demokratischen Republik ausgeschlossen hätten;

b) sich der Bürger der Staatsbürgerschaft der Deutschen Demokratischen Republik durch grobe Mißachtung der mit ihrer Verleihung übernommenen Verpflichtungen nicht würdig erweist.

(2) Der Widerruf ist innerhalb eines Zeitraumes von fünf Jahren nach der Verleihung der Staatsbürgerschaft der Deutschen Demokratischen Republik zulässig.

§ 13

Die Staatsbürgerschaft der Deutschen Demokratischen Republik kann Bürgern, die ihren Wohnsitz oder Aufenthalt außerhalb der Deutschen Demokratischen Republik haben, wegen grober Verletzung der staatsbürgerlichen Pflichten aberkannt werden.

§ 14

Der Widerruf und die Aberkennung wirken nur gegen die Person, gegen die der Widerruf oder die Aberkennung ausgesprochen wurde.

III. Zuständigkeit und Verfahren

§ 15

(1) Über die Verleihung der Staatsbürgerschaft und die Entlassung aus der Staatsbürgerschaft der Deutschen Demokratischen Republik entscheidet der Ministerrat der Deutschen Demokratischen Republik.

(2) Der Ministerrat kann die Entscheidungsbefugnis delegieren.

(3) Die Verleihung und die Entlassung werden mit der Aushändigung der Urkunde wirksam.

§ 16

(1) Der Ministerrat der Deutschen Demokratischen Republik entscheidet über den Widerruf der Verleihung und die Aberkennung der Staatsbürgerschaft der Deutschen Demokratischen Republik.

(2) Der Widerruf der Verleihung und die Aberkennung werden mit der Entscheidung wirksam.

§ 17

Anträge auf Verleihung der Staatsbürgerschaft der Deutschen Demokratischen Republik und auf Entlassung aus der Staatsbürgerschaft der Deutschen Demokratischen Republik werden durch die vom Ministerium des Innern bzw. Ministerium für Auswärtige Angelegenheiten beauftragten Dienststellen entgegengenommen.

IV. Schlußbestimmungen

§ 18
Der Ministerrat der Deutschen Demokratischen Republik erläßt zur Durchführung dieses Gesetzes die erforderlichen Bestimmungen.

§ 19
(1) Dieses Gesetz tritt mit seiner Verkündung in Kraft.
(2) Gleichzeitig treten außer Kraft:
- Reichs- und Staatsangehörigkeitsgesetz vom 22. Juli 1913 (RGBl. S. 583) mit den dazu erlassenen Änderungs- und Ergänzungsbestimmungen, soweit sie nicht bereits zu einem früheren Zeitpunkt außer Kraft getreten sind;
- Verordnung vom 28. November 1957 über das Verfahren in Staatsangehörigkeitsfragen (GBl. I S. 616) mit Erster Durchführungsbestimmung vom 29. November 1957 (GBl. I S. 616);
- Verordnung vom 28. Januar 1965 zur Änderung der Verordnug über das Verfahren in Staatsangehörigkeitsfragen (GBl. II S. 143);
- Anordnung vom 30. August 1954 über die Gleichberechtigung der Frau im Staatsangehörigkeitsrecht (ZBl. S. 431).

Das vorstehende, von der Volkskammer der Deutschen Demokratischen Republik am zwanzigsten Februar neunzehnhundertsiebenundsechzig beschlossene Gesetz wird hiermit verkündet.
Berlin, den zwanzigsten Februar neunzehnhundertsiebenundsechzig

Der Vorsitzende des Staatsrates
der Deutschen Demokratischen Republik
W. Ulbricht

5.5.3. *Gesetz zur Regelung von Fragen der Staatsbürgerschaft (16. Oktober 1972)*

§ 1
(1) Bürger der Deutschen Demokratischen Republik, die vor dem 1. Januar 1972 unter Verletzung der Gesetze des Arbeiter-und-Bauern-Staates die Deutsche Demokratische Republik verlassen und ihren Wohnsitz nicht wieder in der Deutschen Demokratischen Republik genommen haben, verlieren mit dem Inkrafttreten dieses Gesetzes die Staatsbürgerschaft der Deutschen Demokratischen Republik.
(2) Abkömmlinge der in Abs. 1 genannten Personen verlieren mit dem Inkrafttreten dieses Gesetzes die Staatsbürgerschaft der Deutschen Demokratischen Republik, soweit sie ohne Genehmigung der staatlichen Organe der Deutschen Demokratischen Republik ihren Wohnsitz außerhalb der Deutschen Demokratischen Republik haben.

§ 2
Eine strafrechtliche Verfolgung der in § 1 Abs. 1 des Gesetzes genannten Personen wegen ungenehmigten Verlassens der Deutschen Demokratischen Republik findet nicht statt.

§ 3
Der Ministerrat erläßt die zur Durchführung dieses Gesetzes erforderlichen Rechtsvorschriften.

§ 4

(1) Das Gesetz tritt am 17. Oktober 1972 in Kraft.

(2) Entgegenstehende Rechtsvorschriften sind aufgehoben.

Das vorstehende, von der Volkskammer der Deutschen Demokratischen Republik am sechzehnten Oktober neunzehnhundertzweiundsiebzig beschlossene Gesetz wird hiermit verkündet.

Berlin, den sechzehnten Oktober neunzehnhundertzweiundsiebzig

Der Vorsitzende des Staatsrates
der Deutschen Demokratischen Republik
W. Ulbrich

Auswahl-Bibliographie

Abelein, Manfred: »Rechtsbeziehungen zwischen den beiden Teilen Deutschlands«, in: DA 1970, 357 ff.

Abendroth, Wolfgang: »Die Haftung des Reiches, Preußens, der Mark Brandenburg und der Gebietskörperschaften des öffentlichen Rechts für Verbindlichkeiten, die vor der Kapitulation vom 8. 5. 1945 entstanden sind«, NJ 1947, 73 ff.

Abendroth, Wolfgang: »Die völkerrechtliche Bindung Gesamtdeutschlands durch Verträge seiner Staatsfragmente«, in: Festschr. f. Rudolf Laun, Hamburg 1953, 145 ff.

Abendroth, Wolfgang: »Zwiespältiges Verfassungsrecht in Deutschland«, in: AöR 76 (1950/51), 1 ff.

Anhegger, Michael: »Völkerrechtliche Aspekte einer Anerkennung der Deutschen Demokratischen Republik durch die Bundesrepublik Deutschland«, Jur. Diss. München 1972.

Arndt, Adolf: »Der deutsche Staat als Rechtsproblem«, Berlin 1960.

Arndt, Claus: »Die Verträge von Moskau und Warschau«, Bonn-Bad Godesberg 1973.

Arndt, Michael: »Völkerrechtliche und staatsrechtliche Bedeutung der Berliner Erklärung vom 5. Juni 1945«, Jur. Diss. Göttingen 1970.

Bayerische Staatskanzlei (Hrsg.): Dokumentation der Bayerischen Staatsregierung zur Prüfung der Verfassungsmäßigkeit des Grundvertrags durch das Bundesverfassungsgericht, München 1973.

Berber, Friedrich: »Lehrbuch des Völkerrechts«, Bd. 1, München, Berlin 1975, Bd. 2, München und Berlin 1969.

Berber, Friedrich: »Völkerrecht, Dokumentensammlung«, Bd. II, Konfliktsrecht, München und Berlin 1967.

Bernhardt, Rudolf: »Besondere innerdeutsche Beziehungen – Leerformel oder Realität?« in: Krüger-Symposion 1975, 85 ff.

Bernhardt, Rudolf: Völkerrechtliche Bemerkungen zum Grundvertrags-Urteil des Bundesverfassungsgerichts, in: Delbrück, Jost – Ipsen, Knut - Rauschning, Dietrich (Hrsg.): Recht im Dienste des Friedens, Festschrift für Eberhard Menzel 1975, 109 ff.

Beyer, Wilhelm Raimund: »Zum gegenwärtigen völkerrechtlichen Status Deutschlands«, in: NJ 1952, 535 ff.

Bieberstein, Fritz Walter Freiherr Marschall von: »Zum Problem der völkerrechtlichen Anerkennung der beiden deutschen Regierungen. Ein Beitrag zur Diskussion über die Rechtslage Deutschlands«, Jur. Diss. Freiburg 1960.

Bindschedler, Rudolf L.: »Annexion«, in: Strupp, Karl, und Schlochauer, Hans-Jürgen (Hrsg.): Wörterbuch des Völkerrechts, Bd I, Berlin 1960, 69 ff.

Bindschedler, Rudolf L.: »Die völkerrechtliche Stellung Deutschlands«, in: Schweizer. Jahrb. für internationales Recht VI (1949), 37 ff.

Birnbaum, Immanuel: »Entzweite Nachbarn. Deutsche Politik in Osteuropa«, Frankfurt/M. 1968.

Blumenwitz, Dieter: »Der Grundvertrag zwischen der Bundesrepublik Deutschland und der DDR«, in: PolStud 1973, 3 ff.

Blumenwitz, Dieter: »Die Briefe zur deutschen Einheit der Bundesregierung – Alibis oder präsentable Elemente eines Selbstbestimmungsanspruchs?« in: Krüger-Symposion 1975, 47 ff.

Blumenwitz, Dieter: »Die Errichtung Ständiger Vertretungen im Lichte des Staats- und Völkerrechts«, Baden-Baden 1975.

Blumenwitz, Dieter: »Die Grundlagen eines Friedensvertrages mit Deutschland. Ein völkerrechtlicher Beitrag zur künftigen Deutschlandpolitik«, Berlin 1966.

Blumenwitz, Dieter: »Die Unberührtheitsklausel in der Deutschlandpolitik«, in: Randelzhofer, Albrecht (Hrsg.): Festschr. für Friedrich Berber, München 1973, 83 ff.

Blumenwitz, Dieter: »Feindstaatenklauseln«, München und Wien 1972.

Blumenwitz, Dieter: Plädoyer des bayerischen Prozeßvertreters, in: Cieslar, Eve – Hampel, Johannes – Zeitler, Franz-Christoph (Hrsg.): Der Streit um den Grundvertrag München und Wien 1973.

Blumenwitz, Dieter: »Rechtliche Probleme bei der Abgrenzung der beiden deutschen Staaten«, in: JOR XII/1 (1971), 7 ff.
Blumenwitz, Dieter: »Selbstbestimmung und Menschenrechte im geteilten Deutschland«, in: JIR 1974 (XVII), 11 ff.
Blumenwitz, Dieter: »Zur Frage der Einheit der deutschen Nation, ihrer rechtlichen Bedeutung und ihrer Absicherung im Grundvertrag«, in: PolStud 1973, 225 ff.
Boehmer, Gerhard – Walter, Hannfried: »Deutschlands Rechtslage«, in: ZaöRV 23 (1963), 280 ff.
Bosch, Clemens: »Der Wandel der offiziellen sowjetzonalen Stellung zur deutschen Frage und das heutige Selbstverständnis der ›DDR‹ «, Jur. Diss. 1965.
Bracht, Hans Werner: »Verpflichtung der Bundesrepublik Deutschland aus dem Potsdamer Abkommen nach sowjetischer Völkerrechtsdarstellung«, in: Klein, Friedrich – Meissner, Boris (Hrsg.): Das Potsdamer Abkommen und die Deutschlandfrage, I. Teil: Geschichte und rechtliche Grundlagen, Wien und Stuttgart 1977.
Broekmann, Herbert: »Das rechtliche Selbstverständnis der Bundesrepublik Deutschland nach den Ostverträgen«, Jur. Diss. München 1974.
Bruns, Wilhelm: »Deutsch-deutsche Beziehungen. Prämissen-Probleme-Perspektiven«. Opladen 1978.
Buchheim, Hans: »Gibt es noch einen Weg zur Einheit der Deutschen in Freiheit?«, in: PolStud 1973, 181 ff.
Bücking, Hans-Jörg: »Die verfassungs- und völkerrechtlichen Grundlagen der Identitätslehre«, in: DuR 1974, 258 ff.
Bücking, Hans-Jörg: »Zur völkerrechtlichen Verbindlichkeit der Entscheidung des BVerfG über den Grundlagenvertrag«, in: DuR 1975, 267 ff.
Bücking, Hans-Jörg: »Der Rechtsstatus des Deutschen Reiches«, Berlin 1979.
Bundesministerium für innerdeutsche Beziehungen (Hrsg.): »Bericht der Bundesregierung und Materialien zur Lage der Nation 1972«, Bonn 1972.
Bundesministerium für innerdeutsche Beziehungen: »Die Entwicklung der Beziehungen zwischen der Bundesrepublik Deutschland und der Deutschen Demokratischen Republik«. Bericht und Dokumentation, Bonn 1973.
Bundesregierung: Denkschrift der Bundesregierung, in: Bulletin 1972, Nr. 172, 2021 ff.
Cieslar, Eve – Hampel, Johannes – Zeitler, Franz-Christoph (Hrsg.): »Der Streit um den Grundvertrag«, München und Wien 1973.
Clauder, Arnulf: »Deutschlandpolitik vor Gericht?, in: PolM 1970, H. 131, 41 ff.
Cornides, Wilhelm: »Die völkerrechtliche Stellung Deutschlands nach seiner bedingungslosen Kapitulation«, in: EA 1946, 209 ff.
Cornides, Wilhelm: »Die Weltmächte und Deutschland. Geschichte der jüngsten Vergangenheit 1945–1955«, 3. Aufl., Tübingen 1964.
Cramer, Dettmar: »Bahr am Ziel«, in: DA 1972, 1121 ff.
Cramer, Dettmar: »Einheitspartei und Nation«, in: DA 1972, 457 ff.
Dahm, Georg: »Völkerrecht«, Bd. I, Stuttgart 1958, Bd. II, Stuttgart 1961, Bd. III, Stuttgart 1961.
DDR-Handbuch, 2. A., hrsg. v. Bundesministerium für innerdeutsche Beziehungen, Köln 1979.
Decker, Günter: »Das Selbstbestimmungsrecht der Nationen«, Göttingen 1955.
Delbrück, Jost: »Die staatsrechtliche Stellung Berlins in der Rechtsprechung der Bundesverfassungsgerichts und der Bundesgerichte«, Symposium 1971, 214 ff.
Deuerlein, Ernst: »Die Abgrenzungspolitik und die Entwicklung eines Alleinvertretungsanspruches der DDR«, in: PolStud 1972, 125 ff.
Deuerlein, Ernst: »Deklamation oder Ersatzfrieden? Die Konferenz von Potsdam 1945«, Stuttgart 1970.
Deuerlein, Ernst: »Die Einheit Deutschlands«, 2. Aufl., Frankfurt a.M., Berlin 1961.
Deuerlein, Ernst: »Kein Ersatz-Friedensvertrag. Das Potsdamer Abkommen – 25 Jahre danach«, in: PolM 1970, H. 130, 11 ff.
Deuerlein, Ernst: »Potsdam 1945. Ende und Anfang«, Köln 1970.
Deuerlein, Ernst: »Die Verabschiedung der Deutschland-Bestimmungen des Potsdamer Abkommens«, in: DA 1970, 673 ff.
Deutsches Institut für Zeitgeschichte (Hrsg.) (in Verbindung mit der Deutsch-Polnischen Historiker-Kommission): »Polen, Deutschland und die Oder-Neiße-Grenze«, Berlin 1959.

Doehring, Karl: »Bindungen der Bundesrepublik aus dem Deutschlandvertrag«, in: NJW 1971, 449 ff.

Doehring, Karl: »Hat die BRD die internationale Kompetenz (Souveränität) zum selbständigen Abschluß von Verträgen mit der DDR?" in: Doehring, Karl – Kewenig, Wilhelm – Ress, Georg: Staats- und völkerrechtliche Aspekte der Deutschland- und Ostpolitik, Frankfurt/M. 1971, 18.

Doehring, Karl: »Das Selbstbestimmungsrecht der Völker als Grundsatz des Völkerrechts«, Karlsruhe 1974.

Doehring, Karl: »Die Teilung Deutschlands als Problem des völker- und staatsrechtlichen Fremdenrechts«, Karlsruhe 1968.

Doehring, Karl – Ress, Georg: Gutachten über die rechtliche Qualität des Briefes zur deutschen Einheit, in: Cieslar, Eve – Hampel, Johannes – Zeitler, Franz-Christoph (Hrsg.): Der Streit um den Grundvertrag, München und Wien 1973, 265 ff.

Doehring, Karl – Ress, Georg: »Staats- und völkerrechtliche Aspekte der Berlin-Regelung«, Frankfurt/M. 1972.

Doehring Karl – Ress, Georg: »Die parlamentarische Zustimmungsbedürftigkeit von Verträgen zwischen der Bundesrepublik Deutschland und der Deutschen Demokratischen Republik«, Frankfurt/M. 1971.

Doehring Karl – Kewenig, Wilhelm – Ress, Georg: »Staats- und völkerrechtliche Aspekte der Deutschland- und Ostpolitik«, Frankfurt/M. 1971.

Dregger, Alfred: »Die Alternative – Eine Politik für die Freiheit Europas!«, in: Huyn, Hans Graf (Hrsg.): Ostpolitik im Kreuzfeuer, Stuttgart 1971, 167 ff.

Dürig, Günter: »Der deutsche Staat im Jahre 1945 und seither«, in: VVDStRL 13, 27 ff.

Falkenstein, Werner Trützschler von: »Die sich ändernde Bedeutung der Feindstaatenartikel (Artikel 53 und 107 der Satzung der Vereinten Nationen) für Deutschland«, Bern und Frankfurt/M. 1975.

Faust, Fritz: »Das Potsdamer Abkommen und seine völkerrechtliche Bedeutung«, 4. Aufl., Frankfurt und Berlin 1969.

Faust, Fritz: »25 Jahre nach Postsdam«, (Die Orientierung, 2. Beiheft 1970 Nr. 260 a), Pfaffenhofen 1970.

Faust, Fritz: »Die wirtschaftliche und politische Einheit Deutschlands im Potsdamer Abkommen«, in: Klein, Friedrich – Meissner, Boris: Das Potsdamer Abkommen und die Deutschlandfrage, Teil I: Geschichte und rechtliche Grundlagen, Wien und Stuttgart 1977, 123 ff.

Fikentscher, Wolfgang – Oppermann, Thomas: »Unbemerkte Anerkennung – Partielle Ausbürgerung?«, in: AöR 96 (1971), 423 ff.

Fischer, Alexander: »Antifaschismus und Demokratie – Zur Deutschlandplanung der UdSSR in den Jahren 1943–1945«, in: Potsdam und die deutsche Frage, Köln 1970, 5 ff.

Fischer, Alexander: »Teheran, Jalta, Potsdam«, Köln 1968.

Frenzke, Dietrich: »De-jure, De-facto- und faktische Anerkennung in der Völkerrechtslehre der DDR und der UdSSR«, in: ROW 1970, 181 ff.

Frenzke, Dietrich: »Der völkerrechtliche Staatsbegriff in der Völkerrechtslehre der DDR und der UdSSR«, in: ROW 1971, 241 ff.

Frenzke, Dietrich: »Die Anerkennung der DDR«, Köln 1970.

Frenzke, Dietrich: »Die Anerkennung von Staaten, Regierungen und Gebietsveränderungen«, in: Maurach, Reinhart – Meissner, Boris (Hrsg.), Völkerrecht in Ost und West, Stuttgart u.a. 1967, 100 ff.

Frenzke, Dietrich: »Die kommunistische Anerkennungslehre«, Köln 1972.

Frenzke, Dietrich: »Die völkerrechtliche Anerkennung und die Mitgliedschaft in der UNO«, in: Vereinte Nationen 1970, 148 ff.

Frenzke, Dietrich – Hacker, Jens – Uschakow, Alexander: »Die Feindstaatenartikel und das Problem des Gewaltverzichts der Sowjetunion im Vertrag vom 12. 8. 1970«, Berlin 1971.

Frowein, Jochen Abraham: »Die Grenzbestimmungen der Ostverträge und ihre völkerrechtliche Bedeutung«, Symposium 1971, 27 ff.

Gebauer, Klaus-Eckart: »Zuständigkeitsgrenzen und Völkerrechtserheblichkeit beim Abschluß von ›national-internen‹ Verträgen und Verwaltungsabkommen durch ein Bundesland«, Jur. Diss. Münster 1969.

Gleich, Johann G.: »Die Anerkennung der DDR durch die Bundesrepublik«, Berlin und Frankfurt/M. 1975.

Giese, Albrecht: »Die Einheit und Spaltung Deutschlands im Spiegel völkerrechtlicher Verträge von 1941 bis 1967 – eine völkerrechtlich-politische Untersuchung einschlägiger Urkunden –«, Jur. Diss. Würzburg 1971.
Giesecker: »Westdeutschlands Rechtslage«, Nürnberg 1951.
Grewe, Wilhelm: »Ein Besatzungsstatut für Deutschland«, Stuttgart 1948.
Grosser, Alfred: »Deutschlandbilanz. Geschichte Deutschlands seit 1945«, 4. Aufl., München 1972.
Guérin, Barbara: »L'évolution du statut juridique de l'Allemagne de 1945 au Traité fondamental«, Jur. Diss. Saarbrücken 1977.
Guradze, Heinz: »Anerkennung der DDR?,« in: ZRP 1969, 250 ff.
Guttenberg, Karl Theodor Freiherr von und zu: »Deutschlandpolitik als Angelpunkt«, in: Huyn, Hans Graf (Hrsg.): Ostpolitik im Kreuzfeuer, Stuttgart 1971, 112 ff.
Hacker, Jens: »Der ‚Anspruch' der DDR auf völkerrechtliche Anerkennung«, in: ROW 1968, 37 ff.
Hacker, Jens: »Zur Aufnahme Deutschlands in die Vereinten Nationen«, in: Vereinte Nationen 1970, 101 ff, 121.
Hacker, Jens: »Deutsche unter sich«, Politik mit dem Grundvertrag, Stuttgart-Degerloch 1977.
Hacker, Jens: »Das neue Dilemma der DDR. Über ‚bürgerliche' und ‚sozialistische Nationen'«, in: PolM 1974, H. 154, 48 ff.
Hacker, Jens: »Einführung in die Problematik des Potsdamer Abkommens«, in: Klein, Friedrich – Meissner, Boris (Hrsg.): Das Potsdamer Abkommen und die Deutschlandfrage, I. Teil: Geschichte und rechtliche Grundlagen, Wien und Stuttgart 1977, 5 ff.
Hacker, Jens: »Einwände gegen die Verträge. Ostpolitik auf dem Prüfstand der Juristen«, in: PolM 1971, H. 136, 39 ff.
Hacker, Jens: »Menschliche Erleichterungen?,« in: PolM 1973, H. 146, 73 ff.
Hacker, Jens: »Nation und Selbstbestimmung aus der Sicht der DDR«, in: IRD 1972, 69 ff.
Hacker, Jens: »Das Potsdamer Abkommen. Kein Ersatz für einen Friedensvertrag mit Deutschland«, in: IRD 1970 I, 23 ff.
Hacker, Jens: »Zum Problem der Staaten-Sukzession in der Sicht der ‚DDR'«, in: ROW 1970, 1 ff.
Hacker, Jens: »Der Rechtsstatus Deutschlands aus der Sicht der DDR«, Köln 1974.
Hacker, Jens: »Die SED und die Breshnew-Doktrin«, in: DA 1970, 198 ff.
Hacker, Jens: »Das Selbstverständnis der DDR (aus der Sicht der Funktion von Recht, Staat und Nation in der sowjetischen Völkerrechtslehre)«, in: Arnulf Clauder (Hrsg.): Deutschlandrecht und Deutschlandpolitik (Zweites Lerbacher Deutschlandseminar) Bergisch Gladbach 1972, 30 ff.
Hacker, Jens: »Sicherheit nach den Verträgen? Die 10 Thesen der gewandelten Deutschlandpolitik«, in: PolM 1971, H. 134, 33 ff.
Hacker, Jens: »Sowjetunion und DDR zum Potsdamer Abkommen«, Köln 1968.
Hacker, Jens: »Unerläßliches für den Grundvertrag. Es geht um Deutschland als Ganzes«, in: PolM 1972, H. 144, 52 ff.
Haupt, Lucie: »Die Souveränität der beiden in Deutschland bestehenden Staaten«, in: Staat und Recht 5 (1956), 301 ff.
Haupt, Lucie: »Von der ‚Supranationalität' zur Scheinsouveränität der Bonner Bundesrepublik«, in: Staat und Recht 4 (1955), 82 ff.
Heck, Bruno: »Sowjetische Westpolitik«, in: Huyn, Hans Graf (Hrsg.): Ostpolitik im Kreuzfeuer, Stuttgart 1971, 18 ff.
Heidelmeyer, Wolfgang: »Das Selbstbestimmungsrecht der Völker«, Paderborn 1973.
Heimeshoff, Erich: »Zur verfassungsrechtlichen Problematik der Ostverträge«, in: DRiZ 1971, 223 ff.
Heldrich, Andreas: »Innerdeutsches Kollisionsrecht und Staatsangehörigkeitsfrage«, in: NJW 1978, 2169 ff.
Heller, »Staatslehre«, Nachdr. d. 3. Aufl. 1934, Leiden 1963.
Herder, Gerhard – Wünsche, Harry: »Die Deutsche Demokratische Republik ist anerkannt!«, in: Staat und Recht 8 (1959), 917 ff.
Herre, Franz: »Nation ohne Staat,« Köln und Berlin 1967.
Heydte, Friedrich August Freiherr von der: »Deutschlands Rechtslage«, in: Die Friedenswarte 50 (1951/52), 323 ff.
Heydte, Friedrich August Freiherr von der: »Die Entwicklung der deutschen Rechtslage«, in: JIR 11 (1962), 137 ff.

Heydte, Friedrich August Freiherr von der: »Die Geburtsstunde des souveränen Staates«, Regensburg 1952..
Heydte, Friedrich August Freiherr von der: »Der deutsche Staat im Jahre 1945 und seither«, in: VVDStRL 13, 6 ff.
Hömig, Dieter: »Das Zustimmungsgesetz zum Grundvertrag«, in: JZ 1973, 202 ff.
Hoffmann, Gerhard: »Zur bundesdeutschen Staatsangehörigkeit der in der DDR lebenden Deutschen«, Symposium 1971, 278 ff.
Horn, Klaus-Dieter von: Deutschlands Rechtslage als Problem der Rechtsprechung«, Jur. Diss. Bonn 1965.
Hupka, Herbert: »Der Warschauer Grenzvertrag«, in: Huyn, Hans Graf (Hrsg.): Ostpolitik im Kreuzfeuer, Stuttgart 1971, 86 ff.
Huyn, Hans Graf: »Der Moskauer Vertrag«, in: Huyn, Hans Graf (Hrsg.): Ostpolitik im Kreuzfeuer, Stuttgart 1971, 59 ff.
Iken, Karl: »Ein Beitrag zur Lehre von der Kontinuität und Identität Deutschlands im Jahre 1945 und der völkerrechtliche Staatsbegriff«, Jur. Diss (Freiburg/Schweiz), Düsseldorf 1964.
Ipsen, Knut: »Die UN-Mitgliedschaft der beiden deutschen Staaten und die deutsche Frage«, in: Politik und Kultur 1975, I., 3 ff.
Ipsen, Knut: »Sinn und Rechtsfolgen der Artikel 4 der Ostverträge (›Nichtberührung früherer Vereinbarungen‹), Symposium 1971, 83 ff.
Jocobsen, Hans-Adolf: »Fünf Jahre Warschauer Vertrag«, Berlin 1976.
Jaenicke, Günther: »Der Abbau der Kontrollratsgesetzgebung«, Köln und Berlin 1952.
Jüttner, Alfred: »Die deutsche Frage. Eine Bestandsaufnahme«, Köln u.a. 1971.
Jüttner, Alfred: »Die Entstehung der Berlin-Frage«, in: ZfP 1972, 2 ff.
Kaiser, Karl: »Zur Haftung für öffentliche Schulden aus der Zeit vor der Kapitulation«, in: NJ 1947, 186.
Kaufmann, Erich: »Deutschlands Rechtslage unter der Besatzung«, Stuttgart 1948.
Kegel, Gerhard: »Ein Vierteljahrhundert danach (Das Potsdamer Abkommen und was aus ihm geworden ist)«, Frankfurt/M. 1971.
Kelsen, Hans: »The International Legal Status of Germany to be Established immediately upon Termination of the War«, in: AJIL 38 (1944), 689 ff.
Kelsen, Hans: »The Legal Status of Germany According to the Declaration of Berlin«, in: AJIL 39 (1945), 518 ff.
Kerstein, Johann: »Die Deutsche Demokratische Republik – ein Staat im Sinne des Völkerrechts«, in: Staat und Recht 6 (1957), 249 ff.
Kewenig, Wilhelm: »Auf der Suche nach einer neuen Deutschland-Theorie«, in: DÖV 1973, 797 ff.
Kewenig, Wilhelm: »Deutschlands Rechtslage heute«, in: EA 1974, 71 ff.
Kewenig, Wilhelm: »Deutschland und die Vereinigten Nationen«, in: EA 1970, 339 ff.
Kewenig, Wilhelm: »Die Bedeutung des Grundvertrages für das Verhältnis der beiden deutschen Staaten«, in: EA 1973, 37 ff.
Kewenig, Wilhelm: »Die deutsche Ostpolitik und das Grundgesetz«, in: EA 1971, 469 ff.
Kewenig, Wilhelm: »Grenzen der Souveränität«, in: Scheuner, Ulrich (Hrsg.): Außenpolitische Perspektiven des westdeutschen Staates, Bd. I, München und Wien 1971, 137 ff.
Kewenig, Wilhelm: »Verfassungsrechtliche Probleme eines Vertrages zwischen BRD und DDR (Die 20 Punkte von Kassel und das Grundgesetz)«, Symposium 1971, 303 ff.
Kimminich, Otto: »Deutschland als Rechtsbegriff und die Anerkennung der DDR«, in: DVBl. 1970, 437 ff.
Kimminich, Otto: »Die deutsche Verfassung und der europäische Frieden«, DÖV 1973, 15 ff.
Kimminich, Otto: »Fluchthilfe und Flucht aus der DDR in die Bundesrepublik Deutschland«, Hamburg 1974.
Kimminich, Otto: »Der Grundvertrag [Sonderausgabe aus: Kommentar zum Grundgesetz (Bonner Kommentar)]«, Hamburg 1975.
Kimminich, Otto: »Der Moskauer Vertrag vom 12. August 1970«, Bd. I, Hamburg 1972, Bd. II, Hamburg 1973.
Kimminich, Otto: »Ostpolitik unter der Lupe«, in: PolM 1972, H. 145, 71 ff.
Kimminich, Otto: Die Ostverträge, Köln 1972.

Kimminich, Otto: »Die Souveränität der Bundesrepublik Deutschland«, Hamburg 1970.
Kimminich, Otto: »Ungelöste Rechtsprobleme der deutsch-polnischen Beziehungen«, in: ZfP 1971, 333 ff.
Kimminich, Otto: »Das Urteil über die Grundlagen der staatsrechtlichen Konstruktionen der Bundesrepublik Deutschland«, in: DVBl. 1973, 657 ff.
Kimminich, Otto: »Der Warschauer Vertrag und die Staatsangehörigkeit der ‚Polen-Deutschen'«, in: DÖV 1971, 577 ff.
Kirn, Michael: »Der Fortbestand des Deutschen Reiches nach 25 Jahren Grundgesetz«, in: ZRP 1974, 84 ff.
Kirsten, Johannes: »Einige Probleme der Staatennachfolge«, Berlin 1962.
Kirsten, Johannes: »Zum völkerrechtlichen Institut der Staatennachfolge«, in: Deutschlandfrage und Völkerrecht, II, Berlin (O) 1962.
Klafkowski, Alfons: »Der Vertrag zwischen Polen und der BRD über die Grundlagen der Normalisierung ihrer Beziehungen als Anerkennungsfaktor des Status Quo in Europa«, in: Rachocki, Janusz (Hrsg.): Volksrepublik Polen – Bundesrepublik Deutschland, Poznan 1972, 34 ff.
Klafkowski, Alfons: »Die deutsch-polnische Grenze nach dem 2. Weltkrieg«, Wydawnictwo Poznanskie 1970.
Klafkowski, Alfons: »20 Jahre nach Potsdam«, in: Monatsschrift Polen nr. 3 (127), 1965, 28 ff.
Klein, Eckart: »Deutsche Staatsangehörigkeit und Inlandbegriff. Zur Auslegung von § 25 Abs. 1 RUStAG«, in: DVBl. 1978, 876 ff.
Klein, Friedrich: »Aktuelle Probleme der Viermächte-Verantwortung für Gesamtdeutschland«, in: Institut für Völkerrecht und ausländisches öffentliches Recht der Universität zu Köln (Hrsg.): Festschr. für Hermann Jahrreiß zum 80. Geburtstag, Köln u. a. 1974, 97 ff.
Klein, Friedrich: »Bonner Grundgesetz und Wiedervereinigung Deutschlands«, in: Bachof, Otto – Drath, Martin – Gönnenwein, Otto – Walz, Ernst (Hrsg.): Gedächtnisschrift für W. Jellinek, München 1955, 119 ff.
Klein, Friedrich: »Juristischer Deutschlandbegriff und Vier-Mächte-Verantwortung«, in: Jahrb. d. Albertus-Magnus-Univ. zu Königsberg/Pr., Bd. XXIV/1974, 49 ff.
Klein, Friedrich: »Neues Deutsches Verfassungsrecht«, Frankfurt 1949.
Klein, Friedrich: »Zur Notwendigkeit grundgesetzändernder Mehrheiten für die Billigung der Ostverträge durch die gesetzgebenden Körperschaften«, Symposium 1971, 122 ff.
Klein, Friedrich: »Rechtliche Verbindlichkeit des Potsdamer Abkommens für die Bundesrepublik Deutschland«, in: Klein, Friedrich – Meissner, Boris (Hrsg.): Das Potsdamer Abkommen und die Deutschlandfrage, I. Teil, Geschichte und rechtliche Grundlagen, Wien und Stuttgart 1977, 143 ff.
Klein, Friedrich – Meissner, Boris (Hrsg.): »Das Potsdamer Abkommen und die Deutschlandfrage, I. Teil: Geschichte und rechtliche Grundlagen«, Wien und Stuttgart 1977, (völkerrechtliche Abhandlung, Bd. 4/I. Teil).
Klose, Peter: »Kriminalisierbarkeit der Fluchthilfe unter staats- und völkerrechtlichen Gesichtspunkten«, in: ZRP 1976, 28 ff.
Körner, Klaus: »Die alliierten Deutschlandkonferenzen«, in: Schwarz, Hans-Peter (Hrsg.): Handbuch der deutschen Außenpolitik, München und Zürich, 1975, 555 ff.
Körner, Klaus: »Die Frage der Ostgebiete«, in: Schwarz, Hans-Peter (Hrsg.): Handbuch der deutschen Außenpolitik, München und Zürich 1975, 646 ff.
Körner, Klaus: »Die Wiedervereinigungspolitik«, in: Schwarz, Hans-Peter (Hrsg.): Handbuch der deutschen Außenpolitik, München und Zürich 1975, 587 ff.
Kohl, Michael: »Zum Verhältnis beider deutscher Staaten zueinander«, in: Bundesministerium für innerdeutsche Beziehungen (Hrsg.): Texte zur Deutschlandpolitik, Bd. XI, Bonn 1978, 130 ff.
Krakau, Knud: »Feindstaatenklausel und Rechtslage Deutschlands nach den Ostverträgen«, Frankfurt/M. 1975.
Kraus, Herbert: »Der völkerrechtliche Status der deutschen Ostgebiete innerhalb der Reichsgrenzen nach dem Stande vom 31. Dez. 1937«, 2. Aufl., Göttingen 1966.
Kreutzer, Heinz: »Die Stellung des Landes Berlin nach den Verträgen von Bonn und Paris«, in: DÖV 1956, 225 ff.
Kriele, Martin: »Der Streit um die Rechtslage Deutschlands und die völkerrechtliche Anerkennung der DDR«, in: ZRP 1971, 261 ff.

Kriele, Martin: »Die Verfassungsmäßigkeit der Ostverträge«, Symposium 1971, 114 ff.
Kriele, Martin: »Grundvertrag und Grundgesetz. Auszüge aus dem Plädoyer vor dem Bundesverfassungsgericht am 19. Juni 1973«, in: Recht und Politik 1973, 133 ff.
Kriele, Martin: Plädoyer der Bundesregierung vom 19. 6. 1973, in: Cieslar, Eve – Hampel, Johannes – Zeitler, Franz-Christoph (Hrsg.): Der Streit um den Grundvertrag, München und Wien 1973.
Kröger, Herbert: »Adenauers ›Identitätstheorie‹ und die völkerrechtliche Stellung der DDR«, in: DAP 2 (1957), 353 ff.
Kröger, Herbert: »Das demokratische Völkerrecht und die Grundlagen der Bonner Hallstein-Doktrin«, in: Staat und Recht 10 (1961), 1187 ff.
Kröger, Herbert: »Die nationale Frage in Deutschland und die Aufgaben der deutschen Staatsrechtswissenschaft«, in: Staat und Recht 2 (1953), 686 ff.
Kröger, Herbert: »Die Prinzipien des Potsdamer Abkommens – verbindliche Grundsätze für eine dauerhafte Friedensordnung in Europa«, in: Staat und Recht 19 (1970), 1220 ff.
Kröger, Herbert: »Die Rechtsverbindlichkeit des Potsdamer Abkommens«, in: DAP 1970, SH 3, 53 ff.
Kröger, Herbert: »Die staatsrechtliche Bedeutung des Potsdamer Abkommens für das deutsche Volk«, in: Bönninger, Karl – Such, Heinz – Arzinger, Rudolf (Hrsg.): Festschrift für Erwin Jacobi, Berlin 1957, 197 ff.
Krüger, Herbert: »Bundesrepublik Deutschland und Deutsche Demokratische Republik«, Hamburg 1956.
Krüger, Herbert: »Bundesrepublik Deutschland und Deutsches Reich«, in: SJZ 1950, 113 ff.
Krüger, Herbert: »Die deutsche Staatlichkeit im Jahre 1971«, in: DSt 10 (1971), 1 ff.
Krülle, Siegrid: »Die völkerrechtlichen Aspekte des Oder-Neiße-Problems«, Berlin und München 1970.
Küchenhoff, Erich: »Die Verfassungsmäßigkeit des Warschauer Vertrages«, Sonderausgabe des Bulletin vom 8. 12. 1970, Nr. 171, 1822 ff.
Kutscher, Hans – Grewe, Wilhelm: »Bonner Vertrag,« München und Berlin 1952.
Laun, Rudolf: »Haager Landkriegsordnung«, Wolfenbüttel-Hannover 1947.
Leicht, Robert: »Von den zwanzig Kasseler Punkten zum Grundvertrag«, in: Frankfurter Hefte 1973, 241 ff.
Leverenz, Bernhard: »Plädoyer der Bundesregierung vom 19. 6. 1973, in: Cieslar, Eve – Hampel, Johannes – Zeitler, Franz-Christoph (Hrsg.): Der Streit um den Grundvertrag, München und Wien 1973, 239 ff.
Lewald, Walter: »Die verfassungsrechtliche Lage Deutschlands. Eine Meinungsäußerung zum Urteil des Bundesverfassungsgerichts v. 31. Juli 1973«, in: NJW 1973, 2265 ff.
Lewald, Walter: »Verfassungsgebot der Wiedervereinigung«, in: NJW 1971, 89 f.
Löwisch, Manfred: »Eine praktische Frage der Neuregelung der Staatsangehörigkeit im geteilten Deutschland«, in: JZ 1973, 117.
Ludz, Peter Christian: »Amerikanische Haltung zur deutschen Frage«, in: DA 1972, 573 ff.
Ludz, Peter Christian: »Zum Begriff der ›Nation‹ in der Sicht der SED. Wandlungen und politische Bedeutung«, in: DA 1972, 17 ff.
Luhmann, Niklas: »Grundrechte als Institution«, Berlin 1965.
Lutter, Harald: »Oder-Neiße-Friedensgrenze«. Zum Verständnis völkerrechtlicher Fragen in der sog. DDR«, Jur. Diss. Mainz 1966.
Mahnke, Dieter: »Das Viermächte-Abkommen über Berlin. Bilanz und Aussichten«, in: EA 1971, 703 ff.
Mahnke, Dieter: »Verantwortung für Berlin«, in: Scheuner, Ulrich (Hrsg.): Außenpolitische Perspektiven des westdeutschen Staates, Bd. I, München und Wien 1971, 114 ff.
Mahnke, Hans-Heinrich: »Das Problem der Einheit der Völkerrechtsgemeinschaft und die Organisation der internationalen Sicherheit«, Berlin 1965.
Mahnke, Hans-Heinrich: »Der besondere Charakter der innerdeutschen Beziehungen«, in: DA 1970, 267 ff.
Mahnke, Hans-Heinrich: »Die beiden deutschen Staaten in den Vereinten Nationen«, in: Vereinte Nationen 1973, 112 ff.
Mahnke, Hans-Heinrich: »Die Nation als Völkerrechtssubjekt, Sowjetische Auffassungen«, in: JOR VIII/1 (1967), 7 ff.

Mahnke, Hans-Heinrich: »Die Ständigen Vertretungen der beiden Staaten in Deutschland«, in: JIR 1974 (XVII), 36 ff.
Mahnke, Hans-Heinrich: »Entstehung und Untergang von Staaten«, in: Moderne Welt 9 (1968), 288 ff.
Mahnke, Hans-Heinrich: »Entstehung und Untergang von Staaten, Staatensukzession«, in: Maurach, Reinhart – Meissner, Boris (Hrsg.): Völkerrecht in Ost und West, Stuttgart u.a. 1967, 100 ff.
Mahnke, Hans-Heinrich: »Erleichterungen, Vorrechte und Befreiungen für die Ständige Vertretung der Deutschen Demokratischen Republik«, in: ROW 1975, 49 ff.
Mahnke, Hans-Heinrich: »Fragen der Staatensukzession in Deutschland«, Berichte des Bundesinstituts zur Erforschung des Marxismus-Leninismus, Reihe III, 2, Nr. 12.
Mahnke, Hans-Heinrich: »Rechtsprobleme des Grundlagenvertrages«, in: DA 1974, 130 ff.
Mahnke, Hans-Heinrich: »Verfassungs- und völkerrechtliche Aspekte der Verträge von Moskau und Warschau«, in: ROW 1972, 153 ff.
Mahnke, Hans-Heinrich: »Die Völkerrechtsforschung in der Bundesrepublik über die DDR, Deutschland- und Berlinfrage, Staatsangehörigkeits- und Seerecht«, in: DA 1979, 54 ff.
Mahnke, Hans-Heinrich: »Zur Rechtsgrundlage Berlins – einige korrigierende Bemerkungen«, in: DA 1971, 901 ff.
Makarov, Alexander N.: »Allgemeine Lehren des Staatsangehörigkeitsrechts«, Stuttgart 1962.
Mann, Frederick Alexander: »Deutschlands Rechtslage 1947–1967«, in: JZ 1967, 585 ff, 617 ff.
Martin, Alexander: »Potsdam und die Oder-Neiße-Grenze im Spiegel des Völkerrechts«, in: Deutsches Institut für Zeitgeschichte (Hrsg.): Polen, Deutschland und die Oder-Neiße-Grenze, Berlin 1959, 357 ff.
Marzian, Herbert: »The German Frontier Problem«, Göttingen 1968.
Mattfeld, Antje: »Modelle einer Normalisierung zwischen den beiden deutschen Staaten«, Düsseldorf 1973.
Meessen, Karl Matthias: »Das Problem der deutschen Staatsangehörigkeit nach dem Grundvertrag«, in: EA 1973, 515 ff.
Meessen, Karl Matthias: »Schlußwort (zur Frage der Neuregelung der Staatsangehörigkeit im geteilten Deutschland)«, in: JZ 1973, 117 ff.
Meessen, Karl Matthias: »Verfassungsrechtliche Grenzen einer Neuregelung der Staatsangehörigkeit im geteilten Deutschland«, in: JZ 1972, 673 ff.
Meier, Gert: »Grundvertrag, EWG-Vertrag und ›innerdeutscher‹ Handel«, in: Betriebsberater 1972, 1521 ff.
Meier, Hans: »Abschied von gestern. Die Bundesrepublik und die siebziger Jahre«, in: ZfP 1969, 427 ff.
Meissner, Boris: »Der sowjetische Nationsbegriff und die Frage des Fortbestands der deutschen Nation«, in: EA 1977, 315 ff.
Meissner, Boris: »Der sowjetische Nationsbegriff und das Selbstbestimmungsrecht der Völker«, in: IRD 1972, 131 ff.
Meissner, Boris: »Die Breshnew-Doktrin«, Köln 1969.
Meissner, Boris: »Gibt es nach der KSZE noch eine deutsche Frage?«, Krüger-Symposion 1975, 13 ff.
Meissner, Boris: »Die Vereinbarungen der Europäischen Beratenden Kommission über Deutschland von 1944/45«, in: Klein, Friedrich – Meissner, Boris (Hrsg.). Das Potsdamer Abkommen und die Deutschlandfrage, I. Teil. Geschichte und rechtliche Grundlagen, Wien und Stuttgart 1977, 43 ff.
Meissner, Rolf – Preggel, Walter: »Zu einigen Aspekten der Wiener Konventionen zur Staatennachfolge in Verträge«, in: DAP 12/1978, 43 ff.
Meister, Roland: »Nochmals: Zum gegenwärtigen völkerrechtlichen Status Deutschlands«, in: NJ 1952, 396 ff.
Meister, Ulrich: »Stimmen des Auslandes zur Rechtslage Deutschlands«, in: ZaöRV 13 (1950), 173 ff.
Menzel, Eberhard: »Anerkennung oder Nichtanerkennung der DDR?«, in: Politik 1969, 3–4., 70 ff.
Menzel, Eberhard: »Das Annexionsverbot des modernen Völkerrechts und das Schicksal der deutschen Ostgebiete«, in: Göttinger Arbeitskreis (Hrsg.): Das östliche Deutschland, Würzburg 1959 ff, 3 ff.
Menzel, Eberhard: »Das Potsdammer und die Ostpolitik der Bundesregierung«, in: Potsdam und die deutsche Frage, Köln 1970, 113 ff.
Menzel, Eberhard: »Deutschland – ein Kondominium oder ein Koimperium«, in: JIR I (1948), 43 ff.

Menzel, Eberhard: »Deutschland nach 1945. Das Problem der völkerrechtlichen und staatsrechtlichen Kontinuität«, in: Jahrb. der Ranke-Gesellschaft 1955, Frankfurt/M. u. a. 1956, 59 ff.

Menzel, Eberhard: »Die Ostverträge von 1970 und der Deutschland-Begriff des Grundgesetzes«, in: DÖV 1972, 6 ff.

Menzel, Eberhard: »Die These von der ‚verfassungswidrigen Mitwirkung der Bundesregierung' am Vier-Mächte-Abkommen über Berlin vom 3. 9. 1971«, in: NJW 1972, 2249 ff.

Menzel, Eberhard: »Die vier Grundauffassungen über die gegenwärtige völker- und staatsrechtliche Stellung Berlins«, Symposium 1971, 207 ff.

Menzel, Eberhard: »Verfassungswidrigkeit der Ostverträge von 1972«, in: DÖV 1971, 361 ff.

Menzel, Eberhard: »Wie souverän ist die Bundesrepublik?«, in: ZRP 1971, 178 ff.

Menzel, Eberhard: »Zur völkerrechtlichen Lage Deutschlands«, in: EA 1947, 1009 ff.

Mosely: »The Occupation of Germany, New Light on How the Zones Were Drawn«, in: Foreign Affairs 28 (1949/50), 580 ff.

Münch, Fritz: »Brauch und Mißbrauch der normativen Kraft des Faktischen«, in: Jahrb. d. Albertus-Magnus-Univ. zu Königsberg/Pr. Bd. XI/1975, 29 ff.

Münch, Fritz: »Der Staat und sein fremdbesetztes Gebiet«, in: JZ 1967, 208 ff.

Münch, Fritz: »Die deutsche Frage und das heutige Völkerrecht«, in: Der Verbaost 1970, 130 ff.

Münch, Fritz: »Die Rechtsstellung der deutschen Ostgebiete«, in: IRD, 2. Halbband, 1970, 29 ff.

Münch, Fritz: »Die völkerrechtliche Grundlage des Status Deutschlands«, in: IRD 1972, 143 ff.

Münch, Fritz: »Rechtsprechungsbericht«, in: ZaöRV 21 (1961), 546 ff.

Münch, Fritz: »Ostverträge und jus cogens«, Symposium 1971, 109 ff.

Münch, Fritz: »Zur deutschen Frage«, in: Auswärtiges Amt (Hrsg.): Gibt es zwei deutsche Staaten, Drei Beiträge zur Rechtslage Deutschlands, o.J., 15 ff.

Münch, Fritz: »Zur deutschen Frage«, in: JDI 1962, 6 ff.

Münch, Ingo von: »Dokumente des geteilten Deutschland«, Stuttgart 1968.

Münch, Ingo von: »Völkerrecht«, Berlin 1971.

Münch, Ingo von: »Zur Frage einer gleichzeitigen Aufnahme von Bundesrepublik und DDR in die UNO«, in: ZRP 1970, 57 ff.

Oeser, Edith – Oeser, Ingo: »Völkerrechtliche Aspekte der Rechtmäßigkeit der Deutschen Demokratischen Republik«, in: Deutschlandfrage und Völkerrecht, II, Berlin (O) 1962, 167 ff.

Oppermann, Thomas: »Deutsche Einheit und europäische Friedensregelung. Perspektiven nach dem Moskauer Vertrag«, in: EA 1971, 83 ff.

Oppermann, Thomas: »Deutschland als Ganzes, Sinneswandel eines völkervertraglichen Begriffs,« in: Blumenwitz, Dieter – Randelzhofer, Albrecht (Hrsg.): Festschr. für Friedrich Berber, München 1973, 377 ff.

Oppermann, Thomas: Urteilsanmerkung zu BVerfG, U. v. 31. 7. 73-2 BvF 1/73, in: JZ 1973, 594 ff.

Partsch: »Repressalie« in: Strupp – Schlochauer, Wörterb. d. Völkerrechts, 3. Bd, Berlin 1962.

Pawelka, Peter: »Die UNO und das Deutschlandproblem«, Tübingen 1971.

Peck, Joachim: »Die Völkerrechtssubjektivität der Deutschen Demokratischen Republik«, Berlin 1960.

Pfeiffer, Karl: »Zur Rechtsnatur der alliierten Vorbehaltsrechte«, in: DVBl. 1973, 57 ff.

Poeggel, Walter: »Deutschlands Grenzen – Die Aussage des Völkerrechts«, in: Staat und Recht 13 (1964), 21 ff.

Polak, Karl: »Die Souveränität der Deutschen Demokratischen Republik und die deutsche Staatsfrage«, in: NJ 1954, 317 ff.

Poppe, Eberhard – Riege, Gerhard: »Die Staatsbürgerschaft der DDR, die Grundrechte und Grundpflichten ihrer Bürger«, in: Staat und Recht 1978, 244 ff.

Püttner, Günter: »Zum Deutschlandbild des Bundesverfassungsgerichts«, in: Krüger-Symposion 1975, 70 ff.

Rabl, Kurt: »Der gegenwärtige Stand der deutschen Frage im Licht des Karlsruher Urteils und der Folgevereinbarungen zum deutsch-deutschen Grundlagenvertrag«, in: ZfP 1975, 165 ff.

Rabl, Kurt: »Die gegenwärtige völkerrechtliche Lage der deutschen Ostgebiete«, München 1958.

Rauschning, Dietrich: »Die Endgültigkeit der in dem Vertrag mit Polen getroffenen Gebietsregelung«, Symposium 1971, 164 ff.

Rauschning, Dietrich: »Sinn und Tragweite der Vier-Mächte-Rechte nach 30 Jahren«, in: Krüger-Symposion 1975, 77 ff.
Ress, Georg: »Die Rechtslage Deutschlands nach dem Grundlagenvertrag vom 21. Dezember 1972«, Berlin u.a. 1978.
Ress, Georg: »Einige völkerrechtliche und staatsrechtliche Konsequenzen der Mitgliedschaft von BRD und DDR in den Vereinten Nationen und ihren Sonderorganisationen«, in: DSt 11 (1972), 27 ff.
Reuther, Hans: »Bundesrepublik Deutschland und Deutsches Reich (Identität oder Staatennachfolge)«, Jur. Diss. Erlangen 1951.
Rhode, Gotthold – Wagner, Wolfgang: »Quellen zur Entstehung der Oder-Neiße-Linie«, 2. Aufl., Stuttgart 1959.
Richthofen, Klaus Freiherr von: »Die Wiedererlangung der deutschen Souveränität für das Gebiet der Bundesrepublik Deutschland nach den Pariser Verträgen vom 23. Oktober 1954«, Jur. Diss. Göttingen 1972.
Riklin, Alois: »Das Berlinproblem«, Köln 1964.
Römer, Karl: »Was ist Deutschland?«, in: DA 1975, 856 ff.
Röper, Erich: »Zur Rechtslage Berlins«, in: DA 1971, 801 ff.
Röper, Erich: »Zur Rechtslage Berlins – eine Erwiderung«, in: DA 1971, 1130 ff.
Roggemann, Herwig: »Grenzübertritt und Strafrechtsanwendung zwischen beiden deutschen Staaten«, in: ZRP 1976, 243 ff.
Rumpf, Helmut: »Aktuelle Rechtsfragen der Wiedervereinigung Deutschlands«, in: EA 1957, 923 ff.
Rumpf, Helmut: »Deutschlands Rechtslage seit 1973«, in: ZfP 1975, 111 ff.
Rumpf, Helmut: »Die deutsche Frage und die Reparationen«, in: ZaöRV 33 (1973), 344 ff.
Rumpf, Helmut: »Die deutsche Staatsangehörigkeit nach dem Grundvertrag«, in: ZRP 1974, 201 ff.
Rumpf Helmut: »Die Frage nach der Deutschen Nation«, in: ZfP 1971, 146 ff.
Rumpf, Helmut: »Inland und Ausland als Rechtsbegriffe in ihrer Bedeutung für Deutschland«, in: DSt 9 (1970), 289 ff.
Rumpf, Helmut: »Land ohne Souveränität«, Karlsruhe 1969.
Rupp von Brünneck, Wiltraut: »Wie weit reicht die Bindungswirkung des Grundvertragsurteils des Bundesverfassungsgerichts?«, in: Krüger-Symposion 1975, 62 ff.
Säcker, Horst: »Ostverträge und Grundrechte«, in: BayVBl. 1975, 690 ff.
Schaefer, Michael: »Die völkerrechtliche Vertretung von Berlin bei einer Aufnahme beider deutscher Staaten in die UNO«, in: PolStud 1973, 11 ff.
Schenk, Rainer: »Die Viermächteverantwortung für Deutschland als Ganzes, insbesondere deren Entwicklung seit 1969«, Bern u.a. 1976.
Scheuer, Gehart: »Die Rechtslage des geteilten Deutschlands«, Frankfurt/M. und Berlin 1960.
Scheuner, Ulrich: »Der derzeitige völkerrechtliche Status der Ostgebiete des Deutschen Reiches«, in: Rhode, Gotthold (Hrsg.): Die Ostgebiete des Deutschen Reiches, 3. Aufl., Würzburg 1956, 141 ff.
Scheuner, Ulrich: »Die Oder-Neiße-Grenze und die Normalisierung der Beziehungen zum Osten«, in: EA 1970, 377 ff.
Scheuner, Ulrich: »Die staatsrechtliche Kontinuität in Deutschland«, in: DVBl. 1950, 481 ff. 515 ff.
Scheuner, Ulrich: »Die staatsrechtliche Stellung der Bundesrepublik. Zum Karlsruher Urteil über den Grundvertrag«, DÖV 1973, 581 ff.
Scheuner, Ulrich: »Die besonderen Vertragsbeziehungen zwischen den beiden deutschen Staaten«, Symposium 1971, 255 ff.
Schmidt-Jortzig, Edzard: »Gleichberechtigte und besondere Beziehungen der beiden deutschen Staaten durch den Grundvertrag«, in: DA 1973, 1146 ff.
Schmidt-Jortzig, Edzard: »Der verfassungsrechtliche Gehalt des Warschauer Vertrages v. 7. 12. 1970 und seine völkerrechtlichen Bezüge«, in: DSt 10 (1971), 311 ff.
Schneider, Hans: »Von der Demarkationsgrenze zur Staatsgrenze? Zum Charakter der innerdeutschen Grenze«, in: Krüger-Symposion 1975, 97 ff.
Schneider, Hans: »Staatsgrenzen«, in: Strupp-Schlochauer, Wörterb. d. Völkerrechts, 3. Bd, 1962.
Schramm, Theodor: »Das Verhältnis der Bundesrepublik Deutschland zur DDR nach dem Grundvertrag«, Köln u.a. 1973.
Schramm, Theodor: »Das Verhältnis der Bundesrepublik Deutschland zur DDR nach dem Grundvertrag«, 2. Aufl., Köln u.a. 1975.

Schroeder, Friedrich-Christian: »Die Kriminalisierung der Fluchthilfe ist unzulässig«, in: ZRP 1976, 32 ff.
Schuster, Rudolf: »Deutschlands staatliche Existenz im Widerstreit politischer und rechtlicher Gesichtspunkte 1945–1963«, München und Wien 1963.
Schwarz, Hans-Peter: »Vom Reich zur Bundesrepublik. Deutschland im Widerstreit der außenpolitischen Konzeptionen in den Jahren der Besatzungsherrschaft 1945–1949«, Neuwied und Berlin 1966.
Seiffert, Wolfgang: »‚Deutsche' und ‚DDR-Bürger', zur Problematik der Staatsangehörigkeit in den Beziehungen zwischen den beiden deutschen Staaten«, in: DA 1978, 1271 ff.
Simma, Bruno: »Der Grundvertrag und das Recht der völkerrechtlichen Verträge«, in: AöR 100 (1975), 4 ff.
Skubiszewski, Krystof: »Die Westgrenze Polens aus der Sicht der Verträge vom Jahre 1970«, in: Rachocki, Janusz (Hrsg.): Volksrepublik Polen – Bundesrepublik Deutschland, Poznan 1972, 59 ff.
Smend, Rudolf: »Verfassung und Verfassungsrecht«, in: Staatsrechtl. Abhdlgn., 2. Aufl., Berlin 1968, 119 ff.

Spittmann, Ilse: »Deutschland nur noch Nostalgie? Zur Verfassungsrevision in der DDR«, in: DA 1974, 1009 ff.
Spittmann, Ilse: »Honecker und die nationale Frage«, in: DA 1972, 1 ff.
Spittmann, Ilse: »Nordens Absage an Nation und Verfassung«, in: DA 1972, 1124 ff.
Spitz, Arno: »Deutschland und die Vereinten Nationen«, in: Außenpolitik 1959, 301 ff.

Stalin: »Der Marxismus und die nationale und koloniale Frage« (Übers. a. d. russ. Originalausg. v. 1934), Berlin (O) 1950.
Standke, Herbert – Tillmann, Heinz – Wünsche, Harry: »Zum gegenwärtigen völkerrechtlichen Status Deutschlands«, in: NJ 1952, 293 ff.
Steiger, Reinhard: »Rechtsfragen der Ostverträge 1970«, Symposium 1971, 43 ff.
Stein, Ekkehart: »Ist die ‚Deutsche Demokratische Republik‹ ein Staat?«, in: Auswärtiges Amt (Hrsg.): Gibt es zwei deutsche Staaten? Drei Beiträge zur Rechtslage Deutschlands, o. J., 39 ff.
Steinberger, Helmut: »Einflüsse der Ostverträge auf Deutschland als Ganzes?« in: Krüger-Symposion 1975, 24 ff.
Steinberger, Helmut: »Völkerrechtliche Aspekte des deutsch-sowjetischen Vertragswerkes vom 12. August 1970«, in: ZaöRV 31 (1971), 63 ff.
Steinberger, Helmut: »Zur allgemeinen Zweckbestimmung und Auslegung des deutsch-sowjetischen Vertragswerks v. 12. August 1970«, Symposium 1971, 19 ff.
Steiniger, Alfons: »Das Besatzungsstatut«, in: NJ 1947, 205 ff.
Steiniger, Alfons: »Einige Thesen zur aktuellen Bedeutung des Potsdamer Abkommens«, in: NJ 1970, 441 f.
Stobbe, Dietrich: »Bindungen. Das Verhältnis Berlins zum Bund und das Viermächte-Abkommen«, in: EA 1977, 477 ff.
Stödter, Rolf: »Deutschlands Rechtslage«, Hamburg 1948 ff.
Strupp, Karl: »Grundzüge des Völkerrechts«, Bonn 1928.

Tomuschat, Christian: »Auswärtige Gewalt und verfassungsgerichtliche Kontrolle. Einige Bemerkungen zum Verfahren über den Grundvertrag«, in: DÖV 1973, 801 ff.
Tunkin, Grigorij Ivanovic: »Zur Aufnahme der beiden deutschen Staaten in die UNO«, in: Vereinte Nationen 1972, 114 ff.

Ulbricht, Walter: »Die neue Situation in der westdeutschen Bundesrepublik und die Beziehungen der beiden deutschen Staaten«, in: Bundesministerium für innerdeutsche Beziehungen (Hrsg.): Texte zur Deutschlandpolitik, Bd. IV, Bonn 1970, 96 ff.
Ullmann, Klaus: »Die völkerrechtliche Lage des sowjetischen Besatzungsgebietes Deutschland«, Jur. Diss. Erlangen 1951.
Uschakow, Alexander: »Die Ostverträge in östlicher Sicht«, Symposium 1971, 91 ff.
Uschakow, Alexander: »Stalins Anteil an der Entstehung der Oder-Neiße-Linie«, in: Klein, Friedrich – Meissner, Boris (Hrsg.): Das Potsdamer Abkommen und die Deutschlandfrage, I. Teil: Geschichte und rechtliche Grundlagen, Wien und Stuttgart 1977, 67 ff.

Veiter, Theodor: »Potsdam und der völkerrechtliche Vertrag zu Lasten Dritter«, in: Klein, Friedrich – Meissner, Boris (Hrsg.): Das Potsdamer Abkommen und die Deutschlandfrage, I. Teil: Geschichte und rechtliche Grundlagen, Wien und Stuttgart 1977, 111 ff.

Veiter, Theodor: »Staat und Nationsbegriff nach westlicher Lehre«, in: IRD 1972, 253 ff.

Verdross, Alfred: »Die völkerrechtliche Stellung Deutschlands von 1945 bis zur Bildung der westdeutschen Regierung«, in: AVR 3 (1952–52), 129 ff.

Viereck, Hans Dieter: »Die politische und rechtliche Bedeutung der Formel ‚Bedingungslose Kapitulation Deutschlands'«, Jur. Diss. Kiel 1952.

Virally, Michel: »Die internationale Verwaltung Deutschlands,« Baden-Baden 1948.

Vocke, Klaus: »Deutschlands Rechtslage im Spiegel der Lehre und der Praxis«, Jur. Diss. Würzburg 1957.

Wagner, Wolfgang: »Die Entstehung der Oder-Neiße-Linie«, 3. Aufl., Stuttgart 1964.

Wagner, Wolfgang: »Ein Modus vivendi in Deutschland«, in: EA 1973, 1 ff.

Wagner, Wolfgang: »Ein neuer Anfang zwischen Polen und Deutschen«, in: EA 1970, 837 ff.

Wagner, Wolfgang: »Voraussetzungen und Folgen der deutschen Ostpolitik«, in: EA 1970, 627 ff.

Weber, E.F. Albrecht: »Diplomatische Beziehungen zwischen der Bundesrepublik Deutschland und der DDR?«, in: PolStud 1974, 337 ff.

Wengler, Wilhelm: »Der Moskauer Vertrag und das Völkerrecht«, in: JZ 1970, 632 ff.

Wengler, Wilhelm: »Deutschland als Rechtsbegriff«, in: Maunz, Theodor (Hrsg.): Vom Bonner Grundgesetz zur gesamtdeutschen Verfassung. Festschr. zum 75. Geburtstag von Hans Nawiasky, München 1956, 49 ff.

Wengler, Wilhelm: Gutachten vom 12. 6. 1973, in: Cieslar, Eve – Hampel, Johannes – Zeitler, Franz-Christoph (Hrsg.): Der Streit um den Grundvertrag, München und Wien 1973, S. 126 ff.

Wengler, Wilhelm: »Juristische Luftbrücken von Karlsruhe nach West-Berlin«, in: JZ 1974, 528 ff.

Wengler, Wilhelm: »Völkerrecht« Bd I, II, Berlin u.a. 1964.

Wettig, Gerhard: »Berlin in den interalliierten Vereinbarungen der Kriegszeit und im Potsdamer Abkommen«, in: Potsdam und die deutsche Frage, Köln 1970, 93 ff.

Wettig, Gerhard: »Die Sowjetunion, die DDR und die Deutschland-Frage 1965–1976«, Stuttgart 1976.

Wilke, Kay-Michael: »Bundesrepublik Deutschland und Deutsche Demokratische Republik«, Berlin 1976.

Witte, Barthold: »Die deutsche Nation nach dem Grundvertrag«, in: EA 1973, 227 ff.

Wolff, Eckart: »Die völkerrechtlichen Folgen einer Anerkennung der DDR durch dritte Staaten und durch die Bundesrepublik Deutschland«, Jur. Diss. Köln 1969.

Wrede, Christoph Freiherr von: »Der Rechtsanspruch der Deutschen Bundesregierung auf völkerrechtliche Alleinvertretung Gesamtdeutschlands und die Hallstein-Doktrin«, Balve 1966.

Wünsche, Harry – Pahl, Gerhard: »Zu einigen Problemen der Staatennachfolge und ihrer Bedeutung für die Deutsche Demokratische Republik (Ein Beitrag zum völkerrechtlichen Problem der Staatennachfolge in internationalen Verträgen)«, in: Wissenschaftliche Zeitschrift der Deutschen Akademie für Staats- und Rechtswissenschaft ‚Walter Ulbrich' 1957, 126 ff.

Wysozki, W.: »Potsdam – Ergebnis des Krieges, das Programm der Nachkriegsordnung«, in: DAP 1970, SH. 3, 44 ff.

Zieger, Gottfried: »Zwei Staaten in Deutschland«, in: Schneider, Hans – Götz, Volkmar (Hrsg.): Im Dienst an Recht und Staat. Festschr. für Werner Weber zum 70. Geburtstag, Berlin 1974, 127 ff.

Zivier, Ernst R.: »Der Rechtsstatus des Landes Berlin«, 3. Aufl., Berlin 1977.

Zivier, Ernst R.: »Die Nichtanerkennung im modernen Völkerrecht«, Berlin 1967.

Zivier, Ernst R.: »Zur Interpretation des Moskauer Vertrages«, in: DA 1971, 242 ff.

Zuleeg, Manfred: »Die Oder-Neiße-Grenze aus der völkerrechtlichen Sicht von heute«, in: ZRP 1969, 226 ff.

Abkürzungen

AJIL	American Journal of International Law
AöR	Archiv des öffentlichen Rechts
AVR	Archiv des Völkerrechts
BAnz	Bundesanzeiger
BayVBl.	Bayerische Verwaltungsblätter
BVerfGE	Entscheidungen des Bundesverfassungsgerichts, Band
DA	Deutschland Archiv
DAP	Deutsche Außenpolitik
DÖV	Die öffentliche Verwaltung
DRiZ	Deutsche Richterzeitung
DSt	Der Staat
DuR	Demokratie und Recht
DVBl.	Deutsches Verwaltungsblatt
Cz.Y.I.L.	Czechoslovak Yearbook of International Law
EA	Europa Archiv
IRD	Internationales Recht und Diplomatie
JIR	Jahrbuch für internationales Recht
JOR	Jahrbuch für Ostrecht
JZ	Juristenzeitung
NJ	Neue Justiz (DDR)
NJW	Neue Juristische Wochenschrift
PolM	Politische Meinung
PolStud	Politische Studien
RGDIP	Revue générale de droit international public
ROW	Recht in Ost und West
SJZ	Süddeutsche Juristenzeitung
VVDStRL	Veröffentlichungen der Vereinigung der Deutschen Staatsrechtslehrer
ZaöRV	Zeitschrift für ausländisches öffentliches Recht und Völkerrecht
ZfP	Zeitschrift für Politik
ZRP	Zeitschrift für Rechtspolitik